PROFILER NOTE

프로파일러
노트

국립중앙도서관 출판예정도서목록(CIP)

(프로파일링 기법을 확립한 전직 FBI 요원의) 프로파일러 노트 = Profiler note
/ 로이 해이즐우드, 스티븐 G. 미초드 지음; 허진 옮김. – 개정판. – 서울: 마티, 2015
360p. ; 145 x 215mm

원표제: Dark dreams: a legendary FBI profiler examines homicide and the criminal mind
원저자명: Roy Hazelwood, Stephen G. Michaud
영어 원작을 한국어로 번역
ISBN 979-11-86000-14-4 03180 : ₩13000

범죄 심리학[犯罪心理學]
범인(범죄자)[犯人]

364.45-KDC6
364.3-DDC23

CIP2015011582

일러두기 각주는 옮긴이주이다.

로이 해이즐우드, 스티븐 G. 미초드 지음
허진 옮김

"발견이란 다른 모든 사람과 똑같은 것을 보고
아무도 생각지 못한 것을 생각하는 것이다."

알베르트 센트 디외르디

들어가며

—

미국 전역의 시, 카운티, 주, 연방 법 집행기관 사람들이 사건을 알려주지 않았다면 이 책을 쓰지 못했을 것이다.

수 년 동안 우정을 지켜주며 격려를 보내준 버지니아 매너서스 아카데미 그룹(AGI)의 친구들과 동료들에게도 감사하고 싶다. 켄 베이커, 딕 얼트, 피트 스머릭, 로저 드퓨, 스티브 마디지언, 마이크 내피어, 래리 맥캔, 코니 해슬, 톰 스트렌츠, 마티 레버그, 일레인 폭스가 바로 그들이다. 군대 상사였던 톰 맥그리비 장교와 찰리 스탈 장교는 나에게 스승이 되어 주었다. 나의 사고방식을 형성해준 두 사람에게 늦었지만 공개적으로 감사를 표하고 싶다.

행동과학부 시절 수많은 동료들 덕분에 나는 많은 것을 배우고 경험했다. 특히 13년 동안 파트너였던 켄 래닝과 아트 웨스트비어, 래리 앤크롬, 존 더글러스, 로버트 레슬러, 스티브 에터, 존 하폴드, 빌 해그마이어, 윈

노먼, 밥 보이드, 짐 라이트에게 감사한다.

1984년 이후부터 함께했던 미연방수사국 폭력범죄연구센터(NCAVC) 경찰 모임의 국내외 회원들과 나에게 지침이 되어준 업적을 남긴 정신과 전문가들에게도 큰 빚을 졌다. 이들 대부분은 좋은 친구이기도 했다. 파크 디츠, 재닛 워렌, 로버트 프렌트키, 앤 버지스, 밥 헤어, 존 헌터, 진 아벨, 레이드 멜로이, 크리스 해처, 로버트 프리먼-롱고, 레이 나이트, 프레드 벌린, 피터 콜린스, 스티브 허커, 주디스 베커, 닉 그로스, 크리스 모핸디 등이 바로 그들이다.

우리가 현실을 제대로 파악하도록 도와준 사우스다코타 수 폴스 지역 신문 『아거스 리더』의 제니퍼 제리에츠와 『펜실베이니아 스크랜튼』의 레이 플래내건, 『타임 트리뷴』과 사우스다코타 주 법무부의 패티 프로닝에게도 감사드린다. 마찬가지로 빌리 리 채드 자료를 검토해준 캘리포니아 샌디에이고 지방 검찰청 검사 마이크 펜트에게도 감사드린다. 텍사스 시더 힐의 칼튼 스토워스는 패리언 워드립에 대한 내용을 전문가의 눈으로 살펴주었다.

느슨한 원고를 마지막 순간에 솜씨 좋게 다듬어준 미카엘라 해밀턴에게는 특별한 감사를 표하고 싶다.

이 책이 현실이 되게끔 지원을 아끼지 않고 인내심을 발휘하며 도와준 세인트마틴스 출판사의 편집자 찰리 스파이서와 지칠 줄 모르는 보호자이자 대변인인 엘리자베스 캐플란에게도 감사한다.

마지막으로 아내 페기 드라이버-해이즐우드의 확고한 사랑과 지원에 감사하고 싶다. 아내가 없었다면 우리는 이 프로젝트를 완성하지 못했을 것이다.

CONTENTS

02 신원 불명의 살인자를 찾는 프로파일러

WANTED   WASHINGTON, D.

DESCRIPTION

CRIMINAL RECORD

DARK DREAMS:
A LEGENDARY FBI PROFILER
EXAMINES HOMICIDE AND
THE CRIMINAL MIND

PROFILER NOTE

의식적이고
가학적인
살인자

01

#1   인간의 일탈 행동과 범죄자의 어두운 본능

이 극악무도한 범죄를 저지른 '괴물'은 183센티미터의 키에 단정한 외모를 지닌 중년 신사였다.
이것이 우리가 예상하는 성범죄자의 모습일까?

열네 살짜리 소녀가 남자친구와 히치하이킹을 하다가 납치되었다. 납치범은 남자를 죽인 다음 소녀를 포로로 삼았다. 납치범은 소녀를 고문하고, 쇠사슬로 묶고 짙은 화장에 도발적인 복장을 입혀 카메라 앞에서 포즈를 취하게 하기도 했다. 며칠 후 그는 쇠줄로 만든 고리로 소녀를 교살한 후 버려진 헛간 2층에 사체를 유기했다.

체포 전과나 정신병력이 없는 21세 여성이 자신의 일터인 장례식장에서 한 남성 시체에 감정적으로 집착하게 되었다. 그가 매장된 후 여성은 고인을 떠올리고 슬퍼하며 점점 광기를 보였고, 동료들이 그녀의 행동에 불만을 표시하자 어쩔 수 없이 직장을 그만두어야 했다.

3년 뒤 또 다른 장례식장에서 일하던 그녀는 한 시체에 다시 낭만적인 관심을 품게 되었다. 이번에는 기이한 욕망의 대상을 잃지 않겠다고 결심한 그녀는 방부처리를 한 시체를 외딴 곳으로 옮겨 시체와 단둘이 사흘을 보냈다. 그녀는 두 사건에 관한 긴 자필 진술서에서 자신이 두 번째로 사랑한 시체를 어루만졌으며 사체가 자신을 껴안고 어루만지는 듯한 자세를 취하게 했다고 말했다.

7세, 9세, 10세의 세 남자 아이가 같이 놀던 여자 아이를 외딴 건물로 데려가 억지로 옷을 벗긴 후 자신들에게 구강성교를 하도록 강요했다. 아이들은 여자 아이의 질과 직장에 막대, 돌, 병을 삽입했고 사실을 말하면 죽이겠다고 협박한 후 소녀를 풀어주었다. 세 남자 아이는 그 후 또 다른 여자 아이에게 범행을 저지른 다음 신원이 밝혀져 체포되었다.

나는 1994년 1월 1일에 은퇴할 때까지 16년 동안 연방수사국(Federal Bureau of Investigation, 이하 FBI) 행동과학부(Behavioral Science Unit, BSU)에서 위에서 설명한 사건들을 비롯한 여러 가지 충격적인 범죄를 수사했다. 행동과학부라고 하면 사람들은 흔히 『양들의 침묵』 같은 책과 영화에서 그려진 특수요원의 가공할 만한 절제력과 굳건한 책임감 그리고 프로파일링 수사 등을 연상한다. 『양들의 침묵』의 여주인공인 특수 요원 클라리스 스털링과 숙적 한니발 렉터 박사는 실제로는 우울하고 괴로울 때가 더 많은 우리 FBI의 수사 현실을 할리우드 특유의 황홀한 매력으로 포장해주었다.

그러나 우리가 하는 일에는 이따금 세인의 주목을 받는 연쇄살인 사건 수사나 세간을 떠들썩하게 만든 유명한 피고의 재판에서 증언을 하는 것 외에 사람들에게 거의 알려지지 않은 일들도 많다. 1972년 행동과학부가 처음 개설된 이후 행동과학부 요원들은 일탈 범죄 연구와 강의, 세상의 주목을 받지 못한 종결되지 않은 여러 사건 수사에 매달려왔다. 그러는 동안 우리는 더 많은 것을 배워갔다.

이 책에서 나는 이전에는 연구되지 않았거나 제대로 이해되지 못했던 여러 일탈 행동에 초점을 맞추기로 했다. 나는 위험한 자기성애(autoeroticism)부터 성적 가학증에 이르기까지 수없이 다양한 일탈 행동들을 수사하면서 이전에는 존재하리라고 상상조차 해본 적 없는 '어두운 본능'과 직면했다. 내가 접한 가장 끔찍한 살인은 한 소녀가 자신의 내장으로 목이 졸린 채 발견된 사건이었다. 아이는 어느 날 저녁 불과 15미터 떨어진 이웃집까지 걸어가던 도중 사라졌고, 몇 시간 후 몇 블록 떨어진 곳에서 시체로 발견되었다. 소녀의 직접적 사인은 강간 후 폭행으로 밝혀졌다. 내가 아는 한 이 범죄는 아직도 해결되지 않았다. 그리고 한 남성이 집과 차고, 차 주변에 유서 스물일곱 장을 뿌려둔 채 목을 매 자살한 사건도 있었다. 또 가장 놀라운 사건은 어떤 여성이 커다란 식칼로 자기 팔을 어깨 부분에서 거의 잘라내다시피 하여 과다출혈로 사망한 사건이다.

나는 여러 사건을 조사하면서 몇 가지 기본적인 사실을 깨달았다. 첫째, 인간이 다른 사람이나 자기 자신에게 저지를 수 있는 행동의 범위가 무한하다는 사실이다. 둘째, 인간이 성적 자극을 느끼는 요인이 무한하다는 사실이다.

폭력적인 성범죄자들이 범죄를 저지르는 유일한 논리는 대개 그들 내면에 있다. 일탈 행동을 하는 이유는 범죄자 자신밖에 모른다. 우리가 많은 범죄에서 어떤 유형이나 공통 요소를 찾을 수는 있지만, 다른 범죄자와 정확히 똑같은 방법을 쓰는 범죄자는 단 한 명도 없다. 어두운 마음의 '어둠'은 정말로 무한하다.

범죄에서 성적 요소가 항상 뚜렷하게 드러나는 것은 아니다. 적나라하게 드러나는 경우도 있지만 너무나 미묘해서 전문가조차 알아채지 못하고 지나치는 경우도 있다. 한편 성적 동기 말고는 설명할 수 없는 범죄도 있다.

한번은 나이 많은 여성에 대한 강도 살해죄로 기소된 사람의 변호를 맡은 관선 변호사를 위해서 일한 적이 있는데, 피해자는 자기 침대 발치에서 죽은 채 발견되었다. 검시관에 따르면 피해자는 얼굴을 두 번 강하게 가격당해 실신하거나 혼수상태에 빠졌다. 사인은 가슴에 난 두 개의 자상이었다. 피해자의 바지와 속옷은 무릎 위까지 내려와 있었다.

강제 침입이나 저항의 흔적은 없었고 문과 창문은 모두 잘 잠겨 있었다. 신용카드 몇 장이 든 지갑이 없어졌지만 범인은 2만 달러를 호가하는 장신구와 옆방의 잠기지 않은 사무실용 금고에 들어 있던 4만 달러가 넘는 유가증권에는 손도 대지 않았다.

얼마 후 피고가 피해자의 현금카드 비밀번호를 알아내려 하고 있는 모습이 ATM 보안 카메라에 포착되었다. 그는 체포된 후 우범지대의 어느 버스 정류장에서 카드를 발견했다고 경찰에 말했다.

나 역시 피고의 진술이 별로 그럴듯하지 않다는 사실은 알았지만 그의 말을 믿었다. 이유는 다음과 같다.

용의자는 ATM 앞에서 카드 비밀번호를 알아내려고 하다가 감시 카메라에 찍힐 만큼 어리석었다. 그런데 검찰 측에서는 이 모자란 범죄자가 전혀 모르는 사람의 집에 침입하고도 아무런 물리적 흔적을 남기지 않을 정도로 똑똑하고 용의주도하다고 주장했다. 그가 침실에 있는 피해자에게 접근해 상대가 미처 방어를 하기도 전에 얼굴을 가격하고 칼로 두 번 찔렀다는 뜻이다.

나는, 그럴 것 같지는 않지만, 만약 피고가 그 정도로 용의주도한 사람이라면 분명히 잠겨 있지 않았던 금고를 뒤져서 보석과 증권을 훔쳤을 거라고 말했다.

나는 이것이 꾸며진 범죄라고 판단했다. 피해자를 잘 아는 사람이 그녀를 죽인 후 사건에 성적 동기가 있는 것처럼 보이도록 일부러 피해자의 옷을 벗긴 것이다. 나는 내가 범인이라도 훔친 현금카드를 일부러 우범지대에 버렸을 것이라고 말했다. 어떤 부랑자든 주워서 쓸 테니 말이다.

내가 직접 증언을 하지는 않았지만 관선 변호사는 변론을 할 때 내가 말한 논리를 제시하면서 피고에게는 그런 범죄를 저지를 만한 치밀함이 부족하다고 배심원단을 설득했다. 결국 이 사건은 공식적인 미결 사건으로 남았다.

헤아릴 수 없을 정도로 다양한 인간의 본성 때문에 수사관은 상상하지 못한 행동 유형에 부딪히곤 한다. 범죄자들은 무생물(페티시즘, fetishism*)이나 동물(수간), 혹은 사람에게 동기를 느끼며, 세 가지 모두에 끌릴 수도 있다.

• 전적으로 남성에게서만 볼 수 있는 성도착증의 하나로, 성적 흥분을 얻기 위해 무생물, 즉 특정 사물을 선택하는 것. 신발 속에 대고 자위를 하는 경우처럼 성행위에 특정 사물만 포함되기도 하고, 여성과 성관계를 가질 때 그 여자가 굽이 높은 구두를 신고 있어야만 성적 흥분과 만족을 느끼는 경우처럼 이성을 상대로 사물을 사용하기도 한다.

어떤 범죄자들은 욕망을 채울 우선적 대상으로 사춘기 이전의 아이들을 택하기도 하고(소아기호증), 10대 아이들을 택하기도 하며(청소년기호증), 나이 든 사람을 택하기도 한다(노인기호증). 또 자신과 나이가 비슷한 사람만을 피해자로 선택하는가 하면, 피해자의 나이를 불문하고 성폭행을 저지르는 사람들도 있다.

동성 성범죄만 저지르는 범죄자도 있지만 이성에 대해서만 범죄를 저지르거나 동성과 이성 모두에게 범죄를 저지르는 범죄자들도 있다.

유명한 연쇄살인범 테드 번디*는 시체기호증, 즉 죽은 사람을 우선적으로 강간하는 대표적인 예다. 그러나 대부분의 성범죄자에게 시간(屍姦)은 우리 모두에게 그렇듯이 혐오스러운 행동이다.

시각만 관련되거나(관음증과 노출증), 청각만 관련되거나(전화외설증, telephone scatology), 촉각만 관련된(마찰도착증) 성범죄도 있지만 대부분은 가능한 모든 감각을 이용한다.

많은 범죄자들이 피해자가 괴로워하는 모습을 보고 성적 쾌감을 느끼는 반면(사디즘), 자신이 괴로움을 느낄 때 흥분하는 사람들도 있다(마조히즘). 또 이 둘을 동시에 행해 양쪽 모두에 쾌감을 느끼는 가학피학증도 있다.

의식(儀式)적인 행동이 두드러지는 성범죄 유형도 있지만 단순 충동에 의한 성범죄도 있다. 때로는 의식과 충동이 기이하게 섞인 혼합 유형도 발견된다. 나는 피해자에게 치명적인 부상을 입히거나 피해자를 살해하는 성범죄자도 만났지만 피해자가 부상을 입을 경우 만족도가 떨어지거

• 테드 번디는 잘생긴 외모, 명석한 두뇌, 유머 감각을 갖춘 법대생으로 1970년대 미국의 대표적인 살인마이며, '연쇄살인의 귀공자'로 불렸다. 무려 서른여섯 명의 젊은 여성을 살해해 1989년 사형되었다. 2007년 한국에서 일어난 '화성 부녀자 연쇄 실종 사건'이 테드 번디형 연쇄살인일 수도 있다는 견해가 제시되기도 했다.

나 만족하지 못하는 범죄자도 보았다.

오랜 감금으로 피해자의 고통이 길어지는 경우도 있는가 하면, 반대로 혼수상태의 환자나 마취된 사람을 대상으로 하거나 피해자에게 '데이트 강간' 약 로히프놀을 먹이는 경우처럼 피해자가 자신에게 무슨 일이 일어나고 있는지 전혀 의식하지 못하는 경우도 있다.

어떤 범죄자들은 낯선 사람을 피해자로 택하는 반면 어떤 범죄자들은 아주 잘 아는 사람, 즉 동료나 고객, 환자, 손님, 학생, 친척을 범행 대상으로 삼는다. 간단히 말해서 성범죄자에게는 무엇이든 가능하다.

때로는 성적 행동 중에서 어떤 것이 범죄고 어떤 것이 범죄가 아닌지 선을 긋기 어렵다. 사실 옛날에는 충격적이었을 여러 행동들이 지금은 흔한 일로 받아들여진다. 사회에서 용인되는 행동과 용인되지 않는 행동 사이의 구분은 그 행동이 어느 관할권에서 일어났느냐에 따라 다를 때도 있다.

내 강의를 듣던 한 형사는 한 여성과 개 두 마리가 관련된 사건을 주었다. 한 여성이 동네 약국에 필름을 맡겼다. 필름을 현상하던 직원은 그 여성이 자기 개들과 성관계를 하는 사진임을 발견하고 경찰에 신고했다. 수사관은 이 사건을 지방 검사에게 가지고 갔다. 지방 보조검사는 사진을 살펴본 후 개들이 그 여인의 소유인지 물었다.

"그게 무슨 상관입니까?" 수사관이 묻자 검사가 설명했다.

"개가 이 여성의 소유가 아니라면 동물학대로 기소가 가능하니까요. 하지만 개가 여성의 소유라면 우리 주에서는 불법이 아닙니다."

일부 일탈 성행위(예를 들어 위험한 자기성애)는 범죄가 아니지만 사회는 여전히 일탈 성행위 대부분을 공식적으로 비난한다. 아동이 피해자일 경우에는 더욱 그렇다. 하지만 역설적이게도 우리는 사실상 모든 형태의 매체에서 생생하게 묘사되는 성폭력에 점점 더 관대한 입장을 취하고 있다. 잡지, 텔레비전, 인터넷은 적나라하고 폭력적인 성 오락물로 넘쳐난다.

경험에 비춰볼 때 관용적인 분위기는 두 가지 중요한 사회적 결과를 낳는다. 첫째, 우리가 읽고 듣고 보는 내용에 일탈 행동이 점점 더 흔해짐에 따라 비슷한 일탈 행동이 성범죄, 특히 낯선 사람을 대상으로 하는 범죄에 빠르게 반영되고 있다. 둘째, '거친 성관계'를 하다가 심각한 부상을 입거나 죽는 경우가 점점 더 늘고 있다. '거친 성관계'로 형사 고발을 당하면 변호인은 부상이나 죽음을 야기한 행동이 '합의하에 이루어졌으며 우연한 사고'일 뿐이라고 열심히 설명한다.

나는 피고인이 거친 성행위의 일종인 자발적인 '쾌락 질식'(erotic asphyxiation) 도중 파트너가 죽었다고 주장하는 세 건의 살인 사건에서 변호사들의 의뢰를 받은 적이 있다. 각 사건 변호사들은 나에게 증거를 살펴보고 사고로 인한 죽음이라고 증언할 수 있는지 알려달라고 요청했다.

사건마다 이유는 달랐지만 나는 여러 가지 사실이 살인으로 인한 사망임을 가리키고 있기 때문에 변호를 도와줄 수 없다고 대답했다. 그러나 몇몇 사건에서는 변호인들이 사고사임을 설명하는 그럴듯한 시나리오를 제시하기도 한다. "무엇이든 괜찮아"라는 사회 분위기 속에서 어떤 행동이 '확실히' 비자발적이라고 판사나 배심원들을 납득시키기는 어렵다.

누가 성범죄를 저지르는가? 그 답이 얼마나 광범위한지 알면(나 역시 자주 그랬듯) 독자 여러분도 놀랄 것이다.

나는 강연이나 수업을 할 때 이 장 맨 앞에서 예로 든 사건, 열네 살짜리 여자 아이가 납치되어 고문당하고 살해된 사건을 종종 이야기한다. 살인자는 소녀의 시체를 버린 후 익명으로 피해자 가족에게 연락을 취해 시체를 버린 장소에 대해서 거짓말은 아니지만 수사에는 전혀 도움이 안 되는 사실을 알려주어 모두를 조롱하기도 했다. 예를 들어 범인은 소녀가 헛간에서 발견될 것이라고 말했는데 그의 말은 사실이었지만 소녀의 시체를 찾는 데에는 아무런 도움이 되지 않았다.

몇 달 후 살인자가 체포되자 수사관들이 그의 집을 수색했다. 그곳에서 수사관들은 그의 정체를 밝혀주는 수많은 물건들, 즉 소녀를 감금했을 때 찍은 현상하지 않은 필름, 소녀의 옷 몇 점, 결박(혹은 본디지, bondage*) 소품, 탐정 잡지, 다양한 흉기들을 발견했다.

나는 보통 이 사건에 대한 몇 가지 사실을 알려준 후 학생들이나 청중에게 살인자가 어떻게 생겼을지 추측해보라고 한다. 반응은 청중의 수만큼이나 다양하다. 그러나 내가 범인의 사진 두 장을 보여주면 언제나 한 명도 빠짐없이 깜짝 놀라 숨을 멈춘다.

이 극악무도한 범죄를 저지른 '괴물'은 183센티미터에 84킬로그램 정도의 단정한 중년 남성이었다. 그는 한 사진에서는 경찰 제복을, 다른 사진에서는 항공회사 비행사 제복을 입고 있다. 이것이 우리가 예상하는 성범죄자의 모습일까?

내 강연을 듣는 청중은 보통 형사 사법체계 안에서 일하는 전문가들인데, 대체로 이 사진을 보면서 나와 같은 이유로 불편함을 느낀다. 강간 살인범이 너무나 정상적으로 보이기 때문이다. 그는 우리와 비슷해 보이

---

* 성적 만족을 위해서 상대방을 묶거나 자신이 묶이는 것을 의미한다.

며, 그런 비슷함은 무척이나 불편하다.

　전문가든 일반인이든 우리는 모두 성범죄자들이 변태처럼 생겼기를 바란다. 우리 동네나 학교, 쇼핑몰에서 마주치면 금방 알아볼 수 있도록 말이다. 그러나 불행히도 성범죄자 대부분은 그렇지 않다.

　1980년대 초반 텍사스 당국이 떠돌이 헨리 리 루카스를 체포했을 때 그는 600명을 살해했다는 얼토당토 않은 주장을 했지만, 단 한 명도 그의 주장을 의심하지 않았다. 왜 그랬을까? 사람들의 고정관념대로 루카스가 정말 변태처럼 보였기 때문이다! 그는 면도도 하지 않았고 지저분했으며 옷도 허름했다. 돈 한 푼 없었고 낡고 부서진 차를 몰았다. 그의 모든 것이 괴상했다. 공범으로 알려진 오티스 툴 역시 루카스보다 더하면 더했지 덜하지 않았다. 두 사람의 외모는 연쇄살인범이 이러저러하게 생겼으리라는 사람들의 고정관념에 잘 들어맞았다.

　행동과학부 부원들은 루카스와 툴의 사진을 보고 당황했다. 루카스와 툴은 성범죄자가 일반인과 다르게 생겼을 거라는 사람들의 잘못된 생각을 더욱 강화할 것이고, 따라서 사람들이 아주 평범한 모습으로 다가오는 커다란 위험을 무시하여 무고한 피해자가 될 수 있기 때문이었다.

　루카스와 툴이 잡히기 전인 1970년대 말에 우리는 테드 번디가 사람들의 인식이 잘못되었음을 효과적으로 보여주길 바랐다. 번디는 잘 생기고 언변도 뛰어났으며 교육 수준도 높았다. 그는 끔찍한 성범죄로 기소되어 결국 유죄를 선고받았지만, 절대 그토록 끔찍한 범죄를 저지를 만한 사람으로 보이지 않았다. 번디가 체포되자 많은 사람들이 불편함을 느꼈다. 그때까지 성범죄자에 대해 가지고 있던 생각을 바꾸어야 했기 때문이다. 번디가 두 건의 살인죄로 플로리다 법정에 섰을 때, 그의 말쑥한 외모 때문에 검사의 일은 더욱 복잡해졌다. 하지만 다행히도 두 사건의 배심원 모두가 증거를 유심히 살핀 덕분에 번디는 유죄가 인정되어 사형선고를 받았다.

반대로 "밤의 스토커"로 알려진 로스앤젤레스의 살인자 리처드 라미레즈는 연쇄살인범에 대한 일반인의 전형적인 고정관념에 딱 들어맞았다. 라미레즈는 13개월 동안 6세부터 84세에 걸쳐 (최소한) 13명을 살해했다. 그는 피해자를 강간했을 뿐 아니라 몇몇 사건에서는 피해자의 시체를 훼손하기도 했다. 어둡고 쏘아보는 듯한 눈에 헝클어진 검은 머리의 라미레즈는 한 손에 별 모양 오각형 문신을 새겼고 치아 위생 상태도 나빴다. 그는 끝없이 음란한 말을 쏟아내며 기인한 행동까지 보여 법정에서조차 통제하기 어려웠다. 라미레즈는 정신적인 문제가 있었는데 정말이지 보기에도 딱 그랬다!

유감스럽게도 심각한 문제가 있는 사람들이 저지른 폭력 범죄는 언론의 지나친 관심을 받는 경향이 있다. 그러나 정신적으로 문제가 있는 사람이 저지르는 성범죄는 전체 성범죄의 3퍼센트에 불과하다. 정신적 문제가 있는 사람들은 보통 다른 사람들보다는 자기 자신에게 더욱 큰 위협을 가한다. 라미레즈는 이런 법칙의 예외였을 뿐이다.

성범죄자는 어떤 사람인가? 몇 가지 예만 살펴보아도 성범죄자라는 범주에 들어가는 개개인이 얼마나 천차만별인지 알 수 있다.

존 배리 사이머니스는 아이큐가 128로 무척 높았고 (평균은 90~110정도), 고등학교 때는 인기 많은 운동선수였다. 본인의 주장에 따르면 그는 최소 12개 주에서 75명이나 되는 여자들을 강간 폭행했다.

가학적 변태성욕자 제러드 존 섀퍼는 20명 이상의 여자를 죽였다고 알려졌다. 게다가 그는 보안관 대리였다. "샘의 아들"은 우체부였고 존 웨인 게이시는 지역 정치에 활발히 참여하던 건축업자였다. 1950년대 로스앤젤레스의 "외로운 여성 전문 살인자" 하비 글래트먼은 텔레비전 수리공이었다. 미국 전역을 돌아다니며 여자들을 고문하고 살해한 오스트레일리아 태생의 살인범 크리스토프 와일더는 백만장자 기업인이었다.

무엇이 성범죄자를 만드는가?

나는 강연 중에 이런 질문을 자주 던진다. "성폭력의 원인으로 어떤 것들을 들어보았습니까?" 대개 빈곤, 어린 시절의 성적·감정적·육체적 학대, 각종 매체가 묘사하는 폭력, 포르노그래피, 또래 집단의 압박, 학교나 가정에서의 교육 부족, 결손가정, 사회의 윤리 부족, 뇌의 화학적 불균형, 어린 시절의 뇌 손상, 유전, 정신병, 부적절한 역할 모델, 술 혹은 약물 남용이 빠짐없이 답으로 등장한다. 모두 설명할 수 없어 보이는 행동의 근본적인 이유로 전문가들이 제시했던 것들이다. 어느 것이 가장 정확할까?

현명하고 뛰어난 사회학 교수 한 분이 나에게 이런 말을 한 적이 있다. "로이, 어떤 문제에 하나 이상의 답이 있다는 말은 그 답이 정답이 아니라는 뜻일세!"

개인이 성폭행을 저지르는 이유로 어떤 설명을 제시할 때 가장 중요한 변수, 즉 범죄자 자신을 고려하지 않았다면 그 설명은 불완전하다. 모든 사람은 태생과 교육, 유전적 운명, 환경적 영향이 빚어낸 독특한 산물이다. 어떤 사람에게는 아주 큰 영향을 주는 일이 다른 사람에게는 아무런 영향도 주지 않을 수 있다. 그러므로 성범죄자의 탄생에 기여하는 듯한 몇 가지 요소가 있기는 하지만 그중 어떤 것도 일탈 행동의 원인이라고 할 수는 없다.

성범죄의 원인으로 지목되는 요인 몇 가지를 좀 더 자세히 살펴보자.

빈곤

가난한 가정에서 자란 성범죄자도 많지만 그렇지 않은 성범죄자도 많다. 또 가난에 찌든 환경에서 자란 범죄자가 많은 만큼 어려운 환경을 극복하고 정직한 생활을 하면서 법을 잘 지키는 사람들도 수없이 많다.

어린 시절의 학대

나의 연쇄강간 연구 결과는 성범죄자들 가운데 많은 수가 어린 시절에 육체적·성적·정신적 학대를 받은 피해자라는 주장을 뒷받침한다. 그러나 빈곤의 경우와 마찬가지로 어린 시절에 학대를 받고도 성인이 된 후 성적 폭력 성향을 보이지 않는 사람들이 훨씬 많다.

매체에 묘사된 폭력

영화나 텔레비전은 종종 폭력을 미화한다고 지탄받는다. 1977년에 플로리다의 열다섯 살짜리 소년 로니 재모라는 법정에서 "텔레비전 중독" 때문에 나이 많은 이웃 여성을 죽였다고 주장했다. 변호사는 의뢰인 재모라가 텔레비전을 보다가 폭력에 중독되었다는 논리를 펼쳤다. 그러나 다행히도 배심원들은 이런 이론을 믿지 않았다. 책, 잡지, 음악 역시 폭력을 부추긴다고 지탄받아왔다. 특히 힙합은 여성을 대상화하며 가사가 성차별적이라고 비난받는다. 내가 개인적으로 어떤 음악이나 영화를 인정하지 않을 수는 있다. 그러나 행동학은 사람들이 어떤 음악을 듣거나 영화를 본 결과 어떤 범죄를 저지르게 된다고 주장하지 않는다. 확실히 이미 환상을 가지고 있던 범죄자들이 자기 환상과 관련된 자극을 찾을 수도 있고, 또 몇몇 요소를 자신이 저지르려는 범죄에 적용하려 할 수는 있다. 그러나 여기에 인과관계가 존재한다는 주장에는 과학적 증거가 없다.

포르노그래피

나는 많은 이유로 포르노그래피를 싫어하지만 전문가로서 포르노그래피가 성폭력을 유발한다고는 말할 수 없다.

포르노그래피에 반대하는 사람들은 자기주장을 뒷받침하는 증거로 사형수 감방에서 이루어진 제임스 돕슨 박사와 테드 번디의 인터뷰를 든다. 하지만 이들은 종종 (아마도 고의적으로) 번디가 포르노그래피에 대해서 한 말을 잘못 인용한다. 돕슨 박사는 사형 집행 전날 밤에 번디와 이야기를 나누면서 왜 그렇게 끔찍한 행동을 저질렀는지 꼬치꼬치 캐물었다.

번디는 포르노그래피가 자신의 삶에 엄청난 영향을 끼쳤다고 말하긴 했지만 인터뷰 어느 부분에서도 포르노그래피 때문에 폭력적인 사람이 되었다고 말하지는 않았다. 번디는 포르노그래피 때문에 연쇄살인범이 되었다고 말하지 않았으며, 그렇게 믿을 이유도 없다. 그럼에도 나는 지금까지의 경험과 교육 및 훈련에 따라 포르노그래피가 수동적 혹은 능동적으로 몇몇 개인의 성적 폭력성에 기여한다고 믿는다. 인간은 좋든 나쁘든 경험을 통해 무언가를 배운다. 포르노그래피가 주입시키는 생각은 무엇일까? 첫째, 포르노그래피는 여자와 아동을 대상화한다. 포르노그래피는 여자와 아동에게서 인간성을 제거함으로써 성적 만족만을 위해 타인을 이용하려는 자세에 찬동한다. 둘째, 포르노그래피는 성행위가 단순한 육체적 행위이며 별다른 중요성이 없다고 가르친다. 성적 접촉의 본질인 결속감을 빼버리면 상대방의 육체적·감정적 요구는 더 이상 중요하지 않게 된다. 셋째, 포르노그래피는 성행위란 사랑이나 약속이 필요 없는 본능적인 욕구의 표현이라는 메시지를 담고 있다. 모두 건전한 가르침은 아니다.

포르노그래피가 범죄자들에게 새로운 아이디어를 끊임없이 제공하여 성폭행으로 이어지는 과정에 큰 영향을 미칠 때도 있다. 어떤 포르노그래피는 범죄자에게 그의 행동이 우리 사회에 드물지 않으며, 어떤 집단 내에서는 받아들여지기도 한다는 사실을 보여줌으로써 일탈 경향을 정당화한다. 한발 더 나아가 포르노그래피는 무척 생생한 아이디어를 지속적으로 끝없이 제공하여 폭력적인 성적 환상을 강화한다.

나는 강간범, 강간 살인범, 아동 성추행범, 가학적 변태성욕자 그리고 이들의 아내나 동료들을 인터뷰한 결과, 의식적 성범죄자들은 포르노그래피를 소장할 뿐 아니라 대개는 일부러 수집한다는 사실을 알게 되었다. 성범죄자들은 포르노그래피를 차분히 연구하고, 마음에 드는 사진이나 비디오 감상으로 무수한 시간을 보내면서 일탈 환상을 강화한다.

한 검시관은 나에게 한 여성과 아직 사춘기가 되지 않은 딸이 희생된 강간 살인 사건에 대해 알려주었다. 두 사람은 자기 집에서 칼에 찔려 죽었는데, 어머니의 시체는 무릎을 굽힌 채 다리를 벌리고 있는 모습으로 발견되었다. 살인자가 의도적으로 그런 자세를 꾸며놓은 것이 분명했다.

살해에 사용된 흉기는 피해자 소유의 칼 두 자루로 어머니와 딸 모두 칼에 여러 번 찔렸다. 현장에 남아 있던 신발 자국을 통해 살인범이 군화를 신고 있음이 밝혀졌다. 살인자는 현장을 떠나기 전에 범행 현장을 폴라로이드 카메라로 찍어 사진을 피해자의 텔레비전 세트 위에 올려놓았고, 이것은 즉시 수사관들의 주의를 끌었다.

범죄자가 체포된 후 그의 소유물을 수색하다가 발견된 탐정 잡지에서 사실상 그의 범행과 똑같은 강간 살인 사진이 발견되었다. 사진에 첨부된 기사에 따르면 피해자는 자기 소유의 칼 두 자루에 찔렸고, 이번 사건 피해자와 같은 자세를 취하고 있었으며, 군인이었던 살인자는 범행 당시 전투화를 신고 있었다. 하지만 잡지에 실린 사건에는 어린 아이가 없었다. 두 범행의 차이는 무척 인상적이다. 살인범은 어머니를 공격할 때 집에 있었다는 이유만으로 딸까지 살해한 것이다.

유전

오래전, 남성 유전 물질에 Y 염색체가 하나 더 많을 경우 테스토스테론이 과다분비되어 폭력적인 행동을 낳는다는 새로운 이론이 등장했다. 그러나 이를 뒷받침할 만한 과학적 증거를 발견한 사람은 아무도 없으며, 오늘날에는 믿는 사람도 별로 없다.

마찬가지로 입증되지 않은 좀 더 최근 주장은 범죄 행위를 저지르도록 하는 유전자가 있다는 것이다. 범죄를 유전적으로 설명하려는 시도는 사회학자와 심리학자, 범죄학자, 형법학자를 흥미로운 딜레마에 빠뜨린다.

범죄 행동이 태어날 때부터 결정되어 있다면 전문가들이 범죄를 막기 위해 할 수 있는 일은 거의 없으며 재활의 희망도 없다. 나는 이 새로운 이론도 폭력을 이해하려는 노력에서 나온 또 하나의 오류라는 사실이 증명되리라 믿는다.

일부 진화심리학자들은 강간이 자연스러운 생물학적 현상이라는 다소 과격한 주장을 편다. 강간이 분명 불행한 일이기는 하지만 자신의 유전자를 퍼뜨리고자 하는 일종의 적응 전략이며, 인간 외에도 어류, 조류, 기타 영장류를 비롯한 몇 종류의 동물에게서 나타난다는 것이다. 나는 이 주장 역시 과다 Y 염색체 이론과 같은 길을 가리라 생각한다.

정신 이상

성범죄자들을 '환자, 변태, 미친 사람'으로 치부하기란 너무나도 쉽다. 하지만 이런 가정은 정신병 환자(미친 사람)가 아닌 사람에 의해 저질러지는, 전체 성범죄의 97퍼센트나 차지하는 부분을 설명하지 못한다.

내가 범죄 행동에 대한 설명으로 들어본 이론 중에서 가장 난해한 것은 '뇌 수축 이론'이다. 이것은 미국의 거대 자선 단체의 고위 간부가 단체 기금 25만 달러를 훔쳐서 10대 여자친구와 라스베이거스로 놀러갔다가 횡령죄로 기소되었을 때 등장한 이론이다. 명망 높은 인사였던 피고는, 뇌의 수축이 옳고 그름을 판단하는 능력에 영향을 미쳐 벌어진 일이므로 자기 행동에 책임질 필요가 없다고 주장했다. 나는 그의 변명을 믿지 않았고 법정 역시 마찬가지였다.

생리증후군

한 전문직 여성은 경찰관이 음주운전 혐의로 차를 멈추게 하자 둔기로 그를 공격했다. 그녀는 재판에서 생리증후군으로 인한 일시적 정신 이상이라는 주장을 펼쳤고, 결과는 성공적이었다.

혈당 불균형

정크푸드까지도 폭력을 유발한다고 비난받은 적이 있다. 1978년 11월 샌프란시스코 시청에서 하비 밀크 행정관과 조지 모스콘 시장이 댄 화이트 행정관의 총을 맞고 쓰러졌다. 다음 해 5월에 열린 재판에서 화이트의 변호인은 의뢰인의 폭력적인 행동이 부분적으로는 스폰지 케이크 트윙키의 과도 섭취 때문이라고 주장했다. 그 이후 이 주장은 '트윙키 변론'으로 유명해졌다. 화이트는 일급살인죄로 기소되었지만 결국 그보다 약한 고살죄* 유죄 판정을 받았다.

여기에 소개된 몇몇 이론이나 생각은 그럴듯하게 들리지 않을지도 모른다. 그러나 인간의 행동이라는 예측 불가능한 분야에서는 가능성이 있다면 아무리 이상해 보이는 이유라도 자세히 살펴보아야 한다. 그냥 잊어버리는 것은 아무런 도움이 되지 않는다. 하지만 나는 무엇이든 단 하나의 요소가 각 개인에게 일어나는 수백만 가지의 변수를 설명하기에는 충분하지 않다고 굳게 믿는다. 똑같은 사람은 아무도 없으며, 따라서 어떤 사람이 폭력을 특히 성적 폭력을 행사하게 하는 요소들은 늘 독특할 것이다.
　어쩌면 가장 뚜렷한, 그리고 가장 무서운 설명은 어떤 범죄자들은 단순히 그렇게 하고 싶다는 이유로 성범죄를 저지른다는 것이다! 이들은 범죄를 즐긴다! 물론 다른 이들의 생각은 전혀 상관하지 않는다. 이것이 바로 범죄자들의 어두운 욕망 중에서 가장 우려할 만한 부분이다.

---

* 고의성 없는 살인(manslaughter)에 해당하는 것으로 정상참작의 여지가 전혀 없는 일급살인(first-degree murder)보다 약한 판결이다.

#2 환상을 실현하는 준비된 살인

강간범은 실제로 '성적으로 흥분'했기 때문에 범죄를 저지르는 것이 아니다.
성폭력은 성적 욕구가 아닌 다른 욕구를 충족하기 위한 수단일 뿐이다.

1980년대 후반, 행동과학부 동료 짐 라이트와 나는 캘리포니아에서 일어난 무척 음울한 연쇄살인 사건 수사에 협조해달라는 의뢰를 받았다. 이 사건은 두 살인범 중 한 명이 자살하고 나서야 경찰 측이 사건을 알게 되었다는 점에서 무척 특이했다.

레너드 레이크는 샌프란시스코 북동쪽 캘러베러스 카운티 윌지빌 근처 3,000평이 넘는 삼림 지역에 살고 있었다. 레이크와 동료 찰스 잉은 삼림 지역에 얼핏 연장 창고로 보이는 건물을 지었다. 이 건물에는 비밀스러운 공간이 하나 있었는데 바로 잡아온 여자들을 가두는 감방이었다.

1985년 6월 2일, 당시 39세였던 레이크와 24세였던 잉은 남부 샌프란시스코의 공구 가게에 물건을 사러 갔다. 가게 직원은 잉이 연장을 하나

집어든 후 가게에서 나가 자동차 트렁크에 넣는 모습을 보았다. 직원이 경찰에 신고하자 잉은 달아나버렸다. 이제 '왜'라는 갖가지 의문에 대답할 사람은 레이크밖에 없었다. 훔친 연장이 왜 실종된 사람 이름으로 등록된 자동차 트렁크에 들어 있는가? 트렁크 안에 등록되지 않은 총이 왜 그토록 많은가? 다른 자동차에 붙어 있어야 할 자동차 번호판이 왜 이 차에 붙어 있는가? 레이크가 제시한 운전면허증이 왜 로빈 스태플리라는 실종자의 것인가?

경찰이 수수께끼를 풀기 시작하기도 전에 수염이 성성하게 난 이 용의자는 셔츠 옷깃 안쪽에 핀으로 꽂아놓았던 청산가리 캡슐을 꺼내어 그 자리에서 삼켜버렸다. 레이크는 나흘 후 병원에서 사망했다.

잉은 북쪽으로 도망쳐 캐나다로 들어가 도주 범죄자 인도에 저항하며 몇 년을 버텼다. 그러나 홍콩 태생의 살인자 잉은 결국 레이크와 함께 저지른 11건의 살인에 대해서 1999년에 캘리포니아에서 유죄 판정을 받고 사형을 선고받았다.

당시 수사관들은 레이크와 잉이 살해한 피해자 수는 훨씬 많을 거라고 확신했다. 레이크가 살던 캘러베러스 카운티 거주지와 주변 지역을 수사한 결과 레이크와 잉이 실종 신고된 여성들과 함께 찍은 비디오테이프 여러 개와 희생자들의 유해, 이들을 포함한 여러 실종 여성들이 다양한 복장을 하고 찍은 사진, 레이크가 매일의 행동을 자필로 기록한 노트가 발견되었다. 짐과 나는 이 모든 자료의 복사본을 받아서 살펴보았다.

나는 레이크가 범죄를 저지른 동기를 차분히 설명하는 20분짜리 비디오테이프를 열심히 보았다. 건물을 짓기 전에 만든 이 테이프 영상에서 레이크는 편안하고 차분한 모습으로 안락의자에 앉아 의자에 달린 발판

아우구스티누스	레너드 레이크
1. 마음이 행동을 생각해낸다.	"그것은 내가 매일 상상해오던 것이다"
2. 행동을 감각과 연관시켜본다.	레이크는 피해자들을 비디오테이프로 녹화하고 사진을 찍었다.
3. 가능한 결과에 대해 생각한다.	"내가 말하는 것은 무척 불법적이고 인권을 위배하는 등."
4. 죄를 저지르기로 결심한다.	"잘 안 될 수도 있지만 나는 시도하고 싶다."
5. 그런 다음 행동을 합리화한다.	"내가 지금부터 하려는 일을 어떻게 합리화하고 정당화하는지 관심이 있는 사람을 위해서……."

에 발을 뻗고 있었다. 그는 평온한 목소리로 "원칙적으로는 성노예지만 육체노동 노예 역할도 할 여자 포로"를 가둬 둘 "노예 감방"이 달린 벙커를 짓고 싶다는 욕망을 차분하고 상세하게 설명했다. 레이크는 이 어두운 환상을 실현하는 데 성공했다.

나는 모니터 속 레이크를 보며 그의 생각이 내가 당시 뒤늦게나마 서양 고전에 대한 이해를 넓히기 위해서 읽고 있던 어느 책과 무척 비슷하다는 사실을 깨닫고 깜짝 놀랐다.

지금으로부터 1,700년 전, 초기 기독교 철학의 위대한 사상가가 품었던 의문은 행동과학자가 해답을 찾으려 애쓰고 있는 의문과 같다. 이상하게 들리겠지만, 내가 의식적 성범죄자들이 성적 환상에서 시작해 일탈 범죄를 저지르기까지 거치는 독특한 과정을 깨닫게 해준 사람은 바로 성 아우구스티누스였다.

성 아우구스티누스는 죄가 다섯 단계를 거쳐 발생한다고 말했다. 우선 마음이 어떤 행동을 생각해낸다. 그런 다음 우리 마음은 그 행동을 감각과 관련지어 생각한다. 그 행동에서 내가 쾌감을 얻을 것인가를 따져보는 것이다. 다음으로 행동이 불러온 결과를 고려한다. 결과를 기꺼이 감수할 생각이 있다면 우리는 생각을 실천에 옮긴다. 마지막으로 행동을 하고 나면 마음은 행동을 합리화한다.

『고백록』을 읽다가 문득 이런 생각이 들었다. "죄"(sin)라는 단어를 "범죄"(crime)로 대치하면 내가 25년 넘도록 연구해온 많은 성범죄자들의 행동을 성 아우구스티누스가 설명하고 있는 셈이 아닌가. 심지어는 레이크가 비디오테이프에서 하는 말조차도 아우구스티누스가 말하는 다섯 단계 과정과 일치한다.

성 아우구스티누스가 죄는 마음가짐에서 시작된다고 인식했듯이 우리 프로파일러들은 폭력적인 성범죄가 환상(fantasy)에서 시작된다고 본다. 다음 문제는 환상이 용인되는 행동의 정상적인 경계 너머까지 자신을 이끌어가도록 놔두는 이유가 무엇인지 이해하는 것이었다. 이를 위해 우리는 범죄자들의 동기를 살펴보아야 했다.

많은 사람은 강간이 성적 동기로 인한 행동이라고 잘못 이해하고 있다. 강간범은 실제로 "성적으로 흥분"했기 때문에 범죄를 저지르지 않는다. "아내가 바람을 피웠다" 따위의 이유도 거짓이다. 다만 그런 이유를 핑계 삼을 수는 있다. 강간범은 성행위를 공격 수단으로 사용한다. 성폭력은 힘을 과시하거나 분노를 표현하는 수단이며, 두 가지가 혼합될 수도 있다. 하지만 어느 쪽이든 성폭력은 본래 성적 욕구가 아닌 다른 욕구를 충족시킨다.

이 점을 설명하기 위해서 나는 학생들에게 내가 기억하는 가장 나이 많은 강간 피해자는 93세였으며 가장 어린 피해자는 2세였다는 사실을 알려준다. 그러고 나서 둘 중 어느 하나라도 성적 욕구 때문에 일어났다고 생각하는 사람이 있는지 물어보면 단 한 사람도 손을 들지 않는다.

두 피해자의 공통점은 무엇이었을까? 연약하고 무력하며 공격자에게 위협을 가하지 않는다는 점이다. 강간범은 성적 욕망 분출이 아니라 지배하고 제어하며 힘을 행사하는 짜릿함에서 만족을 얻는다.

환상은 원하는 사건의 정신적 예행연습이라고 정의할 수 있다. 정신적 예행연습은 성범죄 실현에 중심 역할을 한다. 범죄자는 환상을 일종의 편집 도구로 이용해서 자신에게 성적 흥분을 가져다주는 특정한 부분에 범죄의 초점을 맞춘다. 자신의 욕구에 맞추어서 범죄 요소를 재구성하고 적절한 곳에 배치하는 것이다. 또한 환상은 예행연습의 무대 역할을 하여 범죄자가 직접적인 위험 없이 범죄를 연습할 수 있게 한다. 마지막으로 환상은 범죄자가 범죄를 저지를 때 따르는 기초, 혹은 지도 역할을 한다.

의식적 범죄자의 환상이 전개되는 과정은 연극이나 영화 제작 과정과 비슷하다. 범죄자는 중심인물인 극작가이자 감독에 해당한다. 범죄자는 환상을 통해서 행동을 정하고 배경을 선택하며 소품을 고른다. 물론 범죄자 자신이 주인공이 되지만(그 밖에 누구를 선택하겠는가?) 함께 출연할 주인공인 피해자도 필요하다. 이제 피해자의 기준을 정하고 나면 그 역할을 맡을 만한 사람을 찾기만 하면 된다. 연극이 시작될 준비가 다 되었다는 것은 범죄가 일어날 때가 되었다는 뜻이다.

세월이 흐르면서 나는 폭력적인 성적 환상에 두 가지 우려할 만한 경향이 있음을 깨달았다. 첫째, 오늘날의 범죄자는 과거의 범죄자들보다 훨씬 이른 시기에 자신의 범죄를 개념화한다 (성 아우구스티누스가 말하는 첫 번째 단계다). 둘째, 그 결과 시간이 지날수록 이들의 환상은 더욱 복잡해지고, 몇몇 사건의 경우에는 더욱 끔찍해진다.

나의 사건 파일 중에서 뒤에 소개할 사건은 이른 개념화뿐 아니라 프로파일러가 성범죄를 살펴볼 때 찾아야 하는 것을 잘 보여준다. 여러분도 로버트 르로이 앤더슨 사건을 읽어보면 의식적 범죄자인 앤더슨이 어떻게 해서 마음속으로 그리던 환상을 현실의 끔찍한 행동으로 발전시켰는지 분명히 알게 될 것이다.

1997년, 사우스다코타 주 법무부 국장 패티 프로닝에게서 연락이 왔다. 프로닝은 나에게 감정인으로서 살인 사건 두 건을 검토해달라고 요청했다. 두 사건은 23개월 간격으로 발생했다. 프로닝은 두 사건이 같은 범인에 의한 것인지 내 의견을 듣고 싶어 했다.

그 후 사우스다코타 주 법무차관 래리 롱에게 나는 두 사건이 같은 사람이 저지른 것이라 생각한다고 증언했다. 검찰이나 수사관들과 협력하는 과정에서 나는 두 범죄의 여러 가지 모습을 알게 되었다. 가장 인상적인 부분은 두 살인 사건 모두에서 환상이 중요한 역할을 했다는 점이었다.

텍사스 출신의 젊은 여성 파이퍼 파츠는 오리건 주 바이블 대학에서 밴스 스트레일을 만났다. 1988년에 결혼한 두 사람은 3년 뒤 수 폴스에서 서쪽으로 37킬로미터 정도 떨어진 시골 마을 사우스다코타 캐니스토타의 약 4만 9,000평 대지에 위치한 트레일러로 이사했다.

신앙심이 무척 깊었던 스트레일 부부는 파트타임으로라도 직접 사목 활동을 하고 싶다는 꿈을 이루어 프레리 뷰 성경 캠프를 만들었다. 도로 쪽에서 지나가는 운전자는 스트레일 부부가 앞마당에 세운 교회 좌석을 볼 수 있었다.

스트레일 부부에게는 딸 샤이나(3세)와 아들 네이선(2세)이 있었다. 어린 네이선의 두 번째 생일이었던 1996년 7월 29일 월요일은 네이선이 엄마를 잃은 날이 되었다.

그날 아침 6시 30분쯤 밴스 스트레일(29세)은 평소와 마찬가지로 차를 몰고 배관 일을 하러 갔다. 파이퍼(28세)는 보통 조금 후에 수 폴스 사우스이스턴 어린이센터로 출근하는 길에 베이비시터에게 들러 아이들을 맡겼다. 파이퍼는 그날도 9시 20분에 아이를 봐주는 조든슨 부인에게 전화를 걸어 그쪽으로 가겠다고 말했다.

그러나 파이퍼는 조든슨 부인의 집에도 직장에도 나타나지 않았다. 남편 밴스가 정오에 집으로 전화를 걸어 자동 응답기에 메시지를 남겼다. "여보, 어디 있는 거야?"

3시경, 어린이센터에서 파이퍼와 함께 일하던 동료 패티 싱클레어가 어찌된 영문인지 확인하려고 파이퍼의 집에 전화를 걸었다. 샤이나가 대신 전화를 받았다.

"나는 우리 엄마가 죽는 거 싫어요!" 꼬마 샤이나가 수화기에 대고 소리쳤다. "우리 아빠가 죽는 것도 싫어요!" 샤이나는 이렇게 덧붙였다. "엄마 아빠가 죽었을지도 몰라요."

깜짝 놀란 싱클레어는 동료에게 보안관 사무소에 전화를 걸라고 한 다음 스트레일 부부의 집으로 다시 전화를 걸었다. 샤이나와 다시 통화가 되자 싱클레어는 진 테일러 보안관이 트레일러에 도착할 때까지 거의 45분간 샤이나를 전화기에 붙들어 놓았다.

오후 5시가 되었다. 테일러 보안관은 스트레일 가족이 기르는 개 래브라도 체이스를 발견했지만 파이퍼의 흔적은 어디에도 없었다. 트레일러는 무척 어질러져 있었지만 아이들이 다치지는 않았다. 네이션은 거의 아무 소리도 내지 않았고 샤이나는 흐느꼈다.

"엄마는 죽을 거예요." 샤이나가 테일러 보안관과 사우스다코타 범죄수사부(DCI) 요원 짐 스티븐슨에게 말했다. 두 사람은 인내심을 가지고 세 살배기 아이에게서 무슨 일이 있었는지 들었다.

"나쁜 사람이에요." 검정색 바퀴가 달린 검정색 차를 몰고 와서 트레일러로 들어온 다음 엄마를 잡아 간 사람에 대해 샤이나가 설명했다. 고함소리가 많이 났고 남자가 총을 쏘자 파이퍼는 아이들에게 얼른 도망가 숨으라고 했다. 샤이나는 그 남자가 전날 밤 네이션이 생일 선물로 받은 파란 텐트도 가져갔다고 말했다.

샤이나가 토막토막 설명하는 사이 아이들의 아버지가 집에 도착했다. 샤이나는 아버지의 팔에 매달려 흐느끼면서 그 남자가 네이션의 텐트를 가져갔다고 소리쳤다. 밴스는 울음 때문에 목이 멘 소리로 괜찮다고, 텐트는 또 있다고 딸을 안심시켰다. 샤이나는 "엄마는 돌아오지 않을 거예요"라고 말하면서 엄마가 죽을 거라고 계속 고함을 질렀다.

수사가 진행됨에 따라 그날 스트레일 부부의 집 근방에서 광택이 없는 검은색 트럭 또는 SUV를 보았다는 몇몇 목격자가 나타났다. 같은 지역에 살던 어떤 부부는 청바지를 입고 야구 모자를 쓴 젊은 남자가 초조한 모습으로 트레일러에서 나와 집 앞 차도에 주차해놓은 검정색 포드 SUV

브롱코로 걸어가는 모습을 보았다고 했다.

그러나 당국은 7월 29일 늦은 저녁까지도 수사를 계속할 만한 실질적인 단서를 아무것도 얻지 못했다. 바로 그때 밴스가 사건 사흘 전에 통통하고 머리가 벗겨지기 시작한 20대 중반의 낯선 사람이 트레일러에 찾아왔던 것을 불현듯 기억해냈다. 그 남자는 자신을 롭 앤더슨이라고 소개했다.

밴스가 이 사실을 알리자 경찰은 새로운 정보를 확인하기 위해 밴스의 집을 찾았다. 밴스는 앤더슨을 힘없이 악수를 했던 붙임성 좋은 사람으로 기억했다. 앤더슨은 지난 금요일 아침 7시 30분경에 검은색 브롱코를 몰고 왔는데, 처음에는 무슨 말이 하고 싶은지 자신도 모르는 듯했다. 그는 밴스가 집에 있어서 놀란 듯했고 지난 몇 달간 자동차를 타고 스트레일 부부의 집 앞을 몇 번이나 지나쳤다는 말을 중얼거렸다.

파이퍼가 현관문을 향해 걸어가자 앤더슨은 자기 아이들을 성경 캠프에 등록할 수 있느냐고 물었다. 밴스는 그에게 올해에는 캠프가 마감되었지만 내년 명부에 그의 이름을 올려주겠다고 말했다. 파이퍼가 그의 이름과 전화번호를 종이쪽지에 적었고 앤더슨은 떠났다.

다음 날 아침, 수사관들은 스트레일 부부의 집을 찾아왔던 그의 신원을 모조리 밝혀냈다. 그의 이름은 로버트 르로이 앤더슨(26세)이었고 수폴스에 살았다. 고등학교를 중퇴했고, 두 번의 결혼으로 네 아이를 둔 아버지였다. 앤더슨은 수 폴스에 있는 모렐 육류포장 공장에서 오후 11시부터 오전 7시 30분까지 경비원으로 일했다.

범죄수사부 부부장 밥 그랜드프리와 경찰관들이 앤더슨의 집으로 가서 자고 있던 그를 깨워 이야기를 좀 해야겠다고 말했다. 용의자 앤더슨은 청바지와 티셔츠를 입고 야구 모자를 쓴 다음 자발적으로 자신의 파란색 포드 브롱코를 몰아 지역 경찰서로 향했다. 앤더슨이 일곱 시간에 걸쳐 심문을 받는 동안 수사 팀은 앤더슨의 차와 집을 수색했다.

경찰은 브롱코의 짐칸 카펫 아래에서 구멍이 몇 개 뚫린 합판대를 발견했다. 각 구멍은 분명 손목이나 발목을 묶을 속박 도구를 채우기 위해 만들어진 것이었다. 차량에서는 쇠사슬과 나무 맞춤못이 들어 있는 공구함, 검정색 수성 페인트 자국, 도관 테이프롤 일부도 발견되었다. 또 가구 이동용 밧줄과 스트레일 가족이 기르는 개의 것으로 보이는 털도 발견되었다.

앤더슨은 침착한 자세로 파이퍼가 어떻게 되었는지, 어디 있는지 전혀 모른다고 부인했지만, 지난 금요일 아침 스트레일 부부의 트레일러에 찾아갔다는 건 인정했다. 앤더슨은 애매한 진술을 반복하다가 결국 월요일에 다시 찾아갔다는 사실을 인정했다. 그는 스트레일 부부의 양궁 연습장을 빌리고 싶어서 다시 찾아갔으며, 문을 두드렸지만 대답이 없었다고 주장했다. 아이들이 안에서 노는 소리가 들렸기에 앤더슨은 파이퍼가 낮잠을 자나 보다 생각하고 그냥 갔다는 것이었다.

앤더슨과 이야기를 나눈 내용은 그가 어린 시절에 겪은 언어 장애부터 항문성교에 흥미를 가지고 있다는(그리고 그의 말에 따르면 아내가 이를 거부한다는) 고백 그리고 미결 사건으로 남아 있던 또 다른 여성 라리사 더맨스키의 실종 사건에 이르기까지 상당히 다양했다. 더맨스키 부인(29세)은 앤더슨과 같은 회사의 직원으로 2년 전 회사 주차장에서 실종되었다. 앤더슨은 더맨스키 부인의 실종에 대해 아무것도 모른다고 주장했다.

그 사이 수사관들이 앤더슨의 트레일러 세탁장에서 바지 안쪽에 피와 정액 얼룩이 묻은 청바지를 발견했다. 나중에 얼룩을 검사했지만 출처를 정확히 알 수 없다는 결과가 나왔다. 또한 수색 당시, 앤더슨의 브롱코에서 발견된 페인트 흔적과 일치하는 검정색 수성 스프레이 페인트 용기 하나와 수갑 열쇠 두 개도 나왔다.

경찰은 앤더슨의 이웃을 만나 이야기를 나누었다. 이웃은 29일 아침에 앤더슨이 파란색 브롱코 내부를 꼼꼼하게 청소하는 모습을 보았다고 말했다. 또한 앤더슨이 그 후 한동안 외출했으며 오후 2시경에 돌아와서 다시 한 번 자동차 내부를 청소했다고 말했다.

수갑 열쇠를 들이밀자 앤더슨은 자기 것이라고 시인했지만 열쇠에 맞는 수갑은 가지고 있지 않다고 말했다. 그는 브롱코를 청소했다는 댄 존슨의 진술도 부인했다.

밴스는 한 줄로 늘어선 여러 용의자 가운데서 26일 아침에 자기 집에 찾아온 사람으로 앤더슨을 지목했다. 딸 샤이나도 엄마를 강제로 끌고 간 "나쁜 사람"으로 앤더슨을 지목했다. 8월 2일 새벽 1시 30분, 수 폴스 경찰은 앤더슨을 체포하여 파이퍼 납치 혐의로 기소했다.

이 사건의 경우 경찰은 용의자를 금방 알아냈다. 용의자 확보는 모든 범죄 사건 해결에서 가장 중요한 부분이다. 하지만 수사 종결까지는 아직 갈 길이 멀었다. 파이퍼는 여전히 실종 상태였다.

경찰과 자원봉사자 수백 명이 스트레일 가족의 트레일러 주변 지역을 샅샅이 뒤졌지만 아무것도 발견하지 못했다. 그러던 차에 사우스다코타 주립대학의 식물학자 게리 라슨이 수사에 큰 도움을 주었다. 라슨은 브롱코 짐칸에 있던 공구함에서 채취한 식물성 물질이 수 폴스 북쪽 빅수 강의 특정 삼림 지역이자 작은 마을인 발틱 근처에서 자란다고 알려진 반디나물과 일종의 미나리아재비임을 밝혀냈다. 경찰은 파이퍼가 납치된 7월 29일 발틱 근처를 지나던 한 운전자가 그녀가 마지막으로 목격되었을 때 입고 있던 검정색과 흰색이 섞인 티셔츠의 반쪽을 발견한 것도 우연이 아님을 알게 되었다.

앤더슨이 그곳으로 파이퍼를 데려갔던 것이다.

사람이 거의 살지 않는 그 지역을 수색하자 작은 나무 아래에서 파이퍼의 티셔츠 나머지 반쪽이 발견되었다. 바로 위 나뭇가지에는 다양한 길이의 도관 테이프가 여러 조각 걸려 있었다. 테이프는 사람의 체모가 붙은 채 서로 뒤엉켜 있었다. 현미경으로 체모를 관찰한 결과 파이퍼의 체모와 일치한다고 밝혀졌다. 근처에서 커다란 딜도와 일부 사용된 왁스 양초가 발견되었다. 도관 테이프의 찢어진 자국은 앤더슨의 브롱코에서 발견된 테이프롤과 일치했다. 브롱코에서는 파이퍼의 것으로 보이는 체모 표본이 나왔다. 또 브롱코에서 발견된 접이식 칼날에서 파이퍼의 찢어진 셔츠와 일치하는 섬유조각이 발견되었다.

앤더슨은 파이퍼 납치 혐의로 기소되어 다음 해 봄에 재판을 받았다. 하지만 기소 증거가 충분치 않았기 때문에 살인 혐의는 적용되지 않았다. 사우스다코타 주 법무장관 마크 바넷이 이끄는 검찰은 배심원단 앞에서 피고 앤더슨이 월요일 아침에 검은색 페인트를 구입하여 브롱코 차량에 칠해서 차량 외관을 위장했음을 증명했다.

수성 페인트 사용은 앤더슨이 범죄를 얼마나 철저하게 계획했는지 보여주는 한 가지 예에 불과하다. 쉽게 닦아낼 수 있는 수성 페인트를 차에 덧칠한 것은 결코 즉흥적인 생각이 아니다. 이 사실은 상당한 계획성과 교활함을 드러낸다.

증거와 목격자, 정보원이 제공한 정보에 따라 재구성한 사건에 따르면 앤더슨은 29일에 차를 몰고 스트레일 부부의 트레일러로 갔다. 그는 파이퍼에게 수갑을 채우고 자신의 이름과 전화번호가 적힌 종이쪽지를 되찾은 후 브롱코를 세워둔 곳까지 데려가 차에 태우고 사람이 별로 살지 않는 발틱 근처로 갔다. 앤더슨은 차량 안에 만들어둔 합판대에 그녀를 묶은 다음 도관 테이프로 입을 막았다. 그러고 나서 접이식 칼로 그녀의 셔츠를 찢고 강간한 후 그녀를 죽이고 시체를 처리했다.

그런 다음 앤더슨은 스트레일 부부의 집으로 돌아가 파이퍼와 몸싸움을 하다가 떨어뜨린 시계와 샤이나의 진술대로 총을 쏘아서 생긴 탄피까지 되찾아갔다. 이웃 사람은 앤더슨이 스트레일 부부의 집에 다시 찾아갔을 때 그가 트레일러에서 나와 브롱코로 걸어가는 모습을 목격했다. 댄 존슨을 비롯한 다른 목격자들의 진술에 따르면 앤더슨은 그날 오후 2시에 (다시 파란색이 된) 브롱코를 타고 집으로 돌아왔다. 집으로 돌아오는 길에 어딘가에 들러 검정색 페인트를 씻어냈다는 뜻이다.

1997년 5월 8일, 앤더슨 사건의 배심원단은 앤더슨이 파이퍼를 납치했다는 결론을 내렸다. 두 달 후, 주 순회 판사 보이드 맥머치는 앤더슨에게 종신형을 선고했다. 그러나 누구도 이 결과에 만족하지 않았다. 앤더슨은 자신은 원한 수사의 무고한 희생양이라고 불평했다. "지옥에서 썩으시지." 앤더슨이 형을 선고받기 전 바넷 검사에게 말했다. 바넷이 받아쳤다. "그럴지도 모르지만 너에게 유죄를 선고했다는 이유는 아닐 거다."

완전히 반대의 이유였지만 바넷도 피고 앤더슨만큼이나 처벌에 만족하지 못했다. 마크 바넷 법무장관은 심판의 날이 다시 올 것이라고 법정에서 맹세했다. 바넷은 이렇게 예언했다. "조만간 그는 살인죄로 심판을 받게 될 것이다."

나는 앤더슨이 명백한 가학적 변태성욕자라는 결론을 내렸다. 현재 성적 가학증은 제대로 이해되지 못하고 있다. 사람들은 잔인함을 사디즘이라고 착각하는 경우가 많다. 가학적 변태성욕자가 고통을 가함으로써 흥분한다는 생각은 잘못된 것이다. 가학적 변태성욕자를 흥분시키는 것은 피해자의 괴로움이다. 가학적 변태성욕자가 육체적 혹은 정신적 고통을 이용해서 괴로움을 유발하는 것은 사실이지만, 이들에게 가장 중요한 것은 괴로움 그 자체다.

앤더슨이 가학적 변태성욕자였다는 내 생각은 네 가지 사실에 근거한다. 첫째, 앤더슨이 가학적 변태성욕자의 특징인 성적 본디지에 뚜렷한 흥미를 가지고 있었다는 점이다. 앤더슨은 트럭에 쇠사슬, 고리 볼트, 수갑 열쇠, 가구 이동용 밧줄을 보관하고 있었으며 도관 테이프와 속박 도구를 묶을 구멍이 뚫린 합판대도 가지고 있었다. 이러한 본디지 도구는 매우 중요하다. 가학적 변태성욕자는 묶인 피해자의 연약함과 무력함에 끌리며 그런 모습을 보면서 성적으로 흥분하기 때문이다.

둘째, 육체적인 고문이 있었다는 분명한 증거가 많다. 앤더슨은 합판대뿐 아니라 나무 맞춤못과 딜도까지 가지고 있었다. 그는 나무 맞춤못이나 딜도와 같은 물체를 여자에게 강제로 삽입하는 환상을 가지고 있다고 고백한 적이 있다. 부분적으로 사용된 양초 역시 딜도와 셔츠 근처에서 발견된 것으로 보아 파이퍼를 고문하는 데 쓰인 것으로 보인다. 앞면과 뒷면 한가운데가 잘린 티셔츠는 파이퍼의 체모가 붙은 채 엉켜 있던 도관 테이프와 마찬가지로 중요한 단서를 제공했다. 아마도 앤더슨은 파이퍼의 등을 합판대에 댄 자세로 묶어 놓고 티셔츠 앞면을 잘랐을 것이다. 엉킨 도관 테이프는 파이퍼를 고문하는 동안 비명소리가 새어나가지 않도록 입을 막는 데 사용되었을 것이다. 그런 다음 앤더슨은 파이퍼를 엎드리게 하고 셔츠 뒷면을 마저 자른 뒤 계속해서 그녀를 고문했을 것이다.

셋째, 앤더슨은 경찰과 여러 증인에게 항문성교를 즐긴다고 말했다. FBI 연구에 따르면 가학적 변태성욕자는 항문성교를 뚜렷이 선호한다. 나는 앤더슨이 버려진 딜도와 트럭에서 발견된 나무 맞춤못을 이용해서 파이퍼를 대상으로 그의 환상을 실현했다고 생각한다.

마지막으로, 가학적 변태성욕 범죄자들은 늘 다른 범죄자보다 범죄를 훨씬 세세하게 계획하는 경향이 있다. 여러 증거는 앤더슨이 스트레일 부부의 집을 방문했을 때 이미 자세한 계획을 마음에 품고 있었음을 보여준다. 파이퍼는 분명 무작위로 선택한 범행 대상이 아니었을 것이다. 그녀는 납치가 실행되기 전에 신중하게 선택되었으며, 앤더슨이 그녀를 데리고 간 장소 또한 신중하게 미리 선택된 곳이었다.

앤더슨은 또한 자신의 일탈 환상을 실행하는 데 필요한 물건을 모으거나 만들었다. 그는 브롱코 짐칸 모양에 딱 맞을 뿐 아니라 깔개 아래 쉽게 숨길 수 있는 합판대를 만들었다. 고문에 필요한 도구들이 든 공구함은 사실상 가학적 변태성욕자용 도구 모음이나 마찬가지였다. 앤더슨은 본디지 용품도 모았다.

일시적으로 브롱코를 위장하려는 앤더슨의 뛰어난 전략은 그가 이 범행을 얼마나 치밀하게 계획했는지 보여준다. 내가 이 사건 이야기를 하면 사람들은 한결같이 브루스 윌리스가 차에 스프레이 페인트를 뿌렸다가 세차장에서 씻어내는 장면이 나오는 영화 「자칼」에서 힌트를 얻었을 거라고 말한다. 하지만 파이퍼가 납치, 살해된 것은 「자칼」이 개봉되기 전 여름이었다. 현실이 영화를 따라한 것이 아니라 영화가 현실을 따라한 셈이다.

앤더슨이 가학적 변태성욕자라는 사실을 밝혀내자 이어서 몇 가지 다른 추측도 할 수 있었다. 만약 그가 신원이 밝혀지지 않은 범인(unidentified subject, UNSUB)이었다면 - 내가 수사 의뢰를 받을 때 종종 있는 일이다 - 추가로 파악한 내용이 범인 추적에 도움이 되었을 것이다. 실제로 내가 파악한 내용은 검찰이 용의자 앤더슨을 더욱 완전히 이해하는 데 도움을 주었다.

나는 수사관들에게 살인범은 동의한 파트너와의 항문성교, 본디지, 외부 물질 삽입을 즐기는 사람이라고 자신 있게 말했다. 또한 앤더슨이 좋아하는 영화는 자칭 카사노바가 여자들을 납치해서 지하 하렘을 만들고 자신의 환상을 실현시킨다는 줄거리의 「키스 더 걸」과 같은 영화일 것이라고 확신했다. 존 파울즈의 고전적인 소설 『컬렉터』*로 만든 영화도 가능성이 있다. 영화에서 테렌스 스탬프가 섬뜩하게 연기한 주인공 역시 '미란다'라는 사랑스러운 여자를 납치 감금해 자신의 환상을 행동으로 옮긴다. 레너드 레이크가 세운 납치 감금 계획의 코드명이 '미란다 작전' 이었던 것도 결코 우연이 아니다.

당국은 앤더슨이 범인이라는 사실을 이미 알고 있었다. 그러나 그가 가학적 변태성욕자임을 간파하자 그의 브롱코와 범행이 일어난 시골 지

• 동명의 영화(감독 윌리엄 와일러)가 1965년 미국에서 개봉했으며, 한국에서는 「편집광」이라는 제목으로 소개되었다.

역에서 왜 다른 물건들이 발견되었는지, 또 그가 범죄를 준비하는 데 왜 그토록 많은 시간을 투자했는지 쉽게 이해할 수 있었다. 예컨대 나중에 앤더슨의 살인 기념품들(피해자 소유의 장신구)을 발견했을 때, 앤더슨이 왜 그런 물건들을 간직하고 있는지 잘 이해할 수 있게 된 것이다.

가학적 변태성욕자들은 거의 모두 사이코패스인데, 앤더슨의 정신 이상 징후를 살펴보면 그가 나르시시스트이기도 하다는 사실을 알 수 있다. 나르시시즘은 자기애성 인격 장애라고 하며, 자기중심성과 타인에 대한 공감 부족이 특징이다. 나르시시스트는 웅대한 환상을 품는다. 나르시시스트가 제일 좋아하는 주제는 바로 자기 자신이며, 자신과 다른 사람들에게 깊은 인상을 주고 싶어 자기 업적을 자주 과장한다. 이 설명들은 확실히 앤더슨에게 잘 들어맞았다. 이 사건에서 매우 중요한 역할을 했던 사우스다코타 범죄수사부 요원 프레드 드배니는 나중에 나에게 앤더슨이 유죄 확정 후 인터뷰에서 스스로를 알베르트 아인슈타인에 비교했다고 알려주었다.

앤더슨은 또한 다른 사람들에게 자기 자신에 대한 이야기를 많이 했으며, 이 사건에서 그의 유죄를 강하게 시사할 만큼 구체적이었다. 그들은 때맞추어 자신들이 알고 있는 것을 속속 전해주었다.

첫 번째 증인은 앤더슨이 오랫동안 알고 지낸 사람이자 전 룸메이트인 제이미 해머(32세)였다. 수사관들은 파이퍼가 실종된 지 열흘 후에 해머와 이야기를 나누었는데, 그가 증인으로 적당하지 않다는 것을 바로 깨달았다. 제이미 해머에게는 전과와 약물 남용 기록이 있었으며 사고로 인한 머리 부상 때문에 부분적인 기억상실에 시달리고 있었다.

제이미 해머가 확신을 주지는 못했지만, 당국은 해머가 털어놓은 내용을 뒷받침할 확실한 증거만 포착하면 앤더슨에게 사형을 구형할 수 있겠다고 생각했다. 바넷과 동료들은 앤더슨이 살인 사건으로 기소되어 사형을 선고받기를 바랐다.

해머는 여러 차례의 인터뷰와 법정 증언에서 앤더슨이 여성을 살해하는 데에 늘 강한 집착을 보였다고 상세히 설명했다. 그는 오래 전 고등학교 시절부터 앤더슨과 둘이서 이 주제에 대해 수백 번은 이야기를 나누었다고 말했다. 대화의 초점은 여자를 사로잡아서 죽인 다음 들키지 않고 빠져나가는 방법이었다.

해머의 말에 따르면, 앤더슨은 시체 처리 문제를 철저히 생각했다. 그는 피해자를 사로잡은 후 최종적으로 처리할 장소가 자동차로 한 시간 이상 걸리는 곳이어서는 안 되며, 무덤은 미리 파놓아야 한다고 말했다. 두 사람은 피해자 밑에 비닐 시트를 깔아놓으면 피나 정액, 체모, 섬유 등과 같은 법의학적 증거를 남기지 않을 수 있다는 결론을 내렸다. 앤더슨은 이유는 밝히지 않았지만 시체를 매장하기 전에 토막을 내는 것도 좋다고 했다.

두 사람은 앤더슨의 합판대와 같은 속박 도구를 만드는 방법과 사람을 죽이는 다양한 방법에 대해서도 이야기를 나누었다. 앤더슨은 총기 사용에는 강하게 반대했다. 총소리가 너무 크기 때문이다.

해머는 앤더슨이 모렐 기계 공장에서 타이어 "펑크 도구"인 뾰족하고 작은 금속 삼각형 도구를 만들었다고 설명했다. 앤더슨은 도로면과 잘 구분이 되지 않도록 이 도구를 스프레이 페인트로 칠해 특히 밤에 운전자들이 알아보기 힘들게 만들었다. 해머는 앤더슨과 함께 이 도구를 시험해보기로 했다.

어느 날 밤, 앤더슨은 해머에게 양방향 무선통신기와 펑크 도구를 주고 그를 도로가에 내려주었다. 그리고 자신은 차를 타고 범행 대상을 물색하러 나섰다. 범행 대상자가 눈에 띄자 앤더슨은 무전기를 통해 해머에게 여자의 차를 설명했다. 그녀의 차가 가까이 오자 해머는 타이어 펑크 도구를 도로에 내려놓았다. 앤더슨은 자동차를 타고 범행 대상자를 따라오다가 해머를 태운 다음, 피해자의 타이어가 펑크날 때까지 그녀의 뒤를 쫓았다. 26세의 에이미 앤더슨(범인 앤더슨과는 무관) 그런 피해자 중 한 명이었다.

1994년 11월 10일 목요일 늦은 밤, 에이미는 친구 스테이시 헤이즌과 함께 차를 타고 티라는 작은 마을의 서쪽을 지나고 있었다. 에이미는 앞에서 천천히 움직이는 밤색 시보레 차량을 보았다.

시보레 자동차는 갓길에 멈춰 서서 에이미의 차가 먼저 지나가게 하더니 다시 따라잡아서 그녀를 앞질렀다가 또 다시 뒤로 처졌다. 에이미는 자동차 속력을 늦춰서 시보레가 앞쪽으로 멀리 사라질 때까지 천천히 달렸다.

조금 뒤 에이미는 도로 위의 무언가를 치었다는 느낌을 받았다. 그러나 그녀는 차를 계속 몰았고 친구를 집에 내려주었다. 그 뒤에도 약 11킬로미터를 더 달렸을 때 타이어 하나가 펑크났다. 에이미는 조심스럽게 차를 세우고 점멸등을 켠 다음 스페어타이어와 잭을 꺼내러 트렁크로 갔다. 바로 그때 시보레가 다시 지나갔다. 에이미가 쳐다보자 시보레의 브레이크등에 불이 켜지는가 싶더니 다시 가버렸다.

에이미가 트렁크를 열고 잭을 꺼내는데 시보레가 다시 돌아왔다. 이번에는 운전자가 차를 세우더니 전조등을 껐다. 에이미는 운전자가 차에서 내릴 때 차내등이 켜지지 않는 것을 보았다. 그는 말없이 에이미에게 다가오더니 도와주려는 듯 트렁크를 향해 몸을 숙였다. 하지만 남자는 도와주기는커녕 에이미를 붙잡아 도랑으로 끌고 가기 시작했다.

잠깐 몸싸움을 한 끝에 에이미는 그의 손에서 벗어났다. 그녀는 도로를 향해 뛰어갔다. 차를 몰던 10대 두 명은 에이미가 공포에 질린 얼굴로 팔을 흔들며 도랑에서부터 자신들의 차를 향해 달려오는 모습을 보았다. 두 사람은 겁에 질린 에이미를 위해 재빨리 차문을 열어주었고, 백인 두 명이 시보레에 타는 모습을 보고 얼른 다시 차를 몰았다.

앤더슨의 근무 기록을 확인한 결과 그날 밤 출근하지 않았음이 밝혀졌다. 나중에 에이미는 자신을 공격한 사람으로 앤더슨을 지목했다. 에이미 와 함께 딘 위터 중개 사무실에서 일하던 주디 멍크볼드 역시 앤더슨이 예약을 하지 않은 채 사무실에 여러 번 왔던 고객이라고 지목했다.

앤더슨은 내가 만난 수많은 가학적 변태성욕자들과 마찬가지로 자기가 한 일을 강박적으로 자랑스럽게 떠벌리는 경향이 있었는데, 결국 이와 같은 나르시시스트적인 충동이 파멸을 불러왔다. 신중하고 똑똑하며 인내심 강한 살인범 앤더슨이 입만 다물었더라면 결코 정의의 심판을 받지 않았을 것이다.

특히 라리사 더맨스키 사건이 그렇다.

제이미 해머의 증언에 따르면, 어느 날 그가 1995년에 앤더슨에게서 산 몬테카를로 트렁크에 스피커를 설치하고 있을 때 "그(앤더슨)가 거기에 모렐에서 일하는 여자가 있었다고 말했습니다. 그는 그 여자를 트렁크에 넣었다고 했습니다."

해머는 앤더슨이 정확히 뭐라고 말했는지는 기억하지 못했지만, 라리사를 죽인 이야기라는 것은 알았다.

"그녀는 다치고 싶지 않아서 시키는 대로 뭐든지 다 했다는 말이 기억납니다." 해머는 이렇게 덧붙였다. "그는 하고 싶은 것을 다 할 시간이 없었다고 말했습니다."

젊고 매력적인 라리사와 그녀의 남편 빌은 미국에 들어온 지 얼마 안 된 부부였다. 더맨스키 부부는 우크라이나 태생의 오순절 교회파로 1991년 종교 박해 때문에 고국에서 쫓겨난 후 수 폴스에 정착했다. 두 사람은 모렐 육류포장 공장에서 일했다. 빌은 나중에 카펫을 까는 새 일자리를 구했지만 라리사는 계속 모렐에서 일했고, 주로 밤 근무를 하다가 앤더슨을 알게 되었다.

1994년 여름, 라리사는 별 다른 이유 없이 타이어에 계속 펑크가 나서 괴로워하고 있었다. 그녀가 몰던 닷지 캐러밴은 거의 하루 걸러 한 번씩 펑크가 나는 것 같았다. 8월 26일도 다르지 않았다. 나중에 라리사의 남편은 그날 치과의사가 마침내 치열교정기를 빼주었기 때문에 그녀가 무척 기분이 좋았다고 나에게 말했다. 라리사는 마지막 통화에서 남편에게 이렇게 말했다. "내가 얼마나 예뻐졌는지 상상도 못할 거야."

라리사는 아직 병원에서 검사를 받아보지는 않았지만 당시 임신 2개월째라고 짐작하고 있었다. 그녀의 남편이 집에 돌아왔을 때 라리사는 이미 출근해서 모렐 공장의 조립 라인에서 일을 하고 있었다. 남편은 라리사가 직장에서 돌아오면 잠자리에 들 것이고, 다음 날 아침 자명종이 울리면 자기를 깨워줄 거라고 생각하면서 잠자리에 들었다.

그러나 라리사는 그날 밤 돌아오지 않았다. 다음 날, 라리사의 캐러밴은 공장 주차장의 평소와 같은 장소에서 발견되었다. 차 안은 텅 비어 있었고, 운전대는 오른쪽 끝까지 돌아가 있었으며 앞바퀴 하나에 펑크가 나 있었다.

파이퍼 스트레일이 납치되고 나서 당국이 제이미 해머와 인터뷰를 했던 1996년 여름까지 앤더슨은 라리사 실종 사건의 용의자 선상에 오르지도 않았다. 그러나 해머의 이야기를 듣고 난 후에도 검사들은 확증 없이 해머의 증언만으로는 살인죄로 사형을 구형하기 힘들다는 사실을 알고 있었다. 앤더슨이 파이퍼와 라리사를 살해했을 것이라는 강한 의심만 가지고 배심원단 앞에 세울 수는 없었다. 두 사건 모두 시체가 발견되지 않았기 때문이었다.

하지만 오래 기다릴 필요는 없었다.

1997년 5월 말, 앤더슨이 파이퍼를 납치한 혐의로 유죄 판결을 받은 후 앤더슨의 또 다른 친구가 더욱 놀라운 뜻밖의 사실을 들고 찾아왔다. 해머와 마찬가지로 몇 년 동안 앤더슨을 알고 지낸 글렌 워커는 앤더슨의 납치·살인 환상은 고등학교 시절까지 거슬러 올라간다고 회상했다. 워커는 이렇게 말했다. "앤더슨은 정말로 여자를 질식시켜보고 싶다고 말했습니다. 잠시 풀어주었다가 다시 질식시키고 또 다시 풀어주면서 괴롭히고 싶다고 말입니다."

워커는 중요하고 확고한 정보도 가지고 있었다. 라리사의 유해 혹은 그 일부가 있는 장소를 알고 있었던 것이다. 그는 멀리 떨어진 어느 도로가로 경찰을 안내하여 북미벚나무 아래를 가리키면서 앤더슨이 희생자를 그곳에 묻었다고 했다. 워커는 또한 앤더슨이 범행 당시의 최후의 순간을 상세히 이야기해주었다고 말했다.

워커에 따르면, 앤더슨은 모렐 공장 주차장에서 라리사의 목에 칼을 들이대고 소리를 지르면 그 자리에서 죽이겠다고 협박했다는 이야기를 싱글싱글 웃으면서 했다. 워커는 앤더슨이 라리사를 차에 태우고 시골로 데려가 네다섯 번 강간했다고 말했다. 라리사는 저항하지 않았지만 목숨을 살려달라고 애원하며 임신 사실을 말했다. 라리사는 살려 보내주기만 한다면 성폭행 사실을 누구에게도 말하지 않겠다고 약속했다. 그러나 워커가 당국에 한 증언에 따르면 앤더슨은 라리사를 살려 보내주는 대신 도관 테이프로 코와 입을 막은 후 그녀가 질식하며 고통스러워하는 모습을 지켜보았다. 그런 다음 그는 덤불 아래에 그녀를 묻었다. 법의학 팀은 그곳에서 라리사의 허리띠와 신발 일부, 흩어진 유해 조각을 발견했다.

1997년 7월, 바넷은 해머와 워커의 증언, 그리고 발견된 라리사의 일부 유해를 결정적인 근거로 앤더슨을 살인 혐의로 기소할 충분한 증거를 모았다고 확신했다. 하지만 얼마 지나지 않아 앤더슨이 스스로 궁지에 빠질 줄은 법무장관 바넷조차 몰랐다.

앤더슨이 스트레일 부인을 납치한 죄로 실형을 선고받은 지 한 달 후, 사우스다코타 교도소의 독방감금 구역에서 앤더슨과 같은 감방을 쓰던 동료가 비밀리에 당국에 접근해서 앤더슨이 자신에게 범행 사실을 털어놓았다고 전했다. 별 볼일 없는 마약 판매상이자 도둑이었던 제레미 브루너(22세)는 앤더슨과 일주일 동안 같은 방을 썼는데, 그때 앤더슨이 살인에 대해 자세히 이야기한 것이 분명했다. 그는 심지어 수갑(열쇠를 기억하시는지?)과 희생자에게서 빼앗은 기념품들, 파이퍼 스트레일을 납치한

날 들고 갔던 9밀리미터 권총을 숨겨놓은 곳을 지도까지 그려가며 설명해주었다. 게다가 앤더슨은 브루너를 이용해서 워커를 죽이고 이 모든 살인 혐의를 다른 사람에게 뒤집어씌우려 했다.

브루너는 전과를 꾸며내 앤더슨에게 자신이 살인미수 혐의를 벗은 적이 있다고 거짓말했는데 앤더슨이 그 말을 철석같이 믿었던 모양이다. 브루너가 꾸며낸 가짜 전과는 앤더슨에게 비밀을 털어놓을 만한 신용장역할을 했다. "앤더슨이 저에게 어떻게 살인 혐의를 벗었는지 물어보면서 이야기가 시작되었습니다." 브루너는 나중에 이렇게 증언했다.

그의 말에 따르면, 앤더슨은 "연쇄살인범은 각 피해자들에게서 무언가를 하나씩 빼앗아 간직한다"고 말하며 자신을 연쇄살인범으로 묘사했다. 앤더슨은 자신의 범행을 다시 이야기하며 즐기는 듯했다. "우리가 잠을 잘 때 빼고는 늘 그랬습니다." 브루너는 이렇게 말했다. "게다가 우리는 잠도 별로 자지 않았지요. 그는 마치 그 순간을 다시 경험하는 듯했습니다."

브루너는 앤더슨이 적어도 범행을 실행에 옮기기 3개월 전에 라리사를 범행 목표로 정했다고 말했다. 앤더슨은 워커도 범죄에 끌어들였다. 브루너에 따르면, 앤더슨은 워커가 라리사의 납치를 도왔지만 강간과 살인에 동참하는 것을 거부했다고 말했다. 워커는 집으로 돌아갔지만 나중에 앤더슨이 라리사의 시체를 트렁크에 넣은 채 워커의 집으로 찾아갔고, 워커에게 자기 대신 시체를 묻으라고 시키며 범죄에 더 깊이 끌어들였다.

브루너는 앤더슨이 에이미를 납치하려다가 실패한 날 밤에 워커도 함께 있었다고 이야기했다.

워커는 나중에 라리사 납치 공모, 에이미 납치 시도, 일급살인 및 납치 방조라는 세 가지 범죄에서 유죄 판결을 받았다. 워커는 이 대가로 30년 형을 선고받았다.

앤더슨은 파이퍼 살인 사건도 자랑스레 떠벌렸다. 그는 브루너에게 납치에 성공하기 전날인 금요일 아침, 스트레일 부부의 집에 찾아갔을 때 남편 밴스가 집에 있어서 깜짝 놀랐다고 말했다. 앤더슨은 다음 월요일에 스트레일 부부의 트레일러로 다시 가면서 필요하다면 밴스를 쏘겠다는 생각으로 9밀리미터 권총을 챙겼다고 말했다.

또한 워커가 입을 다물고 있지 않을 거라고 생각해 주말에 2년 전 라리사를 묻었던 벚나무 아래에 다시 가보았다고 말했다. 그는 라리사 사건과 관련해 워커가 자신을 신고할지도 모른다는 불안에 물리적 증거를 없애야겠다고 마음먹었지만 완전히 인멸하지는 못했다. 앤더슨은 라리사의 유해를 일부 파내어 자루에 담았고, 해골과 치아를 확실히 회수한 다음 운전 도중 차창 밖으로 던졌다고 브루너에게 말했다.

앤더슨은 캐니스토타에서 파이퍼를 납치해 떠나기 직전에 자신의 이름과 전화번호가 적힌 쪽지를 되찾았다고 기억했다. 그는 브롱코에서 스트레일 부인을 강간한 후 그녀의 눈을 똑바로 쳐다보면서 손으로 목을 졸라 죽였다고 말했다. 브루너가 전하는 바에 따르면 앤더슨은 이렇게 말했다. "중요한 것은 하기 직전의 황홀함이지. 전혀 모르는 낯선 사람이 내가 원하는 대로 움직이는 황홀함도 그렇고 말이야."

미리 골라놓은 발틱 근처 강가의 사체 유기 장소로 파이퍼를 데려가려는 찰나에 증거가 될 만한 물건 두 개가 아직 스트레일 가족의 트레일러에 있다는 생각이 떠올랐다. 하나는 그가 놓고 온 시계였고 하나는 어린 네이선이 선물받은 파란 텐트였다. 파이퍼 스트레일과 몸싸움을 하다가 발사된 9밀리미터 권총 총알이 텐트와 거친 털 깔개를 뚫고 트레일러 아래 땅으로 떨어졌던 것이다(브루너가 이 정보를 제공한 후 총알이 트레일러 아래에서 발견되었다).

앤더슨은 피해자의 시체를 자동차 바닥에 놔둔 채 트레일러로 돌아가서 시계와 텐트를 회수했다. 그는 운전을 하면서 브롱코 창 밖으로 파이퍼의 소지품 몇 개를 던져버렸다고 브루너에게 말했다. 앤더슨은 또한 벌거벗은 파이퍼의 시체를 강에 버렸다고 했다.

브루너에게는 전과 기록도 있었고 이 증언의 대가로 잠깐이나마 감옥에서 풀려났기 때문에(브루너는 메탐페타민 소지와 가짜 LSD 판매 시도로 곧 다시 체포되어 재수감되었다) 앤더슨이 털어놓았다고 주장하는 증언 내용이 배심원단에게 확신을 주지 못했을 수도 있다. 하지만 그는 앤더슨이 직접 그린 지도 두 장을 가지고 있었고, 지도에는 앤더슨의 엄지 지문이 묻어 있었다.

그중 한 장은 수사관들을 미주리 주 캔자스시티에 있는 워커의 집으로 안내했다. 브루너는 자신이 그곳에서 워커를 죽이기로 되어 있었다고 말했다. 또 다른 지도는 앤더슨의 9밀리미터 권총과 수갑이 있는 장소를 알려주었다. 앤더슨의 어머니 집 출입구 위쪽이었다. 이 은닉처에서는 희생자에게서 빼앗은 기념품, 즉 앤더슨이 파이퍼의 반지 몇 개와 라리사 더맨스키가 살해되던 날 걸고 있던 목걸이가 발견되었다.

앤더슨은 자신의 행동과 다른 사람들과 나눈 대화를 통해서 그에 대한 무척 소중한 정보를 나에게 공개했다. 해머가 제공한 상세한 내용에 따르면, 앤더슨은 열네 살 때부터 이미 자신만의 연극 대본을 쓰고 있었으므로 성 아우구스티누스의 5단계 이론에 잘 들어맞는다. 앤더슨은 라리사를 살해할 당시 적어도 8년 동안 범죄를 아주 자세하게 꿈꾸어 왔던 셈이다!

환상을 품는 기간이 길면 길수록 범죄자가 원하는 피해자의 특징은 더욱 구체화된다. 예를 들어, 레너드 레이크는 비디오테이프에서 자신의 피해자들이 18세에서 22세 사이로 날씬하고 예쁘고 가슴이 작고, "괜찮다면 머리카락은 어깨 정도 길이"였으면 좋겠다고 말했다. 앤더슨 역시 특정 기준에 따라 피살자를 선택했다. 그는 파이퍼는 다리 때문에, 라리사는 엉덩이 때문에 끌린다고 말했다.

앞서 말했듯이 나는 에이미 역시 무작위로 선택한 피해자가 아니라고 생각한다. 이토록 계획적인 범죄자가 즉흥적으로 에이미의 자동차를 골랐다고 한다면 지나친 우연이다. 게다가 앤더슨은 납치를 시도하기 전에 에이미의 직장에 몇 번이나 모습을 드러냈다. 게다가 나는 에이미가 그녀의 친구를 내려주기 전에 자동차에 펑크가 났다면, 앤더슨과 공범들은 두 명 다 납치했을 거라고 생각한다.

범죄를 계획할 때 환상이 어떤 역할을 하는지 살펴보면 앤더슨이 야간 정찰을 더 간단하고 쉽게 하기 위해서 자동차를 개조한 이유도 알 수 있다. 앤더슨은 아는 사람에게 부탁해서 자동차 전조등과 후미등을 따로따로 켜고 끌 수 있도록 위아래로 움직이는 스위치를 달았고, 차량 내부의 전구를 제거해 문을 열어도 불이 켜지지 않게 했다.

나는 앤더슨이 차량을 이런 식으로 개조했다는 이야기를 들었을 때 그가 쓴 방법이 너무나 낯익어서 깜짝 놀랐다. 1970년대 중반 뉴욕 빙햄튼

에서 계획범죄를 수사할 당시 나는 자동차를 타고 야간정찰을 하는 일
이 많았다. 그래서 수사국 수리공에게 전조등과 후미등을 각각 혹은 같
이 끌 수 있도록 스위치를 달아달라고 부탁했다. 이 장치가 있었기 때문
에 나는 밤에 "들키지" 않고 오랫동안 누군가를 지켜볼 수 있었다. 내 자
동차는 FBI 동료들 사이에 "배트카"로 알려지기 시작했다. 그런데 앤더
슨이 정의를 실현하기 위해서가 아니라 범죄를 은폐하기 위해서 비슷한
전략을 사용했다니 얼마나 소름끼치는가.

#3 의식적 범죄자의 환상

그는 환상에 엄청나게 많은 시간을 소비하며, 범죄 수법을 세세한 부분까지 신중하게 결정한 다음 행동에 옮긴다. 불행히도 이들은 여러분의 이웃일 수도 있고 동료일 수도 있다.

성범죄는 환상으로 시작하지만 다행히도 성범죄로 이어지는 환상은 극히 드물다. 정신과 전문가들에 의하면 어느덧 사라지기는 하지만 모든 이는 숨겨진 욕망이 있다. 하지만 대부분의 사람들은 금지된 행동을 생각하는 것만으로 충분한 듯하며, 환상을 현실로 옮겨야겠다고 진지하게 생각하지 않는다.

그러나 성범죄자들은 다른 사람들은 넘지 않는 선을 넘는다. 범죄를 단순히 상상하는 것을 넘어서 연쇄살인범 테드 번디가 말하는 "부적절한 행동"을 하는 이유는 그 누구도 정확히 알지 못한다. 다만 분노를 표현하고 힘을 과시하고 싶은 충동에서 비롯된다는 점은 확실하다.

우리에게는 다행스럽게도, 성범죄자들 대부분은 로버트 르로이 앤더슨만큼 환상에 많은 시간을 투자하지 않는다. 모든 성범죄자가 앤더슨만큼 환상에 많은 시간을 투자한다면 성범죄자의 신원 추정 및 체포가 더욱 힘들어질 것이다.

버지니아 대학의 재닛 워렌 박사와 나는, 수사관들과 정신과 전문가들이 복잡하고 의식적인 환상을 가진 사람들과 그렇지 않은 사람들을 구분할 때 도움을 줄 성범죄자 유형학을 만들었다.

우리는 대상을 '충동적' 범주와 '의식적' 범주로 나누었다. 성범죄자들을 구분하는 이 범주는 행동과학부의 존 더글러스와 내가 살인자들을 구분하기 위해 이전에 만들었던 '조직적/비조직적' 범주와 비교할 수 있다. 이처럼 간단한 구분은 범죄자의 환상 유형을 정의하는 데 도움이 될 뿐 아니라 범죄자가 환상을 행동으로 옮길 때 사용할 법한 방식을 추측할 때도 도움이 된다.

충동적 범죄자

충동적 범죄자는 지능적이지 않다. 이 범주에 속하는 범죄자는 재치가 없고 대체로 어리석으며 금방 신원이 밝혀져 체포된다. '충동적'이라는 용어가 시사하듯이 여기에 속하는 범죄자는 자제력과 자기 제어가 부족하다. 그는 잘못된 결정을 내릴 뿐 아니라 비조직적이고 엉성한 방식으로 범죄를 저지른다.

성범죄자는 아니지만 이 부류에 속하는 범죄자로는 세계에서 제일 멍청한 범죄자들에 대한 텔레비전 쇼에 등장했던 한 절도범을 예로 들 수 있다.

한 여성이 지나가던 경찰관들에게 방금 누군가 자신의 지갑을 소매치기 했다면서 범인을 자세히 설명했다. 경찰관들은 두 블록 떨어진 곳에서 여전히 핸드백을 손에 들고 있는 범인을 체포했다. 이들은 범인에게 권리를 말해준 다음 분명한 신원 확인을 위해서 피해자가 있는 곳까지 동행해야 한다고 말했다. 피해자가 있는 곳에 도착하자 여자가 무슨 말을 하기도 전에 용의자가 그녀를 손가락으로 가리키며 말했다.

"넵, 내가 이 여자의 지갑을 훔쳤습니다."

그야말로 분명한 신원 확인이다! 충동적인 범죄자의 좋은 예다.

충동적 범죄자와 의식적 범죄자의 유일한 공통점은 범죄의 기저에 힘에 대한 욕망과 분노, 혹은 이 둘을 결합한 것이 존재한다는 점이다. 하지만 비슷한 점은 이것뿐이다. 충동적 범죄자에게는 뚜렷함이나 명확함이 부족한데 그의 환상 역시 그러하다. 사실 그의 마음속에서 일어나고 있는 일은 완전한 환상의 수준으로 떠오르지 않는다. 앤더슨과 같은 의식적인 범죄자는 꾸준히 지능적으로 세부사항에까지 깊은 관심을 기울이면서, 색이 많은 팔레트처럼 풍부한 질감으로 마음속에 그림을 그려보는 반면 충동적인 범죄자는 대충 가늠해볼 뿐이다. 충동적인 범죄자의 환상은 단순하고 조잡하며, 잘 짜인 극본보다는 단편적인 상상에 가깝다.

충동적 범죄자는 피해자를 간단하게 파악한다. 여성, 접근 가능함, 연약함. 피해자는 낯선 사람일 수도 있고 아내나 여자친구일 수도 있으며 거리의 매춘부일 수도 있다. 충동적 범죄자는 분석적이지 않다. 충동적 범죄자에게 여성은 딱 한 가지 기능만 할 뿐이다. 여성은 만족을 얻기 위해 간단히 쓰고 버리는 용기와 같다. 이성에 대한 일차원적 태도는 범죄에서의 자신의 역할에 대한 의견, 자격에 대한 관점과 결부되어 있다.

"나는 하고 싶다. 그러므로 할 것이다."

많은 충동적 범죄자와 이야기를 나누어본 결과, 한 가지 공통적인 특징이 두드러졌다. 충동적 범죄자들은 실제로 피해자를 만나기 전까지는 범죄에 대해 생각한 적이 아예 없거나 거의 없었다. 충동적 범죄자가 집을 나서기 전에 범죄를 저질러야겠다고 마음먹을 수는 있지만 실제로 피해자가 될 만한 사람을 만나기 전에는 그 이상의 계획을 세우지 않는다.

나는 성폭행을 최소 여섯 번은 저지른 텍사스 연쇄강간범의 수사 협조를 의뢰받은 적이 있다. 그가 어느 토요일 이른 아침에 저지른 범행은 그의 범행 수법을 잘 보여준다.

그는 아파트를 털 생각으로 권총 한 자루를 가지고 근처를 정처 없이 돌아다니고 있었다. 범인은 어느 2층 아파트를 목표로 삼았다. 1층으로 들어가는 것이 훨씬 간단한데도 말이다. 그는 아파트에 누가 사는지, 몇 명이나 사는지, 심지어는 집에 사람이 있는지 없는지도 전혀 몰랐다. 마스크를 쓰거나 변장을 하지도 않았고 장갑도 끼지 않았다. 범인은 그냥 그곳을 범행 장소로 결정했고, 범행을 저지르고 싶었기 때문에 저질렀을 뿐이다.

그는 사람이 있는 아래층 아파트의 파티오 울타리를 발판 삼아 발코니에 매달려 2층으로 올라갔다. 그런 다음 무척 소란스럽게도 잠겨 있는 프랑스식 문에 어깨를 대고 문틀을 두드려 느슨하게 한 다음 경첩에서 문짝을 떼어냈다.

집 안에는 한 여자가 남자친구와 함께 잠들어 있었다. 남자가 시끄러운 소리를 듣고 무슨 일인지 확인하러 나왔다가 충동적 범죄자와 마주쳤다. 범인은 그때까지도 집을 털 생각밖에 없었다. 하지만 여자를 발견한 범인은 연약하고 접근 가능한 그녀를 이용하기로 했다. 그는 권총을 꺼내 남자에게 옷장으로 들어가라고 명령한 다음 방해하면 남자와 여자 모두 죽이겠다고 위협했다.

성폭행은 처음부터 끝까지 무척 잔인했다. 그는 여자에게 구강성교를 시킨 다음 항문을 통해 강간했다. 그러는 내내 범인은 여자에게 모욕적이고 위협적인 욕설을 퍼부으며 지나친 요구를 했다. 피해자가 그의 요구에 쉽게 응하려 하지 않으면 시키는 대로 할 때까지 계속해서 폭행했다. 범인은 여자를 침실에 딸린 욕실에 집어넣은 다음 아파트를 샅샅이 뒤진 후 현관문을 통해 나갔다.

그의 범행은 처음부터 끝까지 충동적 성범죄자들에게서 뚜렷하게 나타나는 무모함을 보여준다. 그는 잠재적인 위험을 고려하지 않고 무작위로 목표물을 선택했으며 그런 다음 충동적으로 기회를 잡아 접근 가능한 피해자를 성폭행했다. 그리고 자신의 신원을 숨기려고 주의를 기울이지도 않았다.

의식적 범죄자

충동적인 범죄자를 폭식가라고 한다면 의식적 범죄자는 감식가라 할 수 있다. 의식적 범죄자는 생각하는 범죄자이며 자신이 가진 일탈적인 욕망의 대가다. 그는 환상에 엄청나게 많은 시간을 들이며, 의식화된 성범죄 수법을 세세한 부분까지 신중하게 결정한 다음 행동에 옮긴다. 의식적 범죄자를 충동적 범죄자만큼 자주 만날 수 있는 것은 아니다. 아마도 의식적 범죄자들이 수사망을 더 잘 빠져나가기 때문일 것이다. 의식적 범죄자는 교묘하고 조직적이며 보통 눈에 잘 띄지 않는다. 테드 번디, 레너드 레이크, 크리스토퍼 와일더가 그렇다. 불행히도 이런 이들은 여러분의 이웃일 수도 있고 동료일 수도 있으며 여러분이 사는 지역에서 상점을 운영하는 이름 모를 사장일 수도 있다. 의식적 범죄자의 외모도 행동도 그 사람의 어두운 욕망에 대한 단서를 제공하지 않는다.

이용할 수 있는 정보의 양에 따라서 다르지만, 숙련된 분석가는 자신이 맡은 범죄가 의식적인지 충동적인지 간단하게 파악할 수 있다. 하지만 의식적 범죄자라는 만족스러운 결론을 내리는 것으로 일이 끝나지는 않는다. 의식적 범죄자들은 모두 범죄에 대해 제각각 다른 관점을 가지고 있다.

야구 팀에 비유해보자. 아홉 명의 선수는 모두 같은 팀의 일원이다. 하지만 이들의 기술과 경기에 임하는 태도, 경기 경험 수준은 무척 다르다. 예를 들어 장타를 잘 치는 강타자는 다양한 타구 방식을 모두 구사하는 만능 타자와는 다른 방식으로 경기를 한다. 3루수와 투수는 경기장에서 행동하는 방식이 다르다. 의식적 범죄자들도 마찬가지로 수많은 유형이 있다.

워렌 박사와 나는 너무나 많은 개별 범죄자들을 단순화하기 위해서 모든 의식적 범죄자들의 환상에 공통으로 나타나는 다섯 가지 구체적인 요소를 파악해보았다. 다섯 가지 요소는 다음과 같다.

1. 관계적 요소
2. 성도착적 요소
3. 상황적 요소

4. 피해자의 인적 사항

5. 자기 인식적 요소

관계적 요소

관계적 요소란 범죄자가 피해자와의 관계에 대해 품는 모든 환상을 말한다. 관계적 요소와 관련해서는 무척 다양한 행동을 볼 수 있다. 범죄자들은 낯선 사람을 피해자로 삼지만, 남자친구 - 여자친구, 남편 - 아내, 연인 등 친밀한 관계에 대한 환상을 가진 경우가 많다. 이처럼 친밀한 관계 환상의 반대편에는 '주인 - 노예' 관계 환상이 있다.

강간범의 관계 환상을 정의하기 위해 나는 3단계를 거쳐 범죄를 분석한다. ① 범죄자가 피해자에게 한 말, 피해자가 범죄자 자신에게 하도록 요구한 말을 알아본다, ② 범죄자가 피해자에게 가한 신체적 폭력의 정도를 살펴본다, ③ 관련된 성행동의 유형과 그 결과를 확인한다.

예를 들어, 남자친구 - 여자친구 환상을 행동으로 옮기는 범죄자는 보통 피해자에게 모멸감을 주려고 하지 않으며 심지어는 듣기 좋은 말을 늘어놓기도 한다. 또 물리적 힘을 거의 또는 아예 행사하지 않으며, 내가 "범죄의 전희"라고 부르는 성적 행동 유형(키스, 애무, 남성이 여성에게 행하는 구강성교)을 선호한다. 이러한 행동은 피해자가 (적어도 범죄자가 보기에는) 적극적이고 자발적인 파트너가 되기를 바라는 범죄자의 욕구를 보여준다.

반면에 주인 - 노예 관계의 환상을 실행에 옮기는 범죄자는 "헤픈 년, 매춘부, 암캐" 등의 욕설을 퍼부으면서 피해자에게 모멸감을 준다. 채찍질을 하거나 손바닥으로 때리고 주먹으로 치는 등 강도 높은 물리적 폭력을 행사하며 수갑이나 쇠사슬처럼 고통스러운 속박 도구를 사용하기도 한다. 이들이 선택하는 성적 행동은 피해자에게 모멸감과 수치심을 안겨주기 위한 것이다.

강간 살인 사건에서는 피해자의 증언을 확보할 수 없지만 수사관들은 다른 자료를 통해 추론할 수 있다. 여기에는 ① 정보원이 제공하는 설명, ② 피해자에게 나타나는 부상의 성격과 정도, ③ 범죄자에게서 나온 물건, ④ 범죄자가 수집한 포르노그래피의 주제 등이 있다.

예를 들어, 앤더슨은 주인-노예 관계 환상을 가지고 있었다. 앤더슨은 워커에게 이렇게 말했다. "그건 정말 폭발적이야······. 전혀 모르는 낯선 사람이 내가 원하는 대로 하게 만드는 거 말이야." 앤더슨은 라리사가 자신을 얼마든지 하고 싶은 대로 해도 좋지만 해치지만 말아달라고 애원했다는 이야기를 워커에게 여러 번 들려주었다. 물론 그녀의 애원은 허사였다.

앤더슨의 행동을 남편-아내 관계를 꿈꾸는 범죄자의 행동과 비교해보자. 톰**이 바로 그런 강간범이었다. 18건의 성폭행을 저지른 톰은 무척 독특한 방법으로 피해자들과 관계를 맺었다. 톰은 피해자를 사로잡아 강이나 호수로 데리고 간 다음, 피해자가 이따금씩 다음과 같은 질문을 하게 했다. "올해 우리 애들 치아 교정할 돈이 충분할까요?", "볼링 애버리지가 어떻게 되죠?", "산장은 빌렸어요?", "냉장고는 언제 고칠 거예요?"

사람들은 대부분 말도 안 된다며 웃겠지만 행동과학자에게는 중요한 정보다. 이런 질문은 톰의 마음속에 무엇이 있는지, 그가 어떤 환상을 실

• 별표(*)는 모두 가명을 나타낸다.

현시키고자 하는지 말해준다.

성도착적 요소

성도착(paraphilia)은 성적 일탈을 가리키는 정신의학 용어다. 성적 가학증, 관음증, 성적 피학증, 복장도착증, 페티시즘, 전화외설증, 노출증, 소아기호증, 시체기호증 등이 이에 해당된다. 의식적 범죄자는 성도착적 환상을 가지고 있으며 범죄를 저지를 때 거의 언제나 일탈 행동을 드러낸다.

예를 들어 앤더슨은 적어도 두 가지의 성도착 증세를 보였다. 성적 본디지(미국 정신의학 협회에서 공식적으로 인정하지는 않았지만, 일반적으로 성도착 증세로 여겨진다)와 성적 가학증이다.

상황적 요소

범죄자가 실현하고 싶어 하는 환경이나 배경은 무엇일까? '상황적'이라는 용어의 뜻을 쉽게 이해하기 위해 내가 하는 강연 상황을 비유로 들어보자. 내 강연은 교실이라는 상황 혹은 배경에서 이루어진다. 또한 나와 청중의 관계는 교사 – 학생이다.

앤더슨이 꿈꾸는 상황은 고문실이었다. 그는 브롱코 자동차 짐칸에 맞는 합판대를 만들었다. 또한 피해자를 속박할 물건을 준비했고 피해자를 괴롭힐 고문 도구를 챙겼다. 앤더슨은 사실상 브롱코 안에 지하 감옥을 만든 셈이었다.

앤더슨의 정반대라 할 수 있는 톰이 꿈꾸는 상황은 가정적 상황이다. 톰은 강간에 '따뜻한 가정'이라는 배경을 설정했다.

피해자의 인적 사항

충동적 범죄자가 피해자를 선택하는 기준은 단순히 연약한 여성이었다는 점을 떠올려보자. 하지만 의식적 범죄자는 그렇지 않다. 의식적 범죄자는 환상에 아주 많은 시간을 투자한다. 그 결과, 상상력이 풍부한 의식적 범죄자는 상당히 구체적인 피해자 선택 기준을 만들어낸다. 앞서 살펴보았듯이 레너드 레이크는 언제나 날씬하고 예쁘고 가슴이 작고 머리가 어깨까지 내려오는 18세에서 22세 사이의 여자를 찾았다.

소아기호증을 가진 사람들은 성별이나 나이를 기준으로 피해자를 선택하지만 특정 인종이나 머리색, 심지어는 특정한 코의 생김새를 선호할 수도 있다. 시체기호증이 있는 사람들에게는 물론 죽은 피해자가 필요하다. 이 외에도 범죄자들의 환상은 무척 광범위하다. 의식적 범죄자가 어떤 인적 사항을 원하든 그것은 그가 꿈꾸는 환상에 맞는 특유의 조건이다.

자기 인식적 요소

범죄자는 범죄에서 자신이 담당하는 역할에 어떤 환상을 가지고 있을까? 자기 인식적 요소는 신과 같은 전능함부터 극단적인 무능력함까지 다양하다.

전능함을 꿈꾸는 예는 무수히 많다. 토론토의 악명 높은 부부 "켄과 바비"의 "켄"이었던 강간 살해범 폴 버나도는 아내인 "바비"를 포함한 모든 희생자에게 자신을 "주인님"이라고 부르게 했다. 반대로 샌디에이고의 연쇄강간범 케네스 보가드는 톰과 마찬가지로 자신이 피해자에게 사랑을 받는 상대라고 상상했다.

하지만 시나리오를 행동에 옮기려면 누군가를 납치해야 한다는 사실은 전혀 신경 쓰지 않는다. 또 톰과 보가드가 자기 환상을 실현하려고 납치한 희생자의 수를 보면 같은 행동을 수없이 되풀이하면서도 전혀 질려 하지 않았음이 분명하다.

위험한 환상의 파트너 #4

범인의 일탈 환상에는 페티시즘, 시체기호증, 마조히즘, 사디즘도 있다.
그는 속옷도 입지 못하게 했고, 그와 함께 있을 때는 다리를 꼬는 것조차 허락되지 않았다.

대부분 지능적이고 교묘한 의식적 범죄자들은 다양한 방법으로 숨겨진 욕구를 충족한다. 이들은 생생한 상상력을 발휘해서 창의적이지만 비뚤어진 아이디어를 놀랄 만한 형태로 만들어낸다.

의식적 범죄자는 환상을 실현하기 위해서 아내나 여자친구에게 도움을 강요할 수도 있고 낯선 사람을 납치하거나 강간하거나 죽일 수도 있다. 하지만 성범죄자에게 반드시 피해자가 필요한 것은 아니라는 사실도 중요하다. 의식적 범죄자는 무생물을 이용해서, 또는 돈을 지불하고 산 파트너나 순응적인 파트너(아내나 여자친구)와 함께, 심지어는 자기 혼자서도 환상을 실현할 수 있다.

이들의 행동은 수동적인 환상에서 대담한 공격으로 발전할 수도 있고 그렇지 않을 수도 있다. 어떤 행동이든 그 자체가 목적일 수 있는데, 위험한 자기성애가 대체로 그렇다. 그렇지 않으면 동시에 다양한 방법을 동원해 환상을 행동으로 옮길 수도 있다. 범죄자는 강간이나 살인과 같은 범죄를 저지르면서 일탈적이지만 범죄라고는 할 수 없는 성적 경험을 동시에 추구할 수도 있다.

특정 물건에 대한 집착

생명이 없는 물건을 대상으로 환상을 행동으로 옮기는 성범죄자 대부분은 여성의 의류나 소지품에 집착한다. 또 인형과 같은 대체품을 이용하거나 잡지 사진에서 상상 속 피해자를 선택하기도 한다.

인형과 관련된 두 가지 사건은 이러한 행동이 얼마나 우려할 만한지 보여준다. 내가 1980년대에 알게 된 첫 번째 사건은 대학병원에서 일어났다. 외과 센터 밖 남성 라커룸에서 곱슬머리 아기 인형이 발견되었다. 인형은 흰색 줄에 매달려 있었고 목에는 교수형식 올가미가 걸려 있었다.

인형은 체계적으로 훼손되어 있었다. 살갗은 불에 그을렸고 사타구니 주변에는 음모가 풀로 붙여져 있었다. 인형의 다리 사이는 잘려서 구멍이 나 있었는데 긴 연필이 그 안에 깊숙이 꽂혀 있었다. 손목은 등 뒤로 묶여 있었으며 입에는 파란색 화장지 뭉치가 들어 있었다. 왼쪽 눈에는 긴 바늘 몇 개가 꽂혀 있었다. 왼쪽 가슴, 대략 심장이 있을 법한 부분은 절개된 후 검은 실로 깔끔하게 봉합되었다.

범인은 외과의 보조로 일하던 의예과 학생으로 밝혀졌다. 분명 문제가 있어 보이기는 했지만 범죄는 아니었으므로 기소되지는 않았다. 실제로 그는 어느 누구에게도 물리적인 위협을 가하지 않았을지도 모른다. 인형을 대상으로 행동하는 것만으로 환상이 충족되었을지도 모른다. 하지만 꼭 그렇다고 장담할 수는 없다. 다행히도 그는 전문가의 도움을 받아보 겠다고 했다.

두 번째 사건은, 상아로 이상적인 여성상을 만든 후 자신의 작품과 사랑에 빠져버린 신화 속 조각가의 이름 피그말리온을 딴 피그말리오니즘 (pygmalionism)*과 관련이 있다.

어느 날 새벽 4시 30분, 루이지애나 교외 어느 마을의 지역 할인 잡화 점에서 강도 경보가 울려 보안관 대리가 달려갔다. 침입자는 경찰차의 사이렌 소리를 듣고 놀라 뒷문으로 빠져나갔기 때문에 잡히지 않았다. 침입자는 여자 마네킹을 바닥에 눕혀 놓은 채 도망갔는데, 금발 가발을 쓴 마네킹은 허리가 잘린 상태였다. 마네킹은 허리 위 상반신에 앞치마 를 두르고 있었고 흰 장갑을 낀 왼손은 손목이 부러져 있었다.

신원이 밝혀지지 않은 범인은 마네킹의 하반신에 입혀져 있던 밝은 색 치마를 벗겨놓았지만 마네킹의 스타킹과 속옷은 그대로 있었고 짙은 색 하이힐도 그대로 신겨져 있었다. 침입자가 신고 있던 뒤축 없는 신발과 검정색 가발이 마네킹의 머리 근처 바닥에 놓여 있었고, 가게의 약국 코 너에서 가져온 콘돔 상자가 뚜껑이 열린 채 바닥에 놓여 있었다.

앞서 살펴본 병원 사건과 마찬가지로 이 현장 역시 정신적으로 문제가 있는 사람의 소행이 틀림없었다. 하지만 이 정도 증거만으로는 이 사람 이 주변 이웃들에게 위협적이라고 잘라 말할 수 없다.

특정 물건을 대상으로 행동에 옮긴 또 다른 범죄자를 살펴보자. 이 사

• 자신이 만든 물건에 애정을 느끼는 자작물체애.

람은 무척 복잡하고 임기응변에 뛰어났으며 그가 선택한 피해자에게는 분명히 위협적인 존재였다.

여느 법 집행관들과 마찬가지로 나 역시 여타 사건들보다 흥미로운 사건에는 이름을 붙이는데, 여기에는 "만화 사건"이라는 이름을 붙였다. 하지만 웃을 만한 구석은 하나도 없다. 이것은 내가 맡은 사건 중 가장 흥미롭고 특이한 사건에 속한다.

만화 사건은 1980년대에 뉴잉글랜드의 별로 크지 않은 지역에 살던 한 남자의 아내이자 두 어린아이의 어머니인 이블린 스미스*(29세)가 브래지어 제조업체에서 일한다는 남자로부터 걸려온 전화를 받으면서 시작되었다. 전화를 건 남자는 회사에서 새로운 여성 속옷 라인을 개발하고 있으며 그 지역에서 마케팅을 펼칠 예정이라고 말했다. 그는 스미스 부인에게 고객 만족 조사에 참가해달라며 제품의 내구성, 세탁편리성, 편안함, 옷을 입었을 때의 매무새를 평가하는 설문에 답해주면 무료로 브래지어 여섯 벌을 보내주겠다고 말했다. 스미스 부인은 이 제안을 받아들여 무심코 자신의 브래지어 사이즈를 말했는데, 결국에는 이를 두고두고 후회했다.

이상하게도 전화를 건 사람이 더 이상 아무 말도 하지 않았기에 스미스 부인은 전화를 끊고 통화를 잊어버렸다. 하지만 6주 정도 지난 다음 한 남자가 다시 전화를 걸어 그녀에게 줄 브래지어를 가지고 있다며 직접 가져다주겠다고 말했다. 스미스 부인은 깜짝 놀라 먼저 남편에게 이야기해야 하니 이틀 후에 다시 전화하라고 답했다.

남자가 다시 전화를 걸었을 때 스미스 부인은 프로젝트에 참가하지 않기로 했다고 알렸다. 나중에 스미스 부인은 경찰에게 이렇게 말했다. "그는 뭘 두려워하느냐고 했어요. 자기가 와서 젖꼭지라도 물어뜯을 것 같냐고요."

스미스 부인은 충격을 받아 전화를 끊었다.

얼마 지나지 않아 전화가 다시 울렸다. 익숙한 목소리가 말했다. "웃옷을 벗기에 아주 좋은 날씨군. 내가 가서 당신 옷을 벗겨주면 어떨까?" 스미스 부인은 다시 전화를 끊었다.

두 달 후 스미스 부인은 네 컷짜리 조잡한 만화를 우편으로 받았다. 그림 속에서는 자신과 닮은 여자가 여러 가지 수치스러운 자세를 취하고 있었다. 그중 한 칸에는 마스크를 쓴 남자가 입에 재갈이 물린 채 묶여 있는 여자의 옷을 벗기고 강간하는 그림이 그려져 있었다. 그녀의 브래지어 사이즈와 가슴을 뜻하는 여러 가지 비속어가 적혀 있었고, 스미스 부인이 감금당하는 장면에서는 "밥값"을 해야 할 거라는 음흉한 말이 적혀 있었다. 다른 그림에서는 남자가 한 손으로는 여자의 목에 칼을 들이대고 다른 손으로는 그녀의 브래지어를 찢고 있었다.

위협을 느낀 스미스 부인은 경찰을 찾아갔다. 다행히도 스미스 부인의 이야기를 진지하게 받아들인 경찰은 집 전화기에 발신 추적장치를 설치했다. 그러나 전화가 어디서 걸려 오는지 정확히 잡아내지는 못했다. 스미스 부인이 통화 내용을 녹음해보았지만 그것도 성공적이지 못했다.

이름 모를 고문자는 다시 한 번 전화를 걸어 조금 전에 스미스 부인의 집 앞에 갈색 위장 경찰차가 주차했다는 사실을 알고 있다고 말했다. 그의 말은 사실이었다. 이때의 통화에서 범인은 최후통첩까지 했다. 그는 스미스 부인에게 직접 만나 줄 것을 요구하며 만약 적극 협조하지 않으면 언젠가 그녀가 집으로 돌아왔을 때 자신이 기다리고 있을 것이라고 말했다. 스미스 부인은 "나를 해치고 싶지는 않다고 말했어요. 하지만 전화를 하는 그의 태도는 위협적이었어요."라고 증언했다.

범인은 스미스 부인에게 이렇게 말했다. "자발적으로 나를 만나지 않겠다면 억지로라도 만나야겠어. 하지만 그렇게 되면 우리 둘 다 즐겁지 못하겠지. 무력을 쓰고 싶지는 않지만 필요하다면 어쩔 수 없지."

며칠 후 두 번째 봉투가 우편으로 도착했다. 이번에는 훨씬 더 폭력적인 만화가 들어 있었다. 만화 속에는 강제로 그녀를 납치해서 성적 본디지를 한 다음 강간하는 그림이 자세히 그려져 있었다. 그 후 다섯 달 동안 아무 소식이 없었다.

다섯 달 후 그가 다시 전화를 걸었을 때 스미스 부인은 마침내 그의 목소리를 녹음할 수 있었다.

그는 이렇게 물었다. "우리가 마지막으로 했던 대화 기억해? 나는 당신에게 선택지를 주었지. 나를 자발적으로 만나든지, 아니면 억지로라도 그렇게 하겠어."

형사들과 상의한 끝에 스미스 부인은 범인을 만나 함정에 빠뜨리기로 했다. 약속된 장소에 형사 세 명이 배치되었고, 스미스 부인은 계획대로 약속 장소에 나타나 45분간 기다렸다. 하지만 신원이 확인되지 않은 범인에게서 연락이 오지 않았기 때문에 스미스 부인은 계획을 포기하고 형사들과 잠시 의논한 후 차를 몰고 집으로 돌아왔다.

그날 오후 늦게 전화가 걸려왔다. 범인은 공원에서 그녀를 지켜보고 있었다며 부인이 세 남자와 이야기를 나누는 모습을 보았고, 그들이 경찰이라는 사실도 다 안다고 말했다. 그런 다음 새로운 제안을 했다. 그는 스미스 부인에게 브래지어 두 장을 종이 가방에 담아 소방서 건너편 빈

공터에 있는 구세군 의류 수집함에 넣으면 더 이상 괴롭히지 않겠다고 말했다.

스미스 부인은 이 사실을 경찰에 알렸고, 경찰은 범인을 잡을 함정을 팠다. 스미스 부인은 범인이 시킨 대로 의류 수집함에 브래지어를 넣었고 경찰관들은 밤을 새워 다음 날 아침까지 의류함을 지켜보았다. 하지만 아무것도 보지 못했다.

경찰은 범인이 브래지어를 가져가지 않기로 결정했다고 생각하며 의류함으로 가보았지만 브래지어는 사라지고 없었다! 경찰은 몰랐지만 의류 수집함 뒤쪽에 들창이 있었다. 범인은 밤사이 공터로 기어들어와 의류함 들창을 열고 스미스 부인의 브래지어 두 장을 전리품으로 가져간 것이다.

한 달이 지난 어느 날 스미스 부인은 멀리 떨어진 주의 우체국 소인이 찍힌 소포를 받았다. 안에는 그녀가 의류함에 넣었던 브래지어 두 장의 일부와 다른 브래지어 여러 장이 들어 있었다.

브래지어 컵에는 "너의 단단한 유두를 빨고 싶어", "마음속으로 네 옷을 벗기는 게 너무 좋아. 다음에는 직접 해주지!" 등의 문구가 적혀 있었다. 어떤 부분은 정액 얼룩 때문에 색이 변해 있었다. 소포에 같이 들어 있던 탐정 잡지 표지에는 한 남자가 어느 여자 뒤에 서서 여자의 목에 칼을 들이대고 있는 그림이 그려져 있었다. 그림 속 여자의 브래지어가 가슴에서 미끄러져 내리고 있었다. 남자 위에는 "나," 여자 위에는 "이블린"이라고 적혀 있었다.

또 다시 길고 음흉한 침묵이 이어졌다.

마침내 최후의 협박 편지가 왔다. 가까운 주 소재의 홀리데이 인 모텔 표시가 찍힌 종이였다.

종이에는 이렇게 적혀 있었다. "당신을 위해 계획을 준비했지만 실천하지 않았으니 운이 좋은 줄 알아, 이블린. 나는 모든 것을 준비해두었지. 당신 남편 이름으로 예약을 하고, 당신 손을 묶을 테이프도 준비하고, 당신이 벌거벗은 채 묶인 모습을 찍을 폴라로이드 카메라도 준비했지. 내가 왜 당신을 놓아주는지 나도 모르겠군. 하지만 다음에는 놓아주지 않을지도 몰라. 내 계획은 완벽했어. 내가 그 계획을 실행하려고 마음만 먹었다면 당신은 완전히 내 손에 달려 있었을 거야. 사실 지금도 당신은 내 손에 달려 있지."

쪽지와 함께 폴라로이드 사진이 한 장 들어 있었다. 사진에는 범인으로 추정되는 남자가 벌거벗은 채 스키 마스크만 쓴 모습이 찍혀 있었다.

경찰은 마침내 든든한 단서를 잡았다. 범인이 실제로 홀리데이 인 모텔에 묵었을지도 모른다고 생각한 경찰은 모텔 방을 일일이 조사하면서 사진에 찍힌 실내장식과 비교해보았다. 마침내 정확히 일치하는 방을 찾아냈다. 모텔 기록에서 편지를 부친 날 그 방에 누가 묵었는지 찾아내는 일은 간단했다.

용의자는 30대 초반의 사업가로 범죄 전과 기록이 없는 앤드류 존스턴*으로 밝혀졌다. 경찰은 출장에서 돌아오는 존스턴을 공항에서 체포했다. 존스턴의 서류가방에서는 탐정 잡지 표지 100여 장이 든 링 세 개짜리 바인더가 발견되었다.

존스턴의 환상에 나타나는 관계 요소가 사냥꾼–사냥감이라는 사실은 분명하다. 놀라운 일은 아니지만 존스턴은 여러 가지 성도착 증세 혹은 성적 일탈 행동을 보인다. 분명히 존스턴은 브래지어에 대한 페티시즘을 가지고 있었다. 그는 사건이 진행되는 동안 내내 브래지어에 강한 흥미를 보였고 확실히 브래지어를 수집했으며 브래지어를 이용해서 자위를 했다. 그는 또한 성적으로 가슴에 집착했다. 한때는 특정 신체 부위에 대한 일탈적인 집착을 편애증(partialism)이라고 부르기도 했는데 이제는 사용하지 않는 구식 용어가 되었다.

범인이 가슴에 집착 증세를 보인다는 사실 파악은 수사에 도움이 되었다. 존스턴의 신원이 밝혀졌을 때 형사들은 그가 가슴 사진이나 가슴을 주제로 하는 잡지, 가슴과 관련된 다른 물건을 수집하리라는 사실을 이미 알고 있었다.

존스턴의 페티시즘은 그가 성생활에 브래지어를 관련시키려는 시도, 즉 파트너에게 자신의 관음증적 쾌락을 위해 브래지어를 입어보라고 요구했을 수도 있다는 뜻이었다. 그가 쓴 편지의 내용이나 통화 내용을 미루어 보아 범인 존스턴이 스미스 부인을 여러 번 지켜보았다는 사실도 분명했다. 범인은 편지에서 스미스 부인이 묶인 모습을 보고 싶다고 썼는데 이는 관음증을 분명히 드러낸다.

나는 만화 사건을 위해 준비했던 프로파일에서 신원 미상의 범인이 본디지를 즐기는 사람일 것이라고 추측했다. 그는 직접 그린 만화에서 본디지라는 주제를 생생하게 표현했다. 범인은 모텔에 비치된 종이에 쓴 편지에서 스미스 부인이 밧줄에 묶여 무력해진 상태를 언급했다. 그는 감금을 구체적으로 언급하기도 했다. 존스턴의 환상에서 상황적 요소는 분명 감금일 것이다.

증거가 제시하는 또 다른 성도착 증세는 성적 가학증이다. 그가 스미스 부인에게 설명하는 환상을 곱씹어보자.

"나는 당신이 벌거벗은 채 묶인 모습을 찍을 폴라로이드 카메라도 준비했지. ……당신은 완전히 내 손에 달려 있었을 거야. 사실 지금도 당신은 내 손에 달려 있지."

그러나 사건에 관련된 정보만으로는 존스턴이 이상적으로 생각하는 피해자 유형을 추측하기 힘들다. 우리는 애초에 존스턴이 왜 스미스 부인에게 전화했는지 모른다. 하지만 스미스 부인이 그의 기준에 맞았다고 추측할 수는 있다. 적어도 가슴 사이즈는 말이다. 그렇지 않다면 존스턴이 스미스 부인에게 많은 시간을 투자하거나 그토록 열심히 그녀에 대해 알려고 했을 리가 없다.

존스턴이 가진 환상의 자기 인식적 요소는 간단히 파악할 수 있다. 범인은 자신이 전지전능한 존재, 즉 신과 같은 존재라고 상상했다. 그가 스미스 부인에게 전화를 걸어 갈색 위장 경찰차나 만나기로 한 장소에서 스미스 부인을 지켜보고 있던 잠복 경찰에 대해서 이야기했다는 점을 주목하자. 그리고 존스턴은 스미스 부인이 협력하지 않으면 집에서 기다리고 있겠다고 경고했다. 마지막으로 범인은 부인을 해치겠다고 위협했다. 그는 "자발적으로 만나지 않으면 강제로 만나야겠다"고 말했다.

존스턴은 스미스 부인이 그가 모든 일을 알고 있으며 자신의 뜻대로 하기 위해서라면 그 어떤 무력이라도 행사할 준비가 되어 있다고 믿기 바랐다. 그는 이러한 메시지에 더욱 힘을 실어주기 위해서 곧 스미스 부인에게 강제 납치, 성적 본디지, 강간을 묘사한 만화를 더 보냈다. 존스턴은 자신을 강력한 위치에 놓아 스미스 부인의 공포를 증폭시키려 한 것이다.

스미스 부인이 최소 하루에서 최대 5개월까지 예측할 수 없는 간격을 두고 범인의 전화를 받았다는 사실도 흥미롭다. 과도한 업무에 시달리는 수사관들은 수사 과정에서 신원 미상의 범인이 행동을 보이지 않으면 금방 거처를 옮겼거나 죽었거나 입원했거나 감옥에 들어갔거나 군대에 갔다고 생각한다. 대개 그렇지만 늘 그렇지는 않다.

성범죄자는 결코 활동을 완전히 멈추는 법이 없다. 특정 피해자에 대한 행동을 하지 않을 수는 있지만, 계획을 세우거나 새로운 대상을 고르고 다른 피해자를 대상으로 행동하거나 자료를 수집하고 있을 확률이 높다. 성범죄자는 결코 쉬지 않는다.

존스턴은 준비가 될 때까지 움직이지 않는 쪽을 택했다. 통계 자료를 바탕으로 만든 범죄 행위에 대한 이론은 많지만 범죄자들이 그런 이론에 신경 쓰리라 생각하지는 말자. 범죄자의 환상은 그 자신의 손에 달려 있으며, 환상을 행동으로 옮기는 방법과 시간, 장소를 선택하는 사람도 그 자신이다. 이탈리아 피렌체 지방에서 일어난 한 연쇄살인 사건은, 살인범이 7년에 한 번씩 나타났다! 하지만 간헐적이라고 해서 덜 위험한 것은 아니다.

나는 범인의 행동을 예측할 수 없다면 잡기 더 힘들다는 사실을 존스턴이 알고 있었다고 생각한다. 존스턴은 양식화된 유형을 따르지 않음으로써 자신이 상황을 제어하고 있다는 느낌을 더 강하게 받았을 것이고, 따라서 전능하다는 자기 인식을 더욱 강화했을 것이다. 사건이 몇 개월 동안 전혀 진행되지 않으면 경찰은 당연히 더욱 위급한 문제로 관심을 돌리게 된다. 사건 사이에 예측 불가능한 간격을 둔 것도 존스턴이 스미스 부인을 조종하는 한 가지 방법이었다. 스미스 부인은 다음 전화나 소포가 언제 올지 몰라 두려움에 떨면서 지내다가 몇 달 동안 아무 일도 일어나지 않으면 이제 악몽이 끝났을지도 모른다는 희망을 가졌을 것이다. 그럴 때 존스턴이 자기 기분 내키는 대로, 다시 마치 시간이 전혀 흐르지 않았다는 듯, 갑자기 그녀의 삶에 다시 들어오는 것이다.

존스턴은 범죄에 창의적 생각을 상당히 많이 쏟아붓는 전형적인 의식적 성범죄자다. 구세군 의류 수집함에서 스미스 부인의 브래지어 두 장을 성공적으로 가져간 것은 그가 스미스 부인의 브래지어를 얼마나 갖고 싶어 했는지, 얼마나 치밀하게 계획을 세웠는지 잘 보여준다.

생각하는 범죄자들은 자기 범죄에 관해서라면 무척 명민한 학생이나 다름없다. 각각의 범죄를 통해 자신의 기술을 갈고 닦으며 실수를 통해서 배운다. 이들은 또한 가능하다면 어디서든지 새로운 지식을 찾으려 애쓴다. 존스턴은 수많은 일탈 범죄자들과 마찬가지로 탐정 잡지의 열렬한 구독자였다. 체포 당시 그의 가방에서는 탐정 잡지 표지 수백 장이 발견되었다.

행동과학부에서는 탐정 잡지를 "강간 및 살인 매뉴얼"이라고 부른다. 내가 종종 같이 일했던 저명한 법의학 정신과 의사 파크 디츠 박사와 마찬가지로 법의학 정신과 의사인 브루스 해리와 함께 탐정 잡지에 관한 조사를 하기로 마음먹은 것도 탐정 잡지가 만화 사건에서 중요한 역할을 했기 때문이었다.

우리는 미국 전역의 수많은 출판사에서 나오는 3,000종의 탐정 잡지 샘플을 조사하면서 잡지 표지와 편집부 사설, 광고를 유심히 살폈다.

탐정 통속 잡지를 잘 모르는 사람이라도 탐정 잡지 표지가 주로 다루는 주제가 무엇인지는 금방 알 수 있다. 대개 겁에 질린 표정을 한 여자가 옷이 일부 벗겨진 상태에서 끈 등으로 묶인 채 흉기를 휘두르는 남성에게 위협받고 있다. 잡지에 실린 이야기는 주로 실제 범죄 사건이거나 수사 기술에 대한 기사, 심문 방법, 법 집행관의 법의학적 능력에 관한 것이다.

광고는 무능한 남성을 겨냥한다. 건너편 방에 있는 여자들에게 최면을 거는 방법이나 성기 크기를 키우는 방법, 사립 탐정이 되는 방법, 경찰 소지품과 경찰 신분증을 얻는 방법을 알려주겠다고 선전한다. 경찰 소지품과 신분증을 주겠다는 광고는 생각보다 훨씬 해롭다. 범죄자들이 경찰 배지를 이용해서 피해자를 사로잡는 경우가 많기 때문이다.

테드 번디는 아마 가장 유명한 탐정 잡지 독자일 것이다. 그는 탐정 잡지에 실린 납치 및 살인 이야기를 연구하여 다른 일탈 범죄자들의 경우 어떤 방법이 잘 통했고 어떤 방법이 잘 안 통했는지 깨우쳤다. 그 과정에서 번디는 분명 자신이 가진 독특한 환상을 충족하는 자료를 발견했을 것이다.

범죄자가 경찰인 척하고 차를 세워 잠재적 피해자를 사로잡는 이야기는 탐정 잡지라는 장르에서 빼놓을 수 없는 이야기다. 번디 역시 이 수법을 여러 번 썼다. 악명 높은 "언덕의 교살자" 사건에서 켄 비안치의 공범인 안젤로 부오노도 여자들을 납치하는 데 경찰 배지를 사용했다. 여러 기록에 따르면, 미국 전역을 돌아다니던 연쇄살인범이자 위조범이며 가학적 변태성욕자인, 마이크라는 이름으로 더 유명한 제임스 미첼 드바들레벤이 탐정 잡지 광고를 보고 경찰 배지를 주문했으며 납치할 때 배지를 이용했다.

"만화 사건"으로 돌아가보자. 많은 독자들은 그렇게 지능적인 존스턴이 왜 스미스 부인에게 증거가 될 만한 사진을 보내 체포를 자초했는지 궁금하게 여길 것이다. 왜 그는 경찰이 자신의 신원을 확인할 수 있도록 모텔 편지지를 썼을까?

답은 바로 나르시시즘이다.

그는 너무나 오랫동안 아주 쉽게 추적을 피해왔기 때문에 자신감이 넘쳐서, 이렇게 똑똑한 자신이 경찰에 잡힐 리가 없다고 확신했다. 그 결과 존스턴은 경계를 풀고 불필요한 위험을 감수했다. 그는 아마 자신이 무슨 짓을 해도 절대 잡히지 않으리라 생각했을 것이다.

의식적 범죄자들은 대부분 더 큰 위험을 감수할수록 범죄에서 더 큰 짜릿함을 느낀다. 존스턴의 경우에도 빨랫줄에 널어놓은 스미스 부인의 브래지어를 훔치는 것이 훨씬 안전하고 확실한 방법이었겠지만, 거기서 얻는 짜릿함은 경찰의 감시 속에서 의류 수집함에 든 브래지어를 몰래 빼내오는 독창적인 방법과는 비교도 되지 않는다.

돈을 내고 산 파트너

의식적 범죄자는 돈을 내고 산 파트너와 함께 일탈 환상을 실현하기도 한다. 경험 많은 성범죄 수사관들은 어떤 범죄자가 의식적인 방법으로 범죄를 여러 번 저지르면 먼저 근처 매춘부들에게 접근해 봐야 한다는 사실을 잘 알고 있다. 범죄자는 피해자들을 대상으로 행동에 옮긴 환상을 매춘부들과도 시도했을 가능성이 높다.

캘리포니아의 한 호텔에서 콜걸 한 명이 물이 가득찬 욕조에서 죽은 채 발견되는 사건이 일어났다. 방을 빌린 사람의 이름은 가짜였고 대금은 현금으로 미리 지불되었다. 피해자는 벌거벗은 채 손이 등 뒤로 묶여 있었으며 남성용 타이로 교살되었다.

검시 결과, 죽는 순간 질 성교가 이루어졌음이 밝혀졌다. 범인은 피해자를 묶어 욕조에 들어가게 한 다음 성관계를 하는 도중 목을 졸라 죽인 것으로 보였다.

수사관들은 현명하게도 근처의 다른 고급 매춘부들을 찾아 이와 비슷한 성관계를 원하는 고객을 만난 적이 없는지 물었다. 그중 두 명이 어떤 고위 경영자가 그런 고객이었다고 대답했다. 그는 신원이 밝혀진 후 살인으로 유죄 선고를 받았다.

예행연습 파트너

어떤 의식적 범죄자들(가장 일반적으로는 가학적 변태성욕자들)은 순응적 피해자, 주로 아내나 여자친구를 대상으로 자신의 환상을 실현한다. 내가 이야기를 나누어본 순응적 피해자들은 남자친구나 남편, 즉 범죄자의 일탈 환상을 위한 도구 역할을 한 적이 종종 있다고 말했다. 또 어떨 때는 예행연습 파트너가 되어 앞으로 생겨날 피해자의 대역을 하기도 했다.

가학적 변태성욕자가 주인 - 노예 관계 환상을 물리적으로 나타낸 "노예 계약"에 피해자의 서명을 받는 것은 드문 일이 아니다. 노예 계약을 맺어본 적 있는 어떤 여성은 자신이 지켜야 했던 엄격한 규칙을 설명해주었다. 예를 들어 그녀가 하반신에 걸치도록 허락된 옷은 양 옆이 허벅지 위까지 트인 치마가 다였다. 그는 속옷도 입지 못하게 했고, 그와 함께 있을 때는 다리를 꼬는 것도 허락되지 않았다.

그의 일탈 증상에는 페티시즘, 시체기호증, 사디즘, 마조히즘도 있었다. 그녀는 성도착을 실현하기 위해서 때로 그가 집착하는 물품을 착용하고 성관계를 해야 했다. 또 때로 남자는 그녀가 차가운 물로 목욕을 한 다음 바닥에 누워 꼼짝도 하지 않고 죽은 척하게 했다. 또 그녀에게 채찍질을 해달라고 요구하기도 했다.

마이크 드바들레벤은 다섯 아내 중 적어도 네 명의 아내를 대상으로 자기 환상을 실현했다. 그는 쾌락을 한층 더 높이기 위해 네 번째 아내 카린*과의 고문 과정을 테이프에 녹음하기도 했다.

나는 카린의 테이프를 들으면서 드바들레벤이 미리 억지로 외우게 만든 대본에 따라서 카린이 그를 "아빠"라고 부르면서 자신을 육체적으로 학대해달라고 애원하는 유형을 유심히 살폈다. 그런 다음 드바들레벤이 낯선 희생자 중 한 명인 베키*와 만든 테이프를 들으며 비교해보았다. 그는 사실상 두 여인에게 똑같은 요구와 똑같은 행동을 했다.

"고통을 좋아해?" 그가 두 파트너에게 물었다.

"네, 고통을 좋아해요." 카린과 베키 모두 대답한다.

"고통을 사랑해?"

"네, 고통을 사랑해요."

"고통을 얼마나 사랑해?"

"무척 사랑해요."

카린은 베키와 그 밖의 수많은 피해자 역을 맡아 예행연습 파트너 역할을 한 셈이다.

자기성애

의식적 범죄자들은 때로 자기 자신을 소품이나 "공연자"로 이용해서 환상을 실현하기도 한다. 몇 년 전 나는 파크 디츠 박사와 펜실베이니아 대학의 앤 월버트 버지스 교수와 함께 치명적인 자기성애를 조사하여 처음으로 이 분야에서 교과서로 쓸 책을 썼다. 우리는 치명적 자기성애로 인한 사망이 기본적으로 마조히즘이라는 사실을 밝혀냈다. 우리가 연구한 피해자 150명 대부분이 피학적 환상을 실천하다가 사고로 죽은 것이었다.

하지만 마조히즘이 전부는 아니었다. 위험한 자기성애에 희생된 피해자는 발견 당시 이성의 복장을 하고 있는 비율이 높았다. 이것은 새로운 추측의 길을 열어준 좋은 발견이었다. 나는 아직도 위험한 자기성애로 인한 사망이 대부분 피해자의 피학적 환상 때문이라고 믿지만, 여성의 복장을 하는 남성들이 피학적 환상만을 꿈꾸는 것은 아닐지도 모른다. 이들은 만족스럽지 않거나 접근할 수 없거나 자발적이지 않은 여자들 대신 자기 자신을 대상으로 가학적 환상을 실천하는 것일지도 모른다.

플로리다 보안관 대리인 고(故) 제라드 존 섀퍼 사건은 이러한 이론을 뒷받침한다. 섀퍼는 20명 이상의 젊은 여성을 유괴해서 죽인 후 시체를 멀리 떨어진 늪에 버렸다고 알려졌다. 스스로 찍었음이 틀림없는 한 사진에서 그는 여성 복장을 하고 늪지대의 나무에 매달려 있다. 그가 남긴 방대한 글을 보면 섀퍼는 피해자를 죽일 때 이와 정확히 일치하는 방식으로 목을 매다는 방법을 즐겨 사용했다.

비슷한 맥락에서, 드바들레벤의 납치‒강간 피해자들 가운데 한 명은 드바들레벤이 그녀를 미리 골라놓은 안전한 장소로 데려가서 미니스커트와 하이힐로 갈아입은 후 그녀를 묶고 사진을 찍었다고 말했다. 또 그는 언젠가 혼자서 녹음한 오디오테이프에서 본인이 직접 피해자의 역할을 하면서 상상 속 고문자에게 가성의 목소리로 "내 젖꼭지를 깨물어주세요."라고 말하기도 했다.

범인은 위험한 환상을 실현하는 방법을 어떻게 선택할까? 한 사람이 상상부터 현실까지 다양한 경험의 스펙트럼 위에서 성적 만족을 얻는 것은 어느 단계일까? 이것은 행동과학자들이 폭력적인 성범죄자들의 신원을 밝히고 체포하기 위해서 끊임없이 탐구하는 의문이다. 불행히도 궁극적인 답은 각 범죄의 세부 사항만큼이나 다양하다.

자기 과시와
자기 범죄 기록

"나는 마음 한구석에 살인을 보존해두었다. 바로 기억을 불러내서 계속 반복해 볼 수 있는 곳에.
내가 저지른 범죄를 다시 경험하고 희생자의 공포를 느끼며 즐기기 위해서 말이다."

정신의학이라는 매혹적이고 복잡한 분야는 형사 사법계와 만나는 경우
가 많다. 매체에 보도되는 선정적인 범죄를 보다 보면 반드시 정신분석
학자나 심리학자가 범죄 사건에 소환되어 피고의 정신 상태에 대해 증
언하는 내용을 듣게 된다. 범인이 재판에 설 만한 정신적 능력이 되느냐,
즉 제정신이냐는 문제는 사건 결과에 심대한 영향을 끼칠 수 있다.

범인의 신원이 밝혀지고 체포되고 기소되기 전이라도 범죄 심리를 이
해하면 사건 해결에 도움이 된다는 점은 중요하다. 바로 행동과학자들의
통찰력이 가장 도움이 되는 부분이다.

인격 장애

미국 정신의학회에 따르면 인격 장애란 사람을 "경직시키고 부적응적"으로 만들어 "심각한 기능 장애나 주관적인 고통"을 겪게 하는 인간의 모든 특징을 말한다. 하지만 이러한 딱딱한 묘사만으로는 연쇄 성범죄자들의 "심각한 기능 장애"라는 것이 얼마나 비뚤어지고 무자비한지 짐작하기 어렵다.

인격 장애에는 여러 가지 유형이 있다. 반사회성 인격 장애(APD), 경계성 인격 장애(영화 「위험한 정사」에서 글렌 클로즈가 눈부시게 보여준 바 있다), 분열성 인격 장애, 자기애성 인격 장애 등이 그 예다.

성범죄자들은 일반적으로 인격 장애를 가진 경우가 많지만, 그렇다고 인격 장애가 범죄자들에게만 나타나는 증상은 결코 아니다. 인격 장애는 모든 문화권에서 인종과 성별을 불문하고 나타나며 정도도 다양하다. 당뇨병이나 기종에 걸리고 싶어 하는 사람이 없듯, 인격 장애도 환영받을 만한 것은 아니다. 그러나 인격 장애 진단을 받았다고 해서 임상학적 혹은 법적으로 미쳤다거나 다른 많은 사람들과 눈에 띄게 다르다는 뜻은 아니다.

한 사람의 성공에 인격 장애가 꼭 방해가 되는 것도 아니지만 도움이 되는 것도 아니다. 나는 흔히 사이코패스라고 하는 반사회성 인격 장애의 특징을 모두 보이면서도 법 집행 분야나, 의료, 판매직, 전문 스포츠, 텔레비전 전도(television evangelism)* 등 아주 다양한 분야에서 성공한 사람들을 수도 없이 보았다.

---

* 미국 기독교 목회자들이 방송을 통해 설교를 하며 전도하는 것을 가리키며 1970년대 말부터 시작되었다. 텔레반젤리즘(televangelism)이라고도 한다.

일반 사람들에게 흔하며 병리학적으로는 꼭 인격 장애라고 잘라 말할 수 없는 몇몇 인격 장애도 일탈 범죄자들에게서는 다른 양상을 띤다. 오래전에 파크 디츠 박사가 내게 성범죄자들에게서 가장 흔히 나타나는 인격 장애는 자기애성 인격 장애, 즉 나르시시즘이며 심지어 반사회성 인격 장애보다도 흔한 것 같다고 말한 적이 있다. 나 역시 디츠 박사의 말이 사실이며, 특히 의식적 성범죄자들에게는 나르시시즘이 더욱 흔하다는 것을 알게 되었다.

나르시시스트

만화 사건에서 스미스 부인을 희생양으로 삼았던 앤드류 존스턴을 살펴보자. 그는 무한한 성공과 힘에 대한 환상을 가지고 있었다. 그는 자신이 특별하며, 그러므로 다른 특별한 사람들만 자신을 이해할 수 있다고 믿었다. 그는 자신에게 어마어마한 권리가 있다고 생각했다. 모두 나르시시스트의 고전적인 특징이다.

나르시시스트는 끊임없이 찬양받기를 원한다. 나르시시스트는 자기 목적을 달성하기 위해 다른 사람을 주저 없이 이용하며 다른 사람의 감정이나 욕구에 무관심하다. 본질적으로 나르시시스트는 이 세상에서 자신의 만족만이 가장 중요하다고 믿는다. 다른 사람들은 자기 뒤편의 풍경 속 소품일 뿐이다.

성범죄자의 나르시시즘은 여러 가지 방식으로 나타날 수 있다. 범죄를 저지르기 전에는 보통 이기적이고 자기중심적인 태도를 보이며 자신에 대한 건설적인 비판조차 받아들이지 못하는 모습으로 나타난다. 범죄를 저지를 때는 조직적인 범죄자라 할지라도 '위험이 큰' 행동을 감수할 수 있다.

범죄자의 나르시시즘은 범죄를 일으키고 난 후에 가장 뚜렷하게 드러나는 경우가 많다. 나르시시스트 범죄자가 자기중심적 성향을 드러내는 전형적인 방법은 언론에 구애하는 것이다. 예를 들어 로버트 르로이 앤더슨은 살인으로 유죄를 선고받은 후 언론과 인터뷰를 했다. 앤더슨은 자신의 유죄 여부에 대한 토론은 거부한 채 자기가 아인슈타인과 얼마나 비슷한지 장황하게 설명했다. 살인자 앤더슨은 『타임스』가 선정한 세기의 인물 아인슈타인에 대해 더 잘 알고 싶어서 아인슈타인이 쓴 책이나 그에 관한 책을 읽어볼 계획이라고까지 말했다.

과시적인 자기변호

나르시시스트를 파멸로 몰고 가는 자기파괴적 행동 중에서 가장 어리석은 행동은 피고가 스스로 변호사 역할을 하겠다고 마음먹는 일이다. 자신의 변호는 남에게 맡기라는 격언도 있지만, 변호를 잘못하면 목숨이 위태로울지도 모르는 상황에서도 굳이 카메라 앞에서 자신을 과시하려는 고집은 나르시시스트적 충동이 얼마나 강력한지 보여주는 척도이기도 하다.

번디는 1978년에 탈라하시 플로리다 주립대학교 카이오메가 여학생 클럽하우스에서 잠자고 있던 대학생 두 명을 곤봉으로 살해한 혐의로 1979년에 텔레비전 청중들 앞에서 재판을 받고 유죄를 선고받았다. 범행 당시 번디는 흥분 상태에서 젊은 여성 세 명을 더 공격한 후 죽게 내버려두고 떠났다.

나는 텔레비전을 통해서 자신을 변호하는 번디를 보았던 기억이 난다.

그는 증거 청문에서 피고, 변호인, 증인이라는 1인 3역을 맡아 일종의 법정 연극을 펼쳤다. 플로리다 주 레이크시티에서 열두 살짜리 소녀를 납치하여 살인한 혐의로 열린 두 번째 살인 재판에서 번디는 심지어 증인석에 선 여자친구를 심문하다가 그녀와 결혼하기도 했다! 캐롤은 나중에 번디의 아이를 낳았다.

나르시시스트가 스스로를 변호하는 동기는 부분적으로 자신의 특별함을 과시하고 싶은 욕구 때문이다. 여기에는 공개 석상에서 자신의 범행을 다시 경험하는 흥분도 관련이 있다. 번디는 마이애미에서 열린 카이오메가 재판에서 오싹한 범죄 현장의 세세한 사항까지 일일이 열거하며 경찰관에게 빈틈없는 반대 심문을 펼쳤다. 번디의 유죄 여부를 따지는 것과는 아무 관계없는 내용이었지만 배심원들은 번디가 저지른 잔학한 참상에 대해 확실히 깊은 인상을 받았다.

번디는 또한 그날 밤 카이오메가 하우스에 있었던 대학생 몇 명이 선서를 하고 증언대에 오르자 직접 이들을 신문했다. 번디는 불안해하는 여학생 한 명 한 명에게 언제 무엇을 보았는지 차근차근 물어보면서, 응급대원들이 한 피해자가 기침을 하면서 뱉어내는 피와 치아를 플라스틱 들통으로 받아내던 장면까지 떠올리게 했다.

나르시시스트적 요소가 무척 많은 또 다른 범죄자 마이크 드바들레벤도 스스로를 변호했다. 그는 버지니아 주 매너서스 법정에서 피해자에게 직접 반대 심문을 한 것으로 유명하다. 드바들레벤은 피해자 로리 코버트를 증언대에 세운 후 납치와 범행 과정을 상세하게 설명했다. 법정에 있던 방청객들은 드바들레벤이 범죄를 재현하면서 코버트를 다시 한 번 피해자로 만들며 즐기고 있다는 걸 알 수 있었다. 나중에 리 밀레트 검사는 이렇게 말했다. "그가 정말 깊이 빠져들고 있음을 느낄 수 있었습니다."

드바들레벤은 자신의 범죄를 다시 생생하게 떠올리면서 즐거워하느라 계산적이고 무척 지능적인 그에게 어울리지 않는 실수를 하고 말았다.

"자, 이 사건 내내 범인의 차 안은 어두웠습니다, 그렇지 않습니까?" 드바들레벤이 코버트에게 물었다.

"볼 수는 있었습니다." 코버트가 대답했다.

"차내등은 켜져 있지 않았습니다, 그렇죠?"

"네."

"운전석 위 내부등도 없었습니다, 그렇지 않습니까?"

"그렇습니다."

"차 안에 있는 빛이라고는 문 아래쪽 옆에 있는 아주 작은 빛밖에 없었습니다, 맞습니까?"

"맞습니다."

드바들레벤이 범행 현장에 없었다면 문 옆의 "아주 작은" 빛에 대해 어떻게 알았을까? 다른 보고서나 증언에서 작은 불빛이 언급되었다는 기록도 없었다. 밀레트 검사는 최종 변론을 하면서 배심원들에게 드바들레벤이 말실수를 했음을 확실히 상기시켰다. 배심원단이 유죄 선고를 내리는 데는 불과 38분밖에 걸리지 않았다.

증언대에서 펼치는 화려한 플레이

의식적 범죄자가 범죄를 저지른 후 증언대에 서겠다고 고집하는 것 역시 나르시시즘의 또 다른 측면이다. 변호사들이 증언을 하지 말라고 아무리 충고해도 이들은 대개 증언을 한다. 애틀랜타의 아동 살인범 웨인 윌리엄스는 증언대에 섰다가 검사와 싸우는 바람에 결국 큰 손해를 입었다. 행동과학부 동료 존 더글러스는 윌리엄스 사건에서 검사 측으로부터 수사 협조를 의뢰받았다. 더글러스는 변호사들이 뭐라고 충고하든 피고가 증언을 하리라고 예측했고, 그의 예측은 정확했다.

더글러스가 『마인드헌터』라는 책에 썼듯이, 윌리엄스의 유능한 변호사 앨 바인더는 경찰 측은 당황하여 빨리 용의자를 찾아야 했고, "인종차별적인 경찰이 지목한 희생양"이 자기 의뢰인이라며 윌리엄스를 억압받는 무고한 희생자로 만들었다.

더글러스는 이러한 인상에 맞서기 위해서는 윌리엄스의 유연성 없는 머리를 이용해야 한다고 충고했다. 그는 잭 맬러드 검사에게 몇 시간 동안 계속 주변적인 질문만 하다가 갑자기 "웨인 씨, 당신은 아이들을 죽였을 때 패닉에 빠졌습니까?"라는 질문을 하라고 조언했다.

작전은 잘 통했다. 맬러드가 피고 윌리엄스의 감정을 상하게 한 뒤 더글러스가 시킨 질문을 던지자 윌리엄스는 "아니오"라고 대답했다. 곧바로 자기 실수를 깨달은 윌리엄스는 더글러스와 검사 팀을 향해 자기도 모르게 심한 욕을 퍼붓고 말았다. 배심원들은 지금까지 드러낸 모습과는 전혀 다른 윌리엄스의 모습을 똑똑히 보았다. 책에서 더글러스는 당시 상황을 이렇게 묘사한다. "배심원들은 입을 벌린 채 멍하니 바라보았다."

자기 범죄에 대한 기록

나르시시스트 범죄자는 나중에 쓰려고 기록한 자기 범죄 기록을 통해서 자신의 실체를 극명하게 드러낸다. 범죄자는 일기나 글, 일지 등을 쓰곤 한다. 달력은 계획을 세우고 날짜를 기억하는 데 도움이 된다. 그는 지도를 그리거나 암호를 만들거나 사진을 찍거나 오디오테이프와 비디오테이프로 기록을 남긴다.

나는 범죄자의 노트를 수없이 읽어보았고 이들이 찍은 피해자 사진도 수천 장이나 보았다. 범죄자가 범행을 회상하며 적은 글이나 재현 현장을 보거나 살인, 강간, 고문 상황이 녹음된 테이프도 들었다. 또 범인들이 성폭행을 하기 전, 하는 도중, 하고 난 후에 피해자와 대화를 나누는 비디오도 보았다.

나는 이러한 자료를 범죄 현장 자체와 함께 의식적 범죄자의 "작업 결과물"이라고 부른다. 현재까지 범죄자와 그의 인격에 대한 가장 풍부하고 믿을 만한 정보원은 범죄자가 남긴 기록이다. 성범죄자의 작업 결과물을 살펴보지 않으면 진정으로 그를 이해할 수 없다.

통계 자료가 유용한 지침이 될 수는 있지만 개인에 대해서는 아무것도 말해주지 못한다. 성범죄자와의 인터뷰에서 도움이 되는 주관적인 정보 (예를 들어 피해자를 어떻게 선택하는가)를 뽑아낼 수는 있다. 그러나 오랜 경험으로 미루어볼 때 의식적 범죄자들이 경찰에 하는 진술에는 보통 엄연한 사실, 특히 유죄로 인정받을 수 있는 정보가 부족하다.

범죄자들은 과장하거나 축소하고 투영하고 부정하고 합리화하고 거짓말하고 거짓말하고 또 거짓말한다. 나는 믿을 만한 증인이나 물리적 흔적, 증거 또는 범인의 알려진 행동을 분석으로 뒷받침할 수 없다면 성범죄자들의 진술을 믿지 않는 것을 원칙으로 삼았다. 다시 말해 나는 성범죄자의 작업 결과물을 연구하고 싶었다.

자칭 일탈 범죄 행동 전문가라는 사람들 중 몇몇은 일반적인 사실에서 특수한 경우로 논리를 전개하면서, 전반적인 일탈 범죄자들에 대해 잘 알려진 사실을 어떤 범죄와 관련된 특정 범죄자에게 적용하려고 한다. 예를 들어, 소위 전문가라는 사람들은 성범죄자 대부분이 유럽계 백인 남성이므로 신원이 밝혀지지 않은 범인도 분명 코카시언이라고 단정하는 식이다.

20년 전 시애틀에서 중상 계층 출신의 젊은 백인 여성 세 명이 강간 후 곤봉으로 살해된 사건에서도 마찬가지였다. 두 명은 집에서, 한 명은 나이트 클럽 주차장에서 (의도적으로 만든) 끔찍한 모습으로 발견되었다. 잭 올슨의 책 『마법사: 어느 매력적인 신사와 그의 피해자에 얽힌 실화』에서 솜씨 좋게 보여주었듯 모두 살인자가 백인이라고 했다. 하지만 사실은 그렇지 않았다. 수사관들이 분명한 증거를 주의 깊게 살펴보지 않았더라면 실제로 범죄를 저지른 흑인 남성 조지 러셀은 살인죄를 쉽게 빠져나갔을 것이다.

앞서 말한 윌리엄스 사건도 마찬가지였다. 아동 살인 사건 수사 협조를 위해 FBI가 나를 애틀랜타로 보냈을 때, 신문기사는 소위 전문가라는 사람들의 말을 인용하여 백인 남성이 애틀랜타의 흑인 어린이들을 죽이고 있으며, 범죄 동기는 인종적인 이유라고 보도하고 있었다.

하지만 나는 처음부터 범인이 흑인이라고 확신했다. 왜냐고? 어린이들이 사라진 현장과 그 근방에 가보았기 때문이다. 흑인이 압도적으로 많은 장소였기 때문에 만약 백인이 어린이를 납치하려 했다면 즉시 눈에 띄어 신고당했을 것이다.

법 집행자들은 경험을 통해서 범죄자의 말을 무비판적으로 받아들이는 것은 잘못임을 배운다. 아마도 이러한 실수를 보여주는 가장 어처구니없는 예는 헨리 리 루카스 사건일 것이다. 부랑자 루카스는 공범 오티스 툴과 함께 600명 이상을 죽였다고 주장했다. 루카스의 '자백'을 근거로 해결되지 않은 수많은 살인 사건이 종결되었지만 그가 거짓말을 했다는 사실이 드러남에 따라 미해결 사건으로 되돌아가는 소동이 벌어졌다.

내 생각에 가장 문제가 심각한 관행은 범죄자의 "작업 결과물"을 의도적으로 거부하는 것이다. 어떤 정신 감정인은 재판대에 선 살인 사건의 피고를 평가할 때 범죄 현장 사진을 보지 않는다고 말했다. 사진이 판단을 한쪽으로 몰아갈까봐 그렇다는 것이다! 나는 거꾸로 사진이 내 판단의 방향을 정해주길 바란다.

영원히 기억하기 위한 기록물

범죄 현장은 성범죄자의 작업 결과물 중에서도 가장 중요하며, 범죄자의 캔버스라고 할 수도 있다. 많은 범죄자들은 자기 작품을 너무나 귀중하게 여겨서 정교하고 때로는 독창적인 방법으로 나중의 기쁨을 위해 작업을 보존한다.

기록을 하면 체포될 가능성이 많아지고 유죄 판결을 받을 확률이 급격히 높아지는데 범죄자들은 왜 범죄를 기록할까? 멍청한 짓이 아닐까? 잡히기를 원하는 것일까? 기록의 어떤 점이 그토록 큰 위험을 무릅쓸 정도로 중요할까?

범죄자들에게 이런 질문을 했을 때 가장 자주 돌아오는 대답은 "그래야 그때의 범죄를 다시 경험할 수 있으니까"였다. 나는 경험상 이 대답이 진실이라고 생각한다. 연쇄살인범 빌리 리 채드는 이렇게 말했다.

"나는 어두운 비밀을 몇 가지 모으는 마음 한구석에 살인을 보존해두었다. 바로 기억을 불러내어 계속 반복해서 볼 수 있는 곳이다. 내가 저지른 범죄를 다시 한 번 경험하고 희생자의 공포를 느끼며 즐기기 위해서 말이다."

기록에 담긴 정보와 함께 기록 자체가 성범죄에 무척 큰 중요성을 갖는다. 몇몇 의식적 범죄자들이 나중에 상상 속에서 범죄를 다시 경험하기 위해서 희생자의 개인 소지품(예를 들면 운전 면허증, 사진, 옷 조각 등)을 가져간다는 것은 널리 알려진 사실이다. 몇몇은 범죄를 기록할 때도 비슷한 일을 한다고 인정한다. 이들은 자신의 경험과 관련된 만질 수 있는 물건, 즉 전리품이나 기념품을 만들어낸다.

나는 이러한 행동 뒤에는 범행 자체와는 다른, 더욱 미묘한 동기가 있다고 생각한다. 특히 글이나 사진, 영상이나 음성으로 범죄를 기록하는 범죄자들에게는 더욱 그렇다. 드바들레벤이 이를 가장 잘 보여주는 예다.

위조범이자 살인범 마이크 드바들레벤

1985년 5월, 드바들레벤은 그를 미국 전역으로 쫓아다닌 비밀 정보기관 요원들에 의해 정의의 심판을 받았다. 그는 미국 정부가 그때까지 만난 위조범들 중에서 가장 성공적이고 능수능란한 위조범이었다. 드바들레벤은 체포된 후에야 납치 강간과 은행 강도, 살인을 비롯하여 그 밖에 온갖 중죄를 저지른 범인임이 밝혀졌다.

그의 범죄에는 성적으로 비정상적인 부분이 너무 많았기 때문에 비밀 정보기관은 나에게 수사 협조를 의뢰했다. 나는 드바들레벤의 작업 결과물을 살펴보았다. 내가 아는 한 드바들레벤의 작업 결과물은 마르키 드사드(Marquis de Sade, 1740~1814) 이래로 가장 자세하고 광범위한 가학적 변태성욕자의 자기 기록이다. 드바들레벤은 피 묻은 속옷에서부터 오디오테이프와 수많은 노트 뭉치를 모두 간직했다.

드바들레벤이 찍은 희생자의 사진을 살펴보다가 젊은 여자가 강제로 무릎을 꿇고 그에게 구강성교를 하는 사진이 많다는 사실을 깨달았다. 사진 속 드바들레벤의 발 주변에는 또 다른 사진들이 여러 장 흩어져 있었다. 흩어진 사진들은 그 전 희생자들이 정확히 같은 자세로 그에게 같은 행동을 하는 모습을 담고 있었다.

나는 드바들레벤의 의도나 바닥에 흩어진 사진들이 그에게 가지는 중요성을 파악할 수 없어서 어리둥절했다. 단지 그가 이전에 찍은 사진을 이용해서 피해자에게 정신적 타격을 주려고 했거나, 어쩌면 피해자가 그에게 어떤 것을 해주기 바라는지 사진으로 보여주려 했을 것이라고 추측할 뿐이었다.

두 가지 이론 모두 그럴듯했다. 나는 드바들레벤이 범죄를 기록한 녹음 테이프를 들으면서 그가 희생자들에게 구두로 정확한 지시를 내렸으며 심한 말로 희생자에게 상처 주기를 즐긴다는 사실을 알게 되었다.

그러나 완전히 만족스러운 답은 아니었다.

한동안 의문을 마음 한구석으로 치워두었다가, 어느 날 집에서 월간 점검표를 쓰던 중에 갑자기 답이 떠올랐다. 드바들레벤은 사진을 이용해 자신의 범죄 행위를 평가했던 것이다! 강박적 완벽주의자였던 드바들레벤은 환상을 실현하려는 노력을 기울임과 동시에 개선할 방법을 찾고 있었다. 특별기동대가 훈련이 끝난 후 성과에 대한 평가를 받듯이, 혹은 축구 팀이 경기 장면을 검토하듯이, 드바들레벤은 성폭행을 비교분석하고 있었던 것이다!

하지만 현실은 절대 환상 속 기대를 만족시킬 수 없었다. 왜일까? 환상은 언제나 완벽하기 때문이다. 마이크 드바들레벤은 분명 그 사실을 알았지만 단념할 수 없었다. 그는 범죄 행동을 일탈 환상에 가능한 한 가장 가깝게 만들겠다고 확고히 결심하고 있었다.

체포되지 않을 것이란 자신감

의식적 성범죄자들이 기록하기 좋아하는 또 다른 이유는 "방탄조끼 증후군"(bulletproof syndrome)이라고 부를 만한 것이다. 나르시시스트인 연쇄 성범죄자들은 경찰이 결코 자신을 잡을 수 없다고 생각하며, 따라서 자신의 기록이 발견되거나 들킬 것을 두려워하지 않는다. 만화 사건의 범인 존스턴이 좋은 예다.

나는 기록을 남긴 범죄자와 인터뷰를 할 기회가 있을 때마다 항상 사형이 두려워 범죄를 그만두어야겠다고 생각한 적은 없었느냐고 물었다. 하지만 단 한 명의 예외도 없이 그렇지 않다고 대답했다. 어느 강간범에게 그 이유를 묻자 그는 몇 가지 질문으로 답했다.

"학교를 빼먹은 적이 있습니까?"

"그렇소."

"잡히면 벌을 받으리라는 사실을 알고 있었습니까?"

"그렇소."

"그렇다면 왜 학교를 빼먹었습니까?"

"잡힐 것이라고 생각하지 않았으니까." 내가 대답했다.

"바로 그겁니다." 그가 말했다.

범죄자들은 극단적인 나르시시즘 때문에 자신이 다른 모든 이보다 우월하며, 특히 법 집행관들보다 우월하다고 믿는다. 범죄자는 신원이 밝혀지거나 체포되지 않으리라고 생각한다. 또 체포될지도 모른다고 생각해도 대체로 환상을 실현하는 데 너무나 집중하기 때문에 범행이 밝혀질 것이라는 문제는 중요하게 느끼지 않는다. 곧 살펴볼 빌리 리 채드는 자신이 저지른 범죄에 감정적으로 지나치게 몰입한 나머지 피해자에게 쉽게 압도당할 뻔하기도 했다.

법 집행관은 자기애성 인격 장애에 깊이 감사해야 한다. 자기애성 인격 장애야말로 연쇄 성범죄자의 아킬레스건이기 때문이다. 방탄조끼 증후군이 자리를 잡고 나면 범죄자는 불필요한 위험을 감수한다고 확신해도 좋다. 범죄자는 지루함 때문에 더욱 큰 위험을 감수하며 한계를 뛰어 넘으면서 얻어지는 더 큰 기쁨을 갈구한다.

이처럼 터무니없는 행동을 잡히고 싶다는 숨겨진 욕망과 혼동해서는 안 된다. 예를 들어 테드 번디는 범행이 밝혀지기 전에 세 번이나 체포되었다. 그때마다 번디는 술이나 약에 취해 밤늦게 익숙지 않은 동네를 자동차로 배회하고 있었다. 여러분은 번디처럼 지능적인 범인이 그런 실수를 하는 것은 기껏해야 한 번 정도라고 생각할 것이다.

번디는 의식적으로든 무의식적으로든 잡히고 싶어 한 것이 아니다. 그는 자유로운 몸으로 살인을 계속하고 싶었지만 나르시시스트적인 에고 때문에 자신이 하는 행동의 위험성을 정확히 파악하지 못했다.

플로리다에서 번디를 체포한 경찰조차 서부에서 이미 그토록 악명 높은 번디가 탈라하시까지 와서 잠자던 대학생들을 죽이고 레이크시티에서 열두 살짜리 어린이를 죽였다고는 생각지도 못했다. 번디는 플로리다를 떠나 휴스턴을 향하고 있었고, 술을 마시고 거리를 자동차로 배회하지만 않았더라면 목적지에 쉽게 도착했을 것이다. 하지만 번디는 똑같은 행동으로 다시 잡히고 말았다. 전형적인 나르시시스트적 실수만 아니었다면 번디는 살인을 계속했을 것이다.

나는 일탈 범죄자가 무의식적으로라도 잡히고 싶어 한다고 생각하지 않는다. 하지만 자기 행동에 놀라 자신이 하고 있는 일을 진심으로 그만두고 싶어 하는 일탈 범죄자도 있다고 믿는다. 자신의 폭력적인 환상과 행동이 무서웠다고 나에게 고백한 범죄자는 만난 적이 있지만, 잡히고 싶었다고 말하는 범죄자는 단 한 명도 만나지 못했다.

루이지애나의 가학적 연쇄강간범 존 사이머니스는 실제로 자신이 살인을 저지르기 전에 잡혀서 기쁘다고 말했다. 그는 "강간이 지루해지고 있었기 때문"에 자신이 곧 살인을 저지르지 않을까 두려워했다. 그는 그때까지 저지른 범죄는 신경 쓰지 않았고, 분명 그로 인해 감금되거나 벌을 받고 싶어 하지도 않았다. 단지 살인을 저지르고 싶지 않았을 뿐이다.

아무것도 느끼지 못하는 사이코패스

가장 무서운 인격 장애는 아마도 사이코패스일 것이다. 전문적으로는 반사회성 인격 장애(Antisocial Personality Disorder, APD)라고 한다. 과거에는 이 범주에 드는 사람들을 "윤리적으로 미친 사람" 혹은 단순히 "악한" 사람이라고 불렀다.

사이코패스는 후회나 수치심을 느끼지 않으며 죄책감이나 합당한 공포도 느끼지 않는다. 또 처벌을 받아도 배우지 못한다. 이들은 무엇에 관심이 있든 만족을 얻기까지 기다리지 못한다.

이상성격을 구별하는 유명한 시험은 (과학적으로는 입증되지 않았지만) 지금

25센트를 받을지 내일 5달러를 받을지 물어보는 것이다. 사이코패스는 항상 눈앞의 적은 액수를 택한다.

사이코패스는 만성적인 거짓말쟁이이며 거짓말을 할 이유나 필요가 없을 때도 거짓말을 한다. 이들은 자신이 다른 사람들에게 끼치는 해악에 관심이 없거나 그것을 이해하지 못한다.

나는 사이코패스에게 사랑을 어떻게 생각하느냐고 물어본 적이 있다. 그는 이렇게 말했다.

"지적으로는 그 개념을 이해하지만 경험해본 적은 한 번도 없다."

그는 12개 주에서 50명 넘는 여자들을 고문하고 강간한 범죄자였다. 그의 희생자 중 독실한 기독교인 두 명은 자기를 해친 범인을 예수님의 품으로 인도하기 위해 감옥에 있던 그를 찾아갔다. 나는 그녀들이 계속 그를 찾아와도 문제가 생기지 않겠느냐고 그에게 물어보았다.

"아닐지도 모르죠." 그가 대답했다. "하지만 나의 에고에는 분명 좋을 겁니다." 당연히 그는 자신의 만족밖에 관심이 없었다.

희대의 사이코패스, 빌리 리 채드

연쇄강간 살인범이 끼치는 해악은 엄청나지만 연쇄강간 살인범은 드물다. 이들의 가장 내밀한 기록을 살펴볼 기회는 더욱 드물다. 소중한 보물처럼 꽁꽁 숨겨놓기 때문이다.

나는 행동과학 수사관으로 일하면서 많은 연쇄강간 살인범들의 가장 내밀한 생각과 환상에 접근할 수 있었다. 그중에서도 빌리 리 채드가 체포된 후 자기가 저지른 범죄와 환상에 대해서 상세하게 쓴 원고가 기억에 남는다.

채드를 기소한 캘리포니아 주 지방 차장 검사 마이크 펜트에 따르면 채드는 원래 원고를 책으로 출판해 큰돈을 벌 생각이었기 때문에 여러 군데를 꾸며낸 것으로 보인다. 어쨌거나 채드는 우리가 그의 마음을 들여다볼 수 있는 내밀한 창을 제공했다. 채드의 글이 없었다면 우리는 기괴하고 위험한 연쇄강간 살인범들에 대해서 지금 알고 있는 것보다 훨씬 더 적은 양밖에 알지 못했을 것이다.

샌디에이고 출신의 채드는 한 여자의 남편이자 아이들의 아버지로서 자신이 "평범하고 느긋한 사람"이라고 설명했다. 하지만 결국에는 몇몇 사람들을 죽였다고 했다. 원고에 따르면 희생자는 네 명이다. 마이크 펜트는 지방 검찰이 그중 세 명의 살인 사건을 확인했다고 말했다.

확인된 살인 중 첫 번째는 채드가 1974년 20세 때 저지른 사건으로, 샌디에이고에 사는 30세 여성을 강간하고 살해한 사건이었다. 피해자는 침대에 엎드려 있는 모습으로 발견되었다. 손과 발은 커튼 장식띠로 묶여 있었고 눈은 수건으로 가려져 있었다. 이 여성은 질, 항문, 구강을 통해 난폭하게 강간당했다. 채드는 그녀의 목을 졸랐으며 스테이크 나이프로 목을 여러 번 찔렀다.

채드의 냉정하고 무감정한 자백에 따르면 그는 애초에 강도를 하겠다는 생각만으로 첫 번째 살인 희생자의 집에 들어갔다. 하지만 집 안에서 젖은 알몸으로 막 욕조에서 나오던 피해자와 마주치자 성욕을 느꼈다.

그의 자백으로 미루어볼 때 채드는 기회 강간범이다. 기회 강간범이란 어떤 범죄, 보통 강도를 저지를 의도로 침입했다가 기회를 잡아 다른 범죄, 즉 강간을 저지르는 범죄자를 설명할 때 쓰는 나의 용어다.

그러나 채드는 기회를 빠짐없이 활용하는 가학적 변태성욕자이기도 했다. 그는 여성을 침실로 끌고 가 강간했다. 그런 다음 여자가 자신의 신원을 밝히리라는 사실을 깨닫고 그녀를 죽이기로 마음먹었다. 이것이 채드가 한 자백의 골자다.

나는 수사관으로서 이토록 솔직한 유죄 시인을 받아 기뻤다. 사건이 종결되었으며 채드가 아주 오랫동안 거리를 마음대로 활보하지 못하게 된다는 뜻이기 때문이다.

그때 예상치 못한 일이 일어났다. 채드가 구치소에서 "어두운 비밀들"이라는 제목의 원고를 쓴 것이다. 확실히 어울리는 제목이었다.

빌리 리 채드의 꼼꼼한 작업 결과물: 어두운 비밀들

"어두운 비밀들"은 채드가 범죄 내용과 범죄를 저지른 이유를 돌아본 내밀한 글이다. 일부 내용에서 채드는 사건을 생생하게 묘사한다. 그는 원고의 처음부터 끝까지 가능한 한 가장 긍정적인 시선으로 자신을 그린다. 그가 무척 지능적이라는 사실은 분명하며, 확실히 그는 본래 자신이 정상이라고 믿고 있다. 이 두 가지 사실 모두 그가 전형적인 의식적 범죄자임을 보여준다.

그는 자신이 여성에 대해 폭력적인 성향이라는 작은 문제가 있지만 정상적인 남편과 아버지로서 '이중생활'을 해왔다고 말한다. 그는 결손 가정 출신이라는 점을 강조하며 자기 행동을 합리화한다. 채드의 어머니와 양부는 모두 알코올 중독자였다. 그의 글에 따르면 채드가 어릴 적에 그의 어머니는 낮 12시 전에 침대에서 일어난 적이 거의 없다. 아주 어렸을 때 친구들은 채드에게 도둑질하는 법을 가르쳐주었다. 채드는 또한 열한 살 때부터 차를 운전할 수 있었으며 차를 "아주 빈번하게" 훔쳤지만 법적으로 문제가 된 적은 없다고 자랑한다.

열다섯 살 때 후에 아내가 된 여자와 사랑에 빠졌고, 채드는 그녀와 "열여섯 살 때부터 성관계를 하기 시작했다······. 내가 열여섯 살이 되던 7월까지 우리는 거의 매일 사랑을 나누었다. 그 후 내 인생에 지옥이 시작되었다."

채드는 처음으로 법적 문제가 된 강간 사건은 법 집행의 잘못이라며 책임을 회피한다. 잘못을 다른 사람의 탓으로 돌리는 일탈 범죄자의 전형이다. 모든 것은 다른 사람의 잘못이다.

원고에 따르면, 어느 날 약과 술에 취한 친구가 한밤중에 채드의 집에 놀러왔다가 거리로 나가서 집을 하나 털고 싶다고 말했다. 채드는 친구의 트럭에 앉아 있었을 뿐이고, 몇 시간 후에 회중전등 불빛과 목소리 때문에 깼다고 주장했다. 목소리의 주인공은 경찰이었고 채드는 체포되었다. 채드는 당시 어떤 신체적 이상 때문에 범죄를 저지르는 것이 불가능했으며, 만약 자신이 피해자를 공격했다면 피해자도 자신의 신체적 이상을 눈치 챌 수밖에 없었을 것이라고 주장했다. 하지만 피해자는 증언에서 신체적 이상을 언급하지 않았다. 채드의 변호인도 그 문제를 따지지 않겠다고 분명히 거절했다.

"나는 어떤 질문을 하면 되는지까지 그에게 말해주었다. 하지만 시간 낭비였다. 나는 피해자의 증언과 피해자 집 앞 도로에서 발견된 부분적인 발자국을 이유로 유죄 선고를 받았다······. 나는 2년형을 받았다."

채드는 캘리포니아 청소년 기관(California Youth Authority, 이하 CYA)에서 두 번 탈출했다. 원고에 따르면 두 번째 범죄에서 채드는 강간을 "실제로 저질렀다."

그 이후의 성범죄는 무작위로 아무 집 문이나 두드리는 것으로 시작했다. "집에 있던 그 불쌍한 여자는 운이 나빴다. 나는 차가 고장 났으니 전화를 좀 쓰게 해달라고 부탁했다. 만약 그녀가 안 된다고 말하고 문을 닫았더라면 아무 일도 일어나지 않았을지도 모른다. 그녀는 안 된다고 말하기는 했지만 남편이 일하러 나갔으며 집에 혼자 있을 때는 낯선 사람을 집 안에 들이지 않는다는 설명을 덧붙였다. 자기 혼자 말이다."

채드는 그 집으로 돌아가 벽돌로 현관문을 부수고 들어가 욕실에 있던 여자를 발견한다. 그가 여자의 머리채를 잡는다. 여자가 비명을 지른다. 채드가 그녀의 목에 칼을 들이대고 침실로 끌고 가면서 입을 다물지 않으면 죽이겠다고 말한다. "나는 침실에 들어가자마자 여자를 침대 위로 밀어 쓰러뜨리고 실내복을 올렸다. 팬티를 자르려고 했지만 칼이 날카롭지 않았다. 나는 그녀의 팬티를 끌어내리고 내 청바지를 내린 후 그녀에게 달려들었다. 그녀는 그저 가만히 누워 있었다. 그래서 나는 움직이지 않으면 해치겠다고 말했다.

이전에 나는 많은 성관계를 가져 보았지만 그날 밤처럼 큰 쾌감을 맛본 적은 없었다. 나는 열정에 완전히 압도되어 칼을 떨어뜨렸다. 몇 초간 눈앞이 깜깜해지기까지 했다. 여자의 몸 위로 쓰러진 나는 기력을 다해서 움직일 수도 없었다. 여자가 내 상태를 알았더라면 칼을 집어 들어 나를 찔렀을 수도 있었으리라. 그랬다 해도 나는 저항하지 못했을 것이다.

나는 그녀에게 침대에 가만히 있으라고 말한 뒤 그 집을 떠났다. 그날 밤 늦게 강간에 대해 생각해본 나는 전혀 나쁘지 않다는 결론을 내렸다. 나는 내가 다시 강간을 하리라는 사실을 알고 있었다."

채드는 자신을 상습 성범죄자로 만든 것은 형사 사법 제도라고 탓하지만 "그러한 성적 쾌감을 맛본 적이 없었다"라는 원고의 내용은 그의 일탈 욕구가 얼마나 강했는지 충분히 보여준다.

하지만 이 단계에서 채드는 아직 어리고 비교적 미숙한 범죄자에 불과했다. 피해자 선정에 오랜 시간을 투자하지 않은 점이나 조잡한 침입 방법, 자신의 신원을 보호하기 위해 노력하지 않은 점, 자신이 떠난 후 피해자를 제어할 방법(묶거나 재갈 물리기)을 쓰지 않은 점을 보면 분명하다. 채드가 범죄 과정을 기록하여 도움을 주지 않았더라도 능숙한 수사관이라면 범죄 현장의 증거를 보고 범인이 강간을 저지르기 시작한 지 비교적 얼마 되지 않았다는 결론을 내릴 수 있었을 것이다.

채드가 강간을 하면서 느꼈던 흥분을 떠올리는 장면에서 우리는 그에게 성적 가학증 성향이 나타나기 시작했음을 볼 수 있다. 성적 가학증이라는 일탈 행동은 살인을 묘사하는 장면에서 더욱 뚜렷하게 나타난다. 채드는 마음속으로 강간 장면을 다시 그려보았다고 말하면서 나르시시즘을 보여주는 중대한 사실, "그것이 결코 나쁘지 않았다"고 결론 내렸다는 점을 무심코 드러낸다. 채드는 강간이 자기 인생 최고의 성적 경험이었다고 말하며 심지어는 완전히 압도되어 얼마간 눈앞이 보이지 않을 정도였다고 말했다.

채드는 어떤 것도, 특히 피해자와 관련된 그 어떤 것도 자신에게는 별 의미가 없었다는 생각을 보여줄 필요가 있었다. 피해자는 자기 마음대로 이용하고 버리는 대상에 불과하며 그는 모든 것을 통제한다. 그는 지배하며 지배당하지 않는다. 그러나 뒤이어 채드는 정반대의 사실, 자신이 스스로를 통제하지 못했으며 그의 의지가 아닌 충동이 행동을 결정했다는 사실을 인정한다. "나는 내가 다시 강간을 하리라는 사실을 알고 있었다."

열일곱 살에 채드는 CYA의 청소년 훈련 학교로 보내졌다. 그곳에서 그는 목을 매 자살을 시도했다. 그는 이렇게 썼다. "성공했다면 지금 다른 네 명은 살아 있을 것이다."

그 후 채드는 어태스커다로 주립병원으로 옮겨졌다. 그의 주장에 따르면 채드는 그곳에서 처음으로 동성애를 경험했다. "정확히 말해서 내 취향은 아니었지만 어쨌거나 성관계였다."

그는 어태스커다로에서 처음으로 약을 했으며, 동성 성교를 하는 대가로 약을 얻었다고 적고 있다. 그리고 다시 CYA로 이송된 후 교사에게 병원 직원과 성관계를 한 사실을 당국에 고발하겠다고 협박해 좋은 점수를 받았다고 주장한다. 사실인지 꾸며낸 이야기인지는 모르겠지만, 채드는 이 사건을 계기로 자신에게 힘이 있으며 자신의 힘이 당국의 힘보다 강하다고 생각하게 되었다.

그의 원고에 따르면, 채드는 CYA에서 나온 뒤 처음이자 마지막으로 성범죄와 관련 없는 살인을 저질렀다. 샌디에이고 당국에서는 사건을 확인하지 못했다. 채드는 교량 도로에서 히치하이킹을 하다가 살인을 저질렀다고 말한다.

채드는 다리 위에서 젊은 남자와 개가 건너편에 앉아 있는 모습을 보았다. 그가 길을 건너가서 옆에 앉자 낯선 남자는 자기 자리라고 주장했고 말싸움이 붙었다. 상대 히치하이커는 크고 거칠어 보였지만 채드는 자신이 그를 이길 수 있다고 확신했고, 경고도 없이 상대방의 사타구니를 찼다. 곧이어 주먹질이 오갔다. 채드는 맞아서 나가 떨어졌다. 그러나 상대방이 자신을 때리려고 다시 다가왔을 때 커다란 돌을 집어 들고 상대방의 이마를 찍어 넘어뜨렸다. 채드는 상대방이 완전히 자신의 손아귀에 들어왔음을 깨달았다고 한다. 그는 마음대로 생명을 주거나 빼앗을 수 있는 신이 된 기분이었다. 어느 쪽을 택할지 오래 고민하지 않았다. 채드는 의식을 잃은 남자의 머리를 내리쩍었다. 머리가 깨지고 남자는 즉사했다.

그는 살인이 얼마나 쉬운지 그리고 살인에서 오는 우월감이 얼마나 즐거운지 알고 깜짝 놀랐다고 한다. 채드는 남자의 여행 가방과 개, 남자의 시신을 다리 아래의 강으로 던졌다. 그는 범죄가 발각될지도 모른다는 두려움도 거의 느끼지 않았다.

"그날 밤 나는 내가 한 짓에 대해 생각해보았다. 왜 그런 짓을 했는지 스스로에게 물어보았다. 하지만 답은 떠오르지 않았다. 나는 그 무엇에 대해서도 미안함을 느끼지 못했다. 그리고 그것을 즐겼음을 인정했다. 나는 모든 살인자가 나와 같은 감정을 느끼는지 궁금했다." 그는 자신의 감정을 다른 사람과 나누고 싶었지만 혼자만 간직하는 것이 더 현명하다는 사실을 깨달았다고 설명한다. "나는 그냥 마음 한구석에 그 느낌을 치워두었다. 나는 그곳에 몇 가지 어두운 비밀들을 쌓기 시작했고, 그곳에서 기억을 끄집어내어 계속 반복해서 보았다. 그리고 나의 범죄를 다시 경험하고 희생자의 공포를 즐겼다."

채드가 건조하게 설명하는 히치하이커 살인 사건에서 드러난 가장 중요한 지점은 힘의 문제다. 그는 힘에 대한 욕구를 인식했다. 채드는 강간을 하면서 힘을 행사하고 상대를 제어하는 데에서 성적 쾌감을 느끼고 그에 대해 썼다. 젊은 채드의 살인에서 나르시시즘이 피어난다. "……그것은 쉬웠고 나는 우월감을 즐기고 있었다. 전에는 알지 못했던 우월감이었다."

채드는 또한 범죄자로서 진화하고 있었다. 신원을 감추기 위해 희생자와 그의 소지품, 개를 강으로 던진 것이다. 채드는 이렇게 쓰고 있다. "목격자도 시체도 무기도 없었다. 자신감이 생겼다."

두려움을 느끼지 않는 것 자체도 정상은 아니다. 채드는 중요한 경계를 넘었다. 그는 살인을 했을 뿐 아니라 살인이 쉬우며 자신이 잡히지 않을 것을 알았다. 그는 살인을 좋아했고 살인에 능숙해지고 있었다. 이제 채드는 연쇄살인범이 되려 하고 있다.

채드의 글에서 가장 놀라운 점은 자각이 전혀 없다는 것이다. 다른 수많은 연쇄살인범과 마찬가지로 채드는 자신이 왜 정상적인 죄책감이나 두려움을 느끼지 않는지 분명히 표현하지 못한다. 그의 글을 보자. "나는 왜 살인을 했는지 스스로에게 물어보았지만 답은 떠오르지 않았다. 내가 한 짓이 잘못이라는 사실은 알았다. 하지만 그러한 행동에 따라야 하는 죄책감은 어디 있는가? 의기양양함을 느끼게 한 것은 무엇이었을까? 아무런 죄책감도 없이 다른 사람의 목숨을 앗아가게 한 것은 무엇이었을까?"

죄책감을 느끼지 못하는 것은 사이코패스의 전형적인 증상이다. 채드의 회상이 계속될수록 증상은 더욱 뚜렷해진다. 임신한 아내가 있는 집으로 돌아간 채드는 아내가 성관계를 거부하자 잔인한 행동을 보였다. "나는 아내의 목을 조르기 시작했다. 그녀의 눈에서 공포를 볼 수 있었다……. 아내는 눈물을 머금은 채 웅크리고 있었다. 그녀가 보여준 공포는 나를 더욱 불붙였다. 아내의 얼굴은 보이지 않았고 겁먹고 애원하는 두 눈만이 보였다. 나는 다시 한 번 기묘한 우월감 속으로 빠져드는 것을 느꼈다. 죽이고 싶었다. 갑자기 나는 목을 조르고 있는 상대가 누구인지 퍼뜩 깨달았다. '아니, 내가 뭘 하고 있는 거지?' 아내를 놓아주었지만 파괴하고 싶은 욕망은 여전히 사라지지 않았다. 어떻게 그렇게 되었는지는 모르겠지만 아내에 대한 분노가 물건으로 옮아갔다. 나는 깨지는 것은 뭐든 닥치는 대로 부수기 시작했다. 나는 계속 소리쳤다. '죽어! 죽어!' 딱히 누구에게가 아니라 단지 '죽어!'였다."

채드는 그런 다음 자신이 살던 트레일러를 떠났다. 그는 이렇게 회상한다. "분노를 불태울 아내의 두려움이 사라지자 나는 서서히 침착해지기 시작했다." 그의 행동은 성적 가학증과 파괴욕에 좌우되고 있었다. "어두운 비밀들"에서 묘사한 두 번째 살인이자 최초로 알려진 강간 살인은 성적 가학증과 파괴욕을 잘 보여준다. 다음은 1974년 성폭행 후 살해한 샌디에이고 여인에 대한 채드의 설명이다.

"내 몸에서 엄청난 아드레날린이 분출되었다. 고리로 손을 뻗을 때 심장은 기계 망치처럼 두방망이질 쳤다. 흥분과 두려움이 다시 쏟아졌다."

그는 알몸으로 욕조에 서 있는 여자를 발견하자 총을 겨누어 침실로 데려간 다음 그곳에서 폭행했다.

"그녀는 고통으로 몸부림쳤고 나는 그것이 무척 좋았다. 이제 나는 강간으로 인한 성적 흥분과 두려움으로 인한 힘의 흥분을 결합시켜 설명할 수 없는 총체를 만들어내고 있었다. 말로는 설명할 수 없다. 어떤 것인지 직접 경험해봐야만 아는 그런 감정이다. 나는 현실과의 모든 연결

고리를 잃었고 단지 고통을 주고 성적 만족을 얻어야겠다는 유일한 목적만을 위해 살아 있었다. 어떤 약을 하면서도 이 정도의 흥분을 느껴본 적이 없다."

그는 집으로 돌아오는 길에 차 안에서 웃었다고 기억한다. 자신이 저지른 잔인한 행동에 대한 두려움도 미안함도 없었다. 그는 자기 인생에서 "우월한 지배자"가 된 듯한 기분, 이토록 만족스러웠던 적은 단 한 번도 없었다고 말한다. 그는 그날 밤 강간 살인을 다시 한 번 떠올리면서 몽정까지 했다.

채드가 "어두운 비밀들"에서 실제로 저지른 범죄에 대해서만 이야기하는 것은 아니다. 그는 세 살배기 아들이 병원에서 죽었을 때 아이를 치료했던 여자 의사에게 비정상적인 분노를 느꼈다. "나는 밤이면 침대에 누워서 그녀를 죽이기 전에 무슨 짓을 할까 상상하곤 했다. 내가 마음속으로 떠올린 고문 방법은 마르키 드 사드에 필적할 만한 것이다. 아니, 사드도 나에 비하면 아무것도 아니다."

채드는 의사를 납치하여 산속으로 데려간 다음 비명 소리를 즐기며 천천히 팔다리를 자르는 상상을 했다. 마침내 머리와 몸뚱이만 남으면 마취를 한 뒤 혀를 자르고, 눈을 멀게 한 다음, 고막을 뚫을 생각이었다. 그러고는 경찰이 의사를 발견하도록 놔둔다. 병원에서 그녀의 목숨을 부지해주어 "살아 있는 지옥"을 만들어줄 테니 말이다.

샌디에이고에서 살인을 저지르고 나서 1년 후, 채드는 라스베이거스에서 일하다가 호텔 짐꾼 델마 브라이트(29세)를 만났다. 채드의 말에 따르면 브라이트는 채드에게 알몸으로 포즈를 취해주면 20달러와 6개들이 맥주 팩을 주겠다고 제안했다. 채드는 그러겠다고 했다. 채드의 말에 따르면 브라이트는 그와 동성애 관계를 맺으려 했고, 전선을 꺼내어 자신을 묶어달라고 했다. 채드는 알았다며 등 뒤로 손을 묶을 테니 엎드리라고 말했다.

"시키는 대로 하기에 그를 묶었다……. 나는 칼을 꺼내어 침대 옆에 두고 전선을 하나 더 집어 올가미를 만든 후 그의 목에 씌웠다. 그러고는 내가 그를 죽이면 안 되는 이유를 한 가지만 대보라고 말했다. 그는 내가 그저 장난을 치고 있다고 생각한 것이 틀림없었다. 그는 자기에게 내 사진이 있으며 내가 온 집 안에 지문을 남겼다고 말했다. 제길! 그의 말이 맞았다! 나는 사실을 일깨워준 그에게 마음속으로 감사했다. 내가 말했다. '널 죽이고 말겠어, 이 호모 자식아!'

나는 다시 최고의 쾌감을 느끼기 시작했다……. 숨이 거칠어졌고 손바닥이 땀으로 축축해졌다. 이제는 익숙해진 충만함이 다시 나를 덮쳤다. 나는 살인을 할 것이다."

브라이트가 웃기 시작했다. "그는 그냥 장난이라고 생각했다……. 하지만 나는 진심이었다. 나는 살인을 하고 싶었지만 뭔가 빠진 것이 있었다. 두려움이었다! 그는 두려워하지 않았다. 나는 칼을 들어 그에게 보여주었다……. 진짜였다. 이제 그의 눈에 뭔가 이상하다는 생각이 비쳤다. 효과가 있었다. 그는 겁을 먹기 시작했다. 나는 그의 목에 칼을 대고 그었다. 깊지는 않았다. 그냥 피가 흐를 정도였다.

이제야 드러났다. 나는 볼 수 있었다. 공포. 그는 내가 진심임을 깨달았다. 그는 비명을 지르려고 입을 벌렸지만 내가 끈을 홱 잡아당겼기 때문에 비명은 꾸르륵거리는 소리가 되어서 나왔다."

글에 따르면, 채드는 또다시 피투성이 살인을 저지르면서 살인 도중에 자위를 한다. 그러고 나서 아파트에서 발견될 법의학적 증거를 "청소"한 과정을 묘사한 후 이렇게 회상한다. "나는 그곳에서 걸어 나오면서 낄낄거리기 시작했다. 모퉁이에 이르렀을 때는 신경질적으로 웃음이 터져나왔다. 나는 마음을 진정시킨 후 여전히 미소를 머금은 채 택시를 불렀다."

로버트 르로이 앤더슨을 비롯한 많은 의식적 범죄자들과 마찬가지로 채드는 마침내 자신이 저지른 살인을 다른 사람들과 나누고 싶은 나르시시스트적인 욕구를 해결했다. 채드는 아내에게 살인 이야기를 하지만 아내가 그의 이야기를 듣고 너무 무서워하자 한발 물러서 그냥 농담이었다고 말한다. 내 경험에 비추어볼 때 의식적 살인범인 채드는 아내가 자신의 범행을 침착하게 받아들일 것이라고 생각했으며, 최종적으로는 자신의 강간 살인 환상이나 혹은 범죄 자체에 아내를 가담시키려 했을 것이다.

채드는 가족과 함께 히치하이킹을 하면서 미국 전역을 돌아다녔고 결국 해병대에 입대했다고 말한다. 그는 군복무를 즐겼으며 무술을 잘 하게 되었다.

마침내 채드는 네 번째 살인 사건 희생자를 우연히 만났다. 그녀는 18개월 된 아들을 둔 젊은 여자로 채드에게 버스정류장이 어디 있는지 물어보았다. 채드가 길을 가르쳐준 뒤 두 사람은 같은 버스를 타고 그녀의 집으로 향했다. 그녀가 매일 같은 버스를 타고 직장에서 집으로 돌아간다는 사실을 알게 된 채드는 자기 차 수리가 끝나면 언제 한번 집까지 태워주겠다고 제안했다.

그녀가 채드를 집 안으로 들이자 채드는 그녀에게 키스를 하기 시작했다. 그녀도 협조적이었지만 채드가 옷을 벗기려고 하자 태도가 바뀌었다. 그녀는 채드에게 다른 아이들이 집에 올 때가 되었다고 말했다. 그러자 채드는 그녀를 밀어 침대 위로 쓰러뜨린 후 강제로 옷을 벗기기 시작했다. 그러자 그녀가 공격적으로 저항했다.

"나는 더 이상 스스로를 제어할 수 없었다. 내 안의 괴물이 마음을 먹은 이상 괴물을 제어할 수는 없었다. 분노에 찬 포효와 함께 괴물은 침대에서 일어나 그녀의 목을 움켜쥐고 조르기 시작했다. 나는 그저 보고 있을 수밖에 없었다. 그때 나는 눈앞에서 벌어지고 있는 일을 막으려 했지만 그럴 수 없었다. 그 사람은 더 이상 내가 아니었다······." 결국 "나는 내가 그녀를 죽이리라는 사실을 그녀가 알기 바랐다. 그 사실을 알면 그녀는 공포를 느낄 것이고 내게는 그런 공포가 필요했다······. 나는 언덕의 교살자다. 널 죽여버리겠어, 이 암캐 같은 년······. 아, 그녀가 보여준 공포는 얼마나 감미로웠는지. 최고의 공포였다. 끈을 들고 다가오는 나를 보고 자신을 죽이리라는 사실을 깨닫자 그녀는 공포로 마비되어버렸다······. 나는 그녀의 목을 조르기 시작했고, 그녀의 눈을 들여다보면서 웃기 시작했다······. 그래 바로 이거야······. 내가 느낀 기쁨은 그 어떤 것과도 비교할 수 없었다. 최고의 쾌감이었다." 그는 "죽어라, 이 암캐야!"라고 외치며 칼로 그녀의 등을 찔렀다. 그녀는 목이 베어 죽었다.

채드는 자신이 한 일을 다른 사람과 나누고 싶은 충동을 억제하지 못했다. 그래서 이번에는 남동생에게 이야기했다. 다른 연쇄살인범들과 마찬가지로 그는 구구절절 이야기를 늘어놓기 시작했다. 심리적으로 자신을 통제할 수만 있었더라면 채드는 수년간 살인을 계속하고 다녔을 것이다. 하지만 그를 살인자로 만든 바로 그 일탈 충동은 분노와 결합하여 결국 그를 압도하여 파괴하고 말았다.

원고 마지막 부분에서 채드는 술에 취해 자동차로 아내를 치어버리려 했던 이야기를 들려준다. 채드는 이 사건 때문에 경찰에 체포되기도 했다. 범죄 행각의 종말은 그로부터 얼마 지나지 않아 채드가 발보아 파크 근처 샌디에이고 해군 의료센터에서 일할 때 찾아왔다. 채드는 죽어가는 장교를 매일 찾아오는 아내와 딸을 유심히 지켜보았다. 그는 병원 기록을 살펴보고 그들이 어디에 사는지 확인한 다음 두 여인을 납치하고 강간했다. 채드는 이 사건으로 루이지애나에서 체포되었다.

채드의 지문이 확인되자 곧 경찰에 알려진 세 건의 살인 사건 모두와 관련이 있다는 사실이 밝혀졌다. 증거를 들이대자 채드는 세 건의 살인은 물론 히치하이커를 살해한 네 번째 살인까지 자백했다. 그러나 경찰이 네 번째 사건은 확인하지 못했다.

채드의 원고가 끔찍하기는 하지만 몇 가지 인격 장애가 있는 성범죄자들의 특성을 우리에게 알려줄 수 있다는 점에서 가치가 있다. 채드는 자신의 만족만을 추구하던 나르시시스트였으며, 다른 사람의 안녕에는 관심이 없는 사이코패스였다. 또한 끊임없이 만족을 추구하면서 점점 자라난 성적 가학증도 보여준다. 채드는 가석방 없는 종신형을 선고받았다.

그는 피해자의 잡지를 읽고 약장을 들여다보면서 처방전을 확인하고 수표장을 모두 조사하고,
어떤 술을 좋아하는지 취향을 눈여겨보고 전화 요금 고지서를 살펴보고 우편물을 읽었다.

모든 이상 범죄자 중에서 가장 재주 좋고 파괴적이며 수사망을 잘 빠져나가는 범죄자는 의식적인 가학적 변태성욕자다. 백상아리가 바다에서 가장 유명한 포획자인 것처럼 가학적 변태성욕자는 일탈 범죄자들 중에서 가장 위험하고 교활하다. 이들은 법 집행관들에게 가장 어려운 숙제이기도 하다.

가학적 변태성욕자는 많은 시간을 투자해서 머릿속에 교묘한 계획을 세운다. 우리가 프리즘에 햇빛을 비추어보면서 빛을 굴절시키는 갖가지 방법을 연구하는 것처럼, 가학적 변태성욕자는 몇 달, 심지어는 몇 년 동안 범죄를 상상하고 계획을 짜면서 상황을 즐긴다.

가학적 변태성욕자는 뜻밖의 일이나 모든 종류의 즉흥성을 싫어한다.

가능하다면 그는 자기가 저지를 범죄의 전 단계를 반복적으로 미리 연습해보고 실패 가능성을 줄이기 위한 다양한 방법을 취한다. 바로 이것이 가학적 변태성욕자의 첫 범행이 일반적인 일탈 범죄자가 열세 번쯤 반복한 범행과 혼동되는 이유다. 로버트 르로이 앤더슨이 저지른 살인 사건들이 그런 경우다. 그는 범죄에 무척 깊은 주의를 기울였기 때문에, 나역시 그가 범인임을 몰랐다면 나이와 경험이 훨씬 많은 범인의 소행이라고 착각했을 것이다.

경찰이, 수사 중인 범죄가 가학적 변태성욕자의 짓인지 아닌지 밝히려고 애쓰는 중요한 이유 중 하나는 이들에게 계획을 세우는 뛰어난 재능이 있다는 것이다.

한편, 가학적 변태성욕자는 놀랄 만큼 잔인하다. 빌리 리 채드의 사례에서 살펴보았듯이 그가 희생자에게 저지르려고 하는 환상은 끔찍하다. 채드의 성적 쾌감은 희생자의 괴로움에서 온다.

마이크 드바틀레벤은 가학적 변태성욕자의 신조라 할 만한 것에 대해 다음과 같이 쓴 적이 있다.

사디즘: 사디즘의 본질은 타인에게 고통을 가하는 것이 아니다. 가장 압도적인 충동은 다른 사람을 완전히 지배하는 것이다. 그 혹은 그녀를 내의지대로 움직이는 무력한 대상으로 만들어 그 사람의 절대적인 지배자이자 신이 되는 것이다. 그 혹은 그녀의 존재 자체, 그리고 내 욕망을 실현하려는 행동은 이 같은 목적을 달성하기 위한 수단에 불과하다. 하지만 가장 근본적인 목적은 희생자가 괴로워하게 만드는 것이다. 타인에 대해서 그에게 고통을 가하는 것보다 더 큰 힘은 없기 때문이다. 스스로

저항할 수 없는 상태에서 고통을 겪도록 강제하는 것. 타인을 완전히 지배하는 데에서 오는 쾌감이야말로 가학적 충동의 본질이다.

1980년대 말에 나는 파크 디츠, 재닛 워렌과 함께 적은 수이기는 하지만 파괴적인 가학적 변태성욕자들을 연구하기로 했다. 우리는 원래 범죄자들과 직접 인터뷰를 하기로 계획했다. 하지만 다섯 명을 인터뷰해본 결과 아무런 소득이 없었고, 직접 인터뷰가 시간 낭비일 뿐임을 깨달았다. 다섯 명 가운데 어느 누구도 자신에 대해 이야기하려 하지 않았고, 단지 자신의 행동을 부인하거나 합리화하거나 그가 처한 상황에 대한 책임을 다른 사람에게 전가하려고만 했다.

따라서 우리는 다른 자료(예를 들어 경찰 보고서, 정신 상태 평가서, 법정 기록, 범죄자 자신의 기록)에서 얻은 정보를 바탕으로 범죄자들에 대한 기술적(記述的) 연구를 하기로 했다.

가학적 변태성욕자 연구

우리는 후보 65명 가운데 30명을 연구 대상으로 선택했다. 연구 대상 선정이 간단한 일은 아니었다. 가학적 변태성욕자라는 범주에 들어가려면 성적 흥분을 위해 고통을 주는 범죄를 저지른 사람이어야만 했다. 우리 모두 알고 있듯이 가학적 변태성욕자는 단순히 고통을 주는 것에서 성적 흥분을 느끼지 않는다. 이들은 괴로움 자체에서 흥분을 느낀다. 이것은 대수롭지 않은 차이가 아니다.

예를 들어 채드는 델마 브라이트를 공격할 때 무언가 빠졌다는 사실을 깨달았다. 그때 갑자기 떠올랐다. "공포였다! 그는 무서워하고 있지 않았다." 브라이트가 공포를 드러내자 채드는 다시 발기했다. 이것이 바로 성적 가학증의 본질이다.

아마 채드에게 브라이트의 성 정체성은 중요하지 않았을 것이다. 가학적 변태성욕자는 성적으로 무척 왕성하고 무차별적이며 나이나 성별과 관계없이 아무 인간과, 뿐만 아니라 기회가 닿으면 동물이나 무생물과도 관계를 맺을 수 있는 경우가 많다. 채드를 흥분시킨 것은 브라이트의 성별이나 성 정체성이 아니라 그의 공포였다.

가학적 변태성욕자에 해당하지 않는 사항을 꼽아보는 것도 가학적 변태성욕자를 이해하는 방법 중 하나다. 디츠, 워렌과 나는 일반적으로 성적 가학증과 혼동되는 일곱 가지 행동을 정의해보았다.

1. 성적이지 않은 사디즘
2. 범죄에 나타나는 잔학 행위
3. 병적 단체 행동
4. 정부가 승인한 잔학 행위
5. 복수심으로 인한 잔학 행위
6. 심문 중의 잔학 행위
7. 사후 훼손

성적이지 않은 가학자는 다른 사람에게 고통이나 불편을 주면서 쾌감을 얻는다. 상대는 보통 사회적 환경 혹은 직장 환경에서 자신보다 지위가 낮은 사람이나 자신보다 열등하다고 생각되는 사람이다. 쾌감은 다른 사람을 두려움에 떨게 하거나 모욕감을 느끼게 하거나 품위를 손상시키면서 얻는, 자신에게 힘이 있다는 생각에서 온다. 육체적 혹은 감정적으로 학대할 수도 있다. 하지만 피해자의 고통을 보면서 성적으로 흥분하지 않는다면 가학적 변태성욕자가 아니다.

나는 예전에 군대에서 복무하던 시절 가학적인 장교 밑에서 일한 적이 있다. 한번은 그 장교가 내게 전근될 예정이니 집을 내놓으라고 알려주었다. 나는 그가 시키는 대로 했고, 곧 집을 사겠다는 사람을 찾았다. 이후 장교에게 집을 팔았다고 이야기하며 언제 전근되느냐고 물었다. 그러자 그는 미소를 지으며 전근 보내지 않기로 결정했다고 말하더니 집을 처분하기 전에 자신에게 확인을 해봤어야 하는 거 아니냐고 덧붙였다.

나는 이런 게임을 잘 알고 있었다. 그는 자신의 힘을 증명하기 위해 다른 사람을 괴롭히며 즐겼다. 그는 내가 애원하기를 바랐겠지만, 나는 그렇게 하지 않았다. 나는 내가 개인적인 어려움은 물론이고 엄청난 재정적 문제를 안게 되었다는 사실도 언급하지 않았다. 그 대신 이전처럼 똑같이 미소를 지으며, 안 그래도 집을 팔고 더 큰 집을 살 예정이었으니 어느 쪽이든 상관없다고 말했다. 다음 날, 나는 전근 명령이 내려올 예정이라는 통지를 받았다.

성범죄는 본질적으로 다른 사람을 해치고 그 사람에게 모멸감을 주는 범죄이므로 잔학 행위는 성범죄에 흔히 나타나는 특징이다. 그러나 성범죄 중의 잔학 행위가 성적 가학증에 의한 경우는 드물다. 물론 잔인하기는 하다. 하지만 다행히도 진정한 성적 가학증은 성범죄자들에게도 매우 드문 편이다. 내 생각에 가학적 변태성욕자가 저지르는 범죄는 성범죄 열건 가운데 한 건도 안 된다.

나는 한 남성 침입자 및 부부 피해자와 관련된 민사 소송에 전문 감정인으로 참가한 적이 있다. 침입자는 호텔 방에 침입해 부부를 총으로 위협하고 강도질을 한 다음 나중에 생각났다는 듯이 두 사람이 억지로 옷을 벗게 했다. 그런 다음 그는 의자를 끌어당겨 앉고는 부부에게 침대로 올라가라고 한 후 남자를 향해 아내에게 구강성교를 하라고 명령했다. 강도는 30분 정도 두 사람을 지켜보았다. 도중에 한번 몸을 내밀어 아내의 가슴을 만지려 했지만 남편이 폭력으로 위협하자 그만두었다. 그런 다음 침입자는 곧 떠났다.

범인이 고의적으로 부부를 잔인하고 모욕적으로 대했다는 사실을 부정할 사람은 아무도 없다. 그러나 그가 관음증일 가능성은 농후하지만 피해자의 공포와 고통에 의해 성적으로 흥분했다는 행동 증거는 없다.

병적인 단체 행동은 세 명 이상이 한 가지 범죄, 주로 윤간에 가담했을 때 일어난다. 예를 한번 살펴보자.

피해자는 간호사였다. 피해자가 자정에 근무 교대를 하려고 병원에 도착했을 때 권총을 든 한 10대 소년이 그녀에게 접근했다. 젊은이는 간호사를 강제로 그녀의 차 뒷좌석에 태운 다음 친구 세 명과 함께 그녀를 버려진 창고로 데려갔다.

이들은 그 후 몇 시간 동안 질과 항문, 구강을 통해 피해자를 강간했다. 그들은 또한 외부 물질을 삽입했고, 그녀에게 소변과 대변을 배설했다. 피해자는 이토록 극단적이고 사악한 공격으로 인한 심리적 외상을 결코 극복하지 못했다.

이 청소년 범죄자들의 행동이 무척 잔인하고 잔학하긴 했지만 이들은 끔찍한 행동을 통해서 서로에게 자기 힘과 잔학성을 과시하려 했을 뿐 피해자에 대해서는 전혀 생각하지 않았다. 이들은 개개인으로서가 아니라 단체로, 같은 패거리로서 행동했다. 물론 그중 누군가가 피해자의 극심한 고통과 모욕감을 보고 성적으로 흥분하는 가학적 변태성욕자였을 수는 있다. 하지만 윤간의 초점은 본질적으로 성적 가학증이 아니다.

나치의 대량 학살이든 남아프리카공화국 아파르트헤이트 정권의 고문실이든, 정부가 승인한 잔학 행위는 종종 성적 가학증과 혼동되는 경우가 많다. 가학적 변태성욕자가 정부가 승인한 잔학 행위에 끌리는 것은 사실이다. 물론 적이라고 생각하는 대상에게 극악무도한 잔학 행위를 하고자 하는 정부 정책은 분명히 비난받아 마땅하다. 그러나 정부가 승인한 잔학 행위가 고문받는 이들의 괴로움을 보고 성적으로 자극받는 사람들을 만족시키기 위해 만들어진 프로그램은 아니다.

전 유고슬라비아에서 세르비아인이 이끄는 군대가 보스니아 이슬람교 여성들을 계획적으로 노예로 삼은 사실이 밝혀진 적이 있다. 군대는 여성들을 막사지로 데려갔다. 세르비아 군인들은 여성들에게 일을 시키거나 성노예로 삼았다. 열네 살밖에 안 된 여자 아이들이 현금이나 텔레비전 같은 가전 기구와 맞바꾸어졌다. 나이 든 여성들은 한 번에 15명에서 20명이나 되는 남자들에게 윤간당했다. 몇몇 여성들은 몇 달 동안이나 주기적으로 이러한 고통을 당했다.

이와 비슷한 경우로, 시에라리온의 혁명연합전선정당의 반역자들이 피로 얼룩진 내전이 계속된 8년 동안 수천 명의 여성을 체계적으로 강간하고 팔다리를 잘라 불구로 만들었다고 추정되고 있다.

이러한 강간범들 가운데 몇몇은 가학적 변태성욕자일지도 모른다. 그러나 이 잔학 행위가 유고슬라비아에서는 정부가 승인한 행위였고 시에라리온에서는 조직화된 흐름의 일부였다 해도, 두 나라에서 성적 가학증 정책이 있었다는 증거는 없다.

복수심으로 인한 잔학 행위는 용어 자체가 분명히 나타내듯이 앙갚음을 하는 행동이다. 예를 들어, 마피아는 예전부터 오랫동안 정보원이나 끄나풀을 고문하고 죽여왔다. 때로는 다른 사람들에게 경고를 하기 위해서 운 나쁘게 걸린 희생자를 죽인 뒤 "시칠리아 넥타이"를 해주었는데, 턱 바로 아래 목을 잘라 그 부분으로 혀가 튀어나오게 하는 것이다.

나는 베트남 전쟁에 참전했을 때 가끔 베트콩 군인 시체의 입에 잘린 성기가 들어 있는 것을 보았다. 이것은 인간이 죽고 나면 그 모습 그대로 신을 만난다고 믿는 남부 베트남 군인들의 소행이었다. 물론 베트콩 역시 그렇게 생각했기 때문에 죽은 남부 베트남인들에게 같은 짓을 저질렀다. 이와 같은 행동은 무척 끔찍하지만 또 그만큼 분명한 이유가 있는 행동이며, 그 이유가 성적 가학증은 아니다.

전 세계 언론의 헤드라인을 보면 심문 중에 일어난 악명높은 잔학 행위 사건을 알 수 있다. 통탄할 만한 여러 사건 가운데 세간에 잘 알려진 사건의 피해자는 1985년 과달라하라에서 멕시코 마약상에게 납치되어 나흘 동안 고문당한 후 살해된 마약 단속국 요원 엔리케 카마레나다. 베이루트의 CIA 지부장인 윌리엄 버클리도 같은 경우로, 그는 1984년 이슬람 지하드에 의해 납치되어 6개월간 주기적으로 고문을 당한 후 살해되었다. 이들의 죽음은 경제적·정치적 범죄였다. 두 사람 모두 자기가 소속된 기관의 활동 정보를 빼내려는 사람들에게 고문당했다. 이런 경우에는 만약 성적 가학증이 있었다 해도 그것은 우연일 뿐이며 주요 동기라고 할 수 없다.

마지막인 사후 훼손 역시 끔찍한 행동으로, 성적 가학증과 자주 혼동된다. 하지만 혼동해서는 안 된다. 가학적 변태성욕자는 피해자의 고통을 보고 성적 흥분을 느낀다. 따라서 죽은 희생자는 전혀 그들의 성적 흥미를 자극하는 대상이 아니다.

1980년 어느 글에서 존 더글러스와 나는 사후 훼손자를 가리키는 말로 낡은 용어인 욕정 살인자를 사용했다. 욕정 살인자는 보통 죽은 희생자의 가슴, 복부, 직장, 혹은 성기에 집중하여 자신의 분노와 좌절을 표현한다. 희생자는 남성일 수도 있고 여성일 수도 있지만, 범죄는 거의 대부분 이성을 대상으로 일어나며 범죄자와 희생자가 같은 인종인 경우가 많다.

토막 살인자 잭은 욕정 살인자이기는 하나 가학적 변태성욕자는 아니었다. 제임스 로손 역시 무시무시한 욕정 살인자에 해당한다. 로손은 캘리포니아 정신병원에 같이 수감되었던 제임스 오돔과 함께 사우스캐롤라이나에서 편의점 직원 여성을 납치 후 살해했다.

오돔과 로손은 피해 여성을 외딴 곳으로 데리고 갔고, 오돔이 여성을 강간한 후 로손에게 남겨주자 로손은 재빨리 여성의 목을 베어 죽였다. 그런 다음 로손은 여성의 가슴과 생식기를 잘라냈다. 로손이 시체의 일부를 먹었을 가능성도 있다. 두 사람은 다음 날 체포되었고, 후에 유죄 선고를 받았다. 로손은 경찰관에게 이렇게 말했다. "나는 더 이상 한 사

람으로 보이지 않도록 그녀의 몸을 자르고 싶었고 더 이상 존재하지 않
도록 파괴하고 싶었다."

백상아리

가학적 변태성욕자들은 자신들을 행동 양상에 따라 분류한다. 맨 아래
의 부류는 상상만 한다. 그다음은 무해한 단독 성행위다. 이후로는 점
점 행동이 과격해지고, 순응적인 파트너나 돈을 주고 산 파트너와 행위
를 할 수 있다. 마지막으로 완전한 범죄에 해당하는 성적 가학증은 심
각한 부상이나 죽음을 낳는다. 나는 극단적인 변태성욕자들을 "백상아
리"(great white sharks)라고 부르는데, 이들은 가학적 변태성욕자들 중에서
도 상당히 소수에 불과하다.

법 집행관이 가장 관심을 두지 않는 부류는 희생자의 고통을 상상하는
것만으로 만족하는 가학적 변태성욕자들이다. 이들은 상상을 하면서 성
적 흥분을 느끼고 자위를 하지만 결코 상상을 실행에 옮기려고 하지는
않는다. 확실히 기이한 행동이기는 하지만 분명히 범죄는 아니다. 사회
가 인간의 머릿속에서 일어나는 일을 가지고 인간을 처벌할 수는 없다.
다음 단계, 즉 순응적 파트너 혹은 돈을 주고 산 파트너와 관계를 하는
것도 범죄는 아니다.

그다음으로 우리는 "약화된"(muted) 가학적 변태성욕자를 만난다. 이
용어는 저명한 법의학 심리학자 로버트 프렌트키 박사가 만들었다. 프렌
트키 박사는 약화된 성적 가학증을 나타내는 분명한 요소(본디지, 감금, 피
해자의 모멸적인 사진)는 있지만 신체적으로 상처를 주는 폭력(채찍질, 화상, 외
부 물질의 고통스러운 삽입) 요소는 없는 범죄라고 정의했다.

나와 디츠, 워렌이 관심을 가지고 있던 가학적 변태성욕자는 백상아리, 즉 가장 극단적인 부류였다. 30명 중 22명이 피해자 총 187명을 죽였고, 17명은 연쇄살인범이었다. 그중 가장 잘 알려진 사람은 아마도 존 웨인 게이시와 '언덕의 교살자'라고 알려진 안젤로 부오노와 그의 사촌 케네스 비안키일 것이다. 다른 연구 대상들도 마찬가지로 폭력적이었다. 마이크 드바들레벤, 제라드 존 섀퍼, 빌리 리 채드, 하비 글래트먼이 그들이다. 하비 글래트먼은 1950년대 남부 캘리포니아의 "외로운 여성 전문 살인자"로 알려진 범죄자로, 내가 행동과학 수사에 입문하는 계기를 마련해준 중요한 인물이다.

중요한 것은 인종이 아닌 문화

여러분이 우리가 연구했던 가학적 변태성욕자 30명의 사진을 본다면 두 가지 사실을 알게 될 것이다. 첫 번째는 이들의 용모가 아주 평범하다는 사실이다. 그냥 보는 것만으로는 그들이 희생자들에게 준 공포를 절대 상상할 수 없다.

마찬가지로 놀라운 것은 이들의 피부색이다. 우리 연구 대상이었던 가학적 변태성욕자의 절대다수가(30명 중 29명) 유럽 계통의 백인이었다. 나는 몇 년 동안 이 문제에 흥미를 느꼈다. 의식적 강간 살인범들 가운데 흑인이나 라틴아메리카계가 이토록 적은 이유는 무엇일까?

사실 가학적 변태성욕자들뿐 아니라 대부분의 의식적 연쇄 범죄자들 중 흑인이나 라틴아메리카계는 통계적으로 인구 비례에 비해 훨씬 적다. 로버트 레슬러와 존 더글러스는 연쇄살인범을 조사하면서 총 118명을 살해한 범죄자 36명과 인터뷰를 했다. 이 중 33명이 남성이었다. 앤 버지스와 내가 41명의 연쇄강간범(총 837건의 강간과 400회 이상의 강간 시도)을 연구했을 때, 우리의 조사 대상은 백인 36명과 흑인 다섯 명으로 구성되어 있었다. 또한 가학적 변태성욕자들의 순응적인 아내와 여자친구들을 조사했을 때, 백인 17명, 라틴아메리카계 두 명, 흑인은 고작 한 명이었다.

이러한 불균형은 위험한 자기성애를 즐기는 사람들 사이에서도 나타난다. 자기성애는 범죄가 아니지만 분명 의식적인 성행동의 한 형태다. 자기성애로 인한 150건의 사망 사건에 대한 우리 연구에서 희생자 중 139명은 백인이었고 흑인은 단지 일곱 명뿐이었다.

우리의 연구 대상자인 가학적 변태성욕자 30명 중에서 유일하게 흑인이었던 범죄자는 무척 독특한 방법으로 성적 가학증을 드러냈다. 그는 피해자를 잡은 후 최고 6주까지 자신의 집에 가두었다. 그는 독사를 이용해서 감금된 피해자들을 통제했다. 피해 여성들은 대체로 허리 위로는 아무것도 걸칠 수 없었고 때로는 완전히 알몸으로 지내야 했다. 그는 희생자들에게 자신을 어떻게 만족시켜야 할지 주의 깊게 지시했고 때로는 자신이 명령한 "십계명"을 외워야 하기도 했다.

내가 알기로 그는 누구도 죽이지 않았다. 다른 가학적 변태성욕자들과는 달리 이 남자는 싫증이 나면 피해자를 풀어주었다. 그러나 여자들에게 자신이 요구하면 돌아와야 한다고 명령했다. 그에게 돌아오지 않거나 경찰에 신고하면 샤워를 할 때, 혹은 침대 밑이나 차 안, 우편함 속에서 뱀을 발견하게 될 것이라고 경고했다. 이러한 심리적 압박은 대단히 효과적이었다. 여자들은 단 한 명의 예외 없이 모두 그가 시키는 대로 했다.

잘못된 이론

1990년대 초반에 FBI 아카데미에서 열린 최고 법 집행 간부를 위한 프로그램에서 이상 범죄자들 간의 흑백 비율에 대한 문제가 제기되었다. 내가 연설을 마치고 나자 미시건 주 디트로이트의 존경받는 흑인 경찰서장이라 맥케나가 나에게 질문을 던졌다.

그는 흑인 강간범과 백인 강간범이 범죄를 저지르는 수법에 차이가 있다면 어떤 것이냐고 물었다. 부분적으로는 백인 강간범보다 흑인 강간범이 다른 인종을 공격하는 경우가 많으며 또 나이 든 여성을 공격하는 경우가 훨씬 많다고 답했다.

나는 사무실로 돌아오는 길에 이 문제를 곰곰이 생각해보았다. 분명 더 깊이 생각할 가치가 있는 문제였다. 그래서 의식적 성범죄에 흔히 드러나는 행동 목록을 만들고 흑인과 백인이라는 관점에서 평가해보기로 결정했다. 내 경험에 비추어 특정 행동에 백인과 흑인 중 어느 쪽이 더욱 연관이 많은지 살펴보았다. 다음은 내가 만든 표의 일부다.

분석 결과를 보자 법 집행관들에게 중요한 돌파구가 될지도 모르는 결론에 가까워졌다는 생각이 들었다. 나는 피해자들이 자신을 공격한 범인의 인종을 확신하지 못하는 여러 사건을 떠올렸다. 그러고는 이렇게 생각해보았다. 수사관이 범죄에 다음 목록과 같은 특징의 일부 혹은 전체가 있다고 판단할 수 있다면 신원이 확인되지 않은 강간범의 인종을 추측할 수 있지 않을까? 그럴듯한 프로젝트 같았다. 하지만 시간이 지난 후 나의 놀라운 이론은 무너졌다. 백인 범죄자와 관련이 있다고 생각했던 행동 특징 여러 가지가 포함되었지만 범인은 흑인으로 밝혀진 몇몇 사건을 알게 된 것이다.

행동	백인	흑인
타인종 강간		O
노인 공격		O
강간 도구 소지	O	
피해자에 대한 육체적 고문	O	
24시간 이상 감금	O	
범죄를 기록	O	
전리품이나 기념품 획득	O	
성적 본디지	O	
글을 통한 피해자 행동 지시	O	
말을 통한 피해자 행동 지시	O	
피해자에게 특정 복장 입히기	O	
범죄를 위해 차량 및 장소 개조	O	

말콤 말론* 사건은 내 이론을 재고하게 만들 어떤 몇 가지 사건들 가운데 하나다.

행동과학부의 래리 앤크롬과 나는 40명 이상의 백인 여성을 강간한 후 투옥된 흑인 가학적 변태성욕자 한 명을 인터뷰한 적이 있었다. 말콤 말론은 교육 수준이 높고 지능적인 전문직 남성이었다. 강간 범행 역시 매우 정교했다. 그는 지문도 남기지 않았고 신원도 잘 감추었기 때문에 피해자들 중 절반이 가해자를 백인이라고 추측했다.

성공 비결은 끈질기고 강박적인 계획 세우기였다. 범행을 실행에 옮기기 전 준비에만 최고 2년을 투자한 사건들도 있었다. 그는 피해자에 대한 3×5 크기의 카드 카탈로그를 비밀리에 만들어서 이름과 주소, 나이를 기록했을 뿐 아니라 오랫동안 피해자를 정찰하면서 이동한 거리와 소비한 휘발유 양까지 기록했다.

말론의 범행 특징은 피해자가 없는 사이 피해자의 집에 침입해서 그녀의 사생활을 주의 깊게 조사하는 것이었다. 그는 피해자의 잡지를 읽고 약장을 들여다보면서 처방전을 확인하고, 수표장을 모두 조사했다. 또 어떤 술을 좋아하는지 취향을 눈여겨보고 전화요금 고지서를 살펴보거나 우편물을 읽었다.

그러면서 말론은 집 구조를 익혔다. 몇몇 사건에서는 범행을 저지르기 전날 밤에 피해자의 집에 침입하여 그가 범행에 즐겨 사용하던 밧줄과 장갑 같은 "강간 도구"를 숨겨두기도 했다.

이토록 치밀하게 계획을 세우고 많은 시간을 투자한 이유는 육체적으로 피해자를 유린하면서 피해자들에게 감정적인 충격을 주기 위해서였다. 특이하게도 그는 겁에 질린 여성들에게 이런저런 질문을 함으로써 그가 얻은 개인적인 정보를 드러냈다.

"왜 ○○약을 복용하지?"

"지난달에 자동차 대금 다 낸 거 축하해."

"탐파에 계신 어머니께 전화 좀 자주 드리지 그래? 3월 14일 이후로 안 했잖아."

"『타임스』 구독은 왜 취소했어? 2년이나 받아보았으면서."

"남동생한테 편지를 더 자주 보내야지. 빌리는 답장을 안 받고도 벌써 세 번이나 썼잖아."

말론은 곧 피해자에게 자신이 그녀에 대한 모든 것을 알고 있다는 생각을 심어주었다. 피해자에게는 아무런 비밀이, 그녀 혼자만 아는 것이 없는 셈이다. 이것은 주인 - 노예 관계 환상을 잘 보여주는 예다. 가학적 변태성욕자는 스스로 피해자를 지배하는 신이라고 생각하며 자신이 가진 정보를 여 보란 듯 과시하여 피해자에게 신과 같은 전지함을 증명한다.

그는 피해 여성의 남자친구 이름을 말하는 경우가 많았고 두 사람이 언제 마지막으로 성관계를 했는지 아는 경우도 적지 않았다. 그런 다음 그는 하나라도 빠뜨리면 죽이겠다고 협박하면서 둘의 만남을 자세히 설명하라고 요구했다. 피해자 중 한 명은 정신과 전문가였는데 말론은 그녀를 강간하면서 자신의 동기가 무엇인지 분석해보라고 강요했다.

말론은 마침내 피해자의 빈집에서 붙잡혔다. 집에 불이 켜지는 것을 보고 이웃 사람이 경찰을 부른 것이다. 경찰이 문을 두드리자 말론은 태연하게 나가서 자신이 그곳에 사는 사람이라고 침착하게 설명했다. 하지만 예리한 경찰관이 전화번호를 묻자 대답하지 못해서 결국 체포되었다.

내가 세웠던 가설에 따르면 수사관은 말론의 행동을 보고 범인이 백인이라고 가정하게 된다. 하지만 말론은 분명 흑인이었다. 그는 중산층 가정 출신으로 전문직에 종사하던 흑인 어머니 밑에서 자랐다. 래리와 내가 한 인터뷰에서 말론은 백인 여성하고만 데이트를 한다고 말했다. 그는 또한 범죄를 저지르던 당시 백인 여성과 결혼한 상태였다.

나는 말론 사건을 경험한 덕분에 범죄자의 행동을 지배하는 요소를 더욱 완전하고 실제적으로 이해할 수 있었다. 의식적인 흑인 성범죄자가 연루된 비슷한 사건들을 알게 되면서 나는 이들 역시 중산층 이상의 가정 출신인 경우가 많다는 사실을 깨달았다. 결국 행동을 결정하는 것은 인종이 아니라 사회경제적·문화적 영향이라는 사실을 깨달았던 것이다.

흑인 및 라틴아메리카계가 점점 더 많이 중산층으로 이동함에 따라 지금까지 백인 범죄자들과 관련되었던 의식적 행동을 더 많이 보여주기 시작할 것이다.

강박적 운전자, 가짜 경찰, 기혼자 그리고 성 실험자

가학적 변태성욕자 30명에 대한 연구에서 놀랍고 자극적인 결과가 여러 가지 나왔다. 30명 가운데 17명은 이전에 자신을 감옥으로 보낸 범죄와 똑같은 범죄로 체포된 기록이 없었다. 북미 지역에서 활동하는 가장 악랄한 몇몇 범죄자들이 체포된 적이 없다는 사실은 그들이 얼마나 계획적이고 지능적인지 잘 보여주는 증거다.

30명 가운데 12명은 강박적으로 차를 몰고 다녔다. 강박적인 운전은 신체적 폭력성이 더 강한 성범죄자들 사이에서 자주 발견되는 행동이다. 번디는 (가학적 변태성욕자가 아니었지만) 자동차로 수많은 거리를 달리면서 피해자를 탐색했다. 연쇄강간범이자 가학적 변태성욕자로 우리의 연구에 포함된 존 사이머니스는 단 10개월 동안 자동차로 1만 5,000킬로미터를 달렸다.

사이머니스는 운전을 하면 책임감에서 벗어난 느낌이 든다고 말했다. 나의 제자였던 명망 높은 심리학자는 아무런 노력을 기울이지 않아도 범죄자는 운전을 함으로써 끊임없이 변화하는 시각적 자극을 받았으리라는 견해를 제시했다. 그저 자리에 앉아 있기만 해도 변하는 풍경을 볼 수 있는 것이다.

30명 가운데 아홉 명은 경찰을 사칭했다. 이들은 경찰 소지품을 모았고 순찰차와 비슷한 차량을 몰았으며, 조회기를 가지고 있었고 경찰 임무에 대한 수업을 듣거나 경찰관이 되려고 지원하기도 했다.

성범죄자들 중 가장 긴 거리를 운전한 기록이 있는 드바들레벤은 포드 선더버드를 위장 경찰차와 비슷하게 개조하여 몰고 다녔다. 그는 선더버드 엔진 방열판 아래에 사이렌과 붉은 라이트를 설치했다. 또한 자동차 안에 경찰용 조회기와 양방향 무선 통신기를 장착해두었다.

드바들레벤이 피해자에게 접근할 때 사용한 수법 중 하나는 늦은 밤이나 이른 아침 도로를 가볍게 '순찰'하면서 혼자 있는 여성 운전자를 탐색하는 것이었다. 그는 피해자가 될 만한 여성을 발견하면 방열판 아래의 라이트를 번쩍이면서 여성의 차를 세웠다. 그런 다음 탐정 잡지를 통해서 구입한 배지를 보여주고 피해자가 경찰에서 찾고 있는 여자 강도와 닮았다며 용의자 확인을 위해 서까지 가야겠다고 말했다.

우리는 이렇게 드바들레벤과 만났다가 살아남은 사람들을 통해서 드바들레벤이 피해자에게 수갑을 채우고 자기 차에 태운 후 피해자의 머리에 도관 테이프를 감고 미리 정해둔 장소로 가서 때로는 며칠씩 강간을 하고 고문을 했다는 사실을 알게 되었다. 드바들레벤은 강간뿐만 아니라 살인까지 저질렀다고 생각된다. 그러나 경찰은 드바들레벤이 만약 살인을 했다면 경찰을 사칭하며 차를 세워 사로잡은 피해자 중에서 몇 명이나 죽였는지 정확히 확인할 수 없었다.

제라드 존 섀퍼는 보안관 대리로 일하면서 젊은 여성 두 명을 체포하여 자신의 "쓰레기 하치장"으로 데려갔다. 섀퍼는 무척 지능적인 가학적 변태성욕자로, 깨어 있는 시간 대부분을 여성을 향한 폭력적인 성행위를 생각하거나 그에 대한 글을 쓰거나 그림을 그리면서 보냈다. 나는 섀퍼와 인터뷰를 하고 싶다고 생각하고 있었는데 마침 섀퍼가 여자친구 손드라 런던을 통해 나에게 편지를 보내왔다.

섀퍼는 자신이 1972년 10월에 메리 앨리스 브리스콜리나와 "그녀의 친구 엘지"를 죽인 사건에 유죄임을 인정하면서 편지를 시작했다. 그는 이렇게 적었다. "그들이 왜 죽어야 했는지 그 이유만 빼고는 명백한 사건입니다. 실제로 그들이 어떻게 죽었는지, 가학적인 부분 말이죠. 다음은 자기 차례라는 사실을 알면서, 어떤 식으로 한 사람이 다른 사람이 죽는 것을 지켜봐야 했는지 말입니다. 당신이 듣고 싶은 부분은 바로 그거죠, 아닙니까? …… 여기에서는 당연히 협조 정신이 필요할 테니, 이를 위한 첫발을 내딛도록 하죠. 브리스콜리나를 공짜로 드리겠습니다."

이미 몇 년이 지났지만 섀퍼는 아직도 법 집행에 강한 관심을 가지고 있었다. 우리 연구 대상이었던 가학적 변태성욕자들은 오래된 격언 "네 적을 알라"를 믿었다. 섀퍼의 편지에 따르면 그는 살인 사건 수사 진척 사항을 모두 알려고 애썼다. 같은 편지에서 그는 여성이 자기 성욕 충족을 위한 본디지와 쾌락 질식에 참여하는지 여부에 대해 자기 생각을 말하면서, 내가 자기성애로 인한 사망에 대해 쓴 책을 언급했다.

두 번째 편지에서는 그의 나르시시즘을 확실히 엿볼 수 있다.

"내가 성적 의식 실천자여서가 아니라 일종의 인정받는 성적 의식 권위자이기 때문에…… 당신에게 내 도움이 필요하다는 것을 알겠습니다. 당신은 사실 자신이 수사하고 있는 의식에 대한 실제적인 지식이 없군요, 안 그렇습니까? 물론 생각은 많이 해봤겠지만 구체적인 경험은 하나도 없겠죠……. 당신도 알겠지만 나의 전공은…… '죽음의 본디지'입니다."

섀퍼는 내가 탐정 잡지에 대해 다른 사람과 공동으로 쓴 기사도 잘 알고 있었다. "'가학적 변태성욕자를 위한 포르노, 탐정잡지'라는 당신의 글 202쪽에 등장하는 사건 1은 분명 하비 글래트먼 사건이군요. 글래트먼이 묶은 후 교살한 여자는 루스 머캐도죠. 사건을 조사했던 경찰은 피어스 브룩스로 지금은 무슨 연쇄살인범 부서에 있습니다 (고인이 된 피어스 브룩스는 VICAP로 알려진 FBI 폭력 범죄 체포 프로그램의 초대 부장이었다). 그런데 기사에서 왜 그렇게 밝히지 않습니까? 글래트먼은 1958년에 가스실에서 죽었으니 고소할 사람도 없지 않습니까."

39명 가운데 13명은 기혼자였고 15명은 아이를 둔 아버지였다. 아홉 명은 친자식들에게 근친상간을 저질렀다. 연구 대상 중 하나였던 제럴드 갈레고는 10건의 살인을 저질렀다고 알려졌다. 갈레고는 낯선 사람을 대상으로 범죄를 저질렀을 뿐 아니라 자신의 딸이 어렸을 때부터 10대가 될 때까지 반복적으로 성폭행했다. 알려진 바에 따르면 딸의 생일날 선물이라며 강제로 항문성교를 했다고 한다! 딸뿐 아니라 집에 놀러왔던 딸의 친구까지 성폭행했다.

우리는 30명 중 15명이 성인이 된 후 합의하에 적어도 한 명 이상과 동성애 관계를 가지고 있었다는 기록을 가지고 있다. 여섯 명은 이성 복장 도착이었고 여섯 명은 관음증이나 음란 전화, 노출증 전과를 가지고 있었다.
　나의 오랜 친구이자 행동과학부 파트너였던 켄 래닝은 이들이 근친상간, 동성애 행위, 이성 복장 착용, 갖가지 성적 변태를 모두 합쳐 성적인 것은 무엇이든 시험해본다고 하여 "성 실험자들"라고 불렀다. 우리의 연구야말로 성 실험자들의 단체 초상인 셈이다.

애틀랜타의 정신과 전문가이며 성범죄에 대한 연구로 국제적인 명성을 가지고 있는 진 아벨 박사는 일탈 범죄자들이 한 가지 이상 증세만 보이는 경우는 거의 없음을 발견했다. 예를 들어 한 사람에게 관음증이 있다는 사실이 밝혀지면 그가 적어도 한 가지 이상의 추가적인 도착증세, 즉 페티시즘 등을 가지고 있으리라 예상할 수 있다.

물론 일탈 행동을 기록하는 것은 또 다른 문제다. 엿보기, 음란 전화, 점잖지 못한 노출은 보통 별것 아닌 범죄이며 곤란하긴 하지만 심각하지 않다고 치부된다. 그러나 수사관은 이와 같은 범법 행위를 가볍게 넘어가기 전에 전화를 건 사람이 무슨 말을 했는지, 노출증인 범인이 노출을 하면서 무슨 말을 했는지 확인하려 노력해야 한다. "너는 사랑스러워. 너와 사랑을 나누고 싶어"라는 말은 "팔이 떨어져 나갈 때까지 너를 찌르고 싶어"라는 말과 분명히 다르다.

음란 전화를 거는 사람은 통화를 하면서 자위를 하고 있을 확률이 굉장히 높다. 생각만으로도 성적 흥분을 느끼는 것이다. 폭력적인 환상을 가지고 있는 사람이라면 신원을 확인한 후 가능하다면 치료가 필요한지 평가해야 한다. 이들이 잠재적이나마 사회에 중대한 위협을 끼칠지도 모르기 때문이다.

선호 유형과 열정

우리는 샘플 그룹이 피해자들과 성행위를 할 때 선호하는 방식에서 상당한 동일성을 발견했다. 가학적 변태성욕자의 73퍼센트는 항문 강간을 선호했고, 70퍼센트는 여성이 남성에게 하는 구강성교를 선호했다. 58퍼센트는 질을 통한 성교를 선호했고, 40퍼센트는 외부 물질 삽입을 선호했다.

항문성교에 이토록 강한 선호를 보이는 이유는 무엇일까? 항문성교를 성인이 된 후 경험한 동성애 경험과 연결 짓는 이론은 유혹적이다. 하지만 나는 답이 그렇게 간단하리라고는 생각하지 않는다. 가학적 변태성욕자의 주요 동기는 분노와 힘에 대한 의지라는 점을 기억하자. 또한 가학적 변태성욕자는 피해자의 괴로움을 보면서 성적으로 흥분한다. 따라서 그들이 항문 강간을 선호하는 이유는 항문 강간이 피해자에게 주는 고통과 모멸감과 관련 있다고 볼 수 있다.

피해자에게 고통과 모멸감을 주기 위한 것이라는 나의 의견은 구강성교 선호를 통해서도 설명할 수 있다. 구강성교가 항문성교만큼 육체적 상처를 입히지는 않지만 감정적으로는 무척 충격적일 수 있다. 구강성교를 하려면 피해자가 자신의 의지에 반하여 적극적으로 행위에 참여해야 하며, 또 전혀 모르는 낯선 사람과 수치스러운 방식으로 무척 내밀한 행위를 해야 한다.

외부 물질 삽입도 피해자에게 강한 수치심을 불러일으킨다. 나는 외부 물질 삽입이 여성을 극단적으로 대상화한 결과라고 생각한다. 외부 물질 삽입은 드바들레벤과 앤더슨, 말론이 즐겨 사용한 수법으로, 세 명 모두 지나치게 큰 딜도를 직장에 삽입하여 피해자들을 고문했다.

무감정한 외면

연구를 하면서 범죄자 대부분이 피해자에게 무감정하고 초연한 태도를 보였다는 점이 놀라웠다. 나는 채드가 황홀한 경험에 대해 썼던 것처럼 범죄자들이 흥분으로 인한 호흡 증대 때문에 혈중 탄산가스 감소 증상을 보일 것이라고 생각했다. 하지만 내 생각이 틀렸다. 채드는 예외였던 것이다.

드바들레벤의 희생자 중 한 명은 경찰에게 드바들레벤이 그녀에게 무슨 말을 하고 어떻게 행동해야 하는지 반복적으로 지시했으며 "마치 따분한 학교 선생 같았다"고 말했다. 드바들레벤이 고문 상황을 녹음한 여러 개의 테이프 속에서 그가 유일하게 드러낸 감정은 이따금씩 피해자가 자신이 준 대본을 정확히 따라하지 못하거나 그가 요구한 성적 행동을 취하지 않았을 때 분노를 표현한 것이 다였다. 희생자가 제정신이 아닐수록 드바들레벤은 더욱 초연해졌다. 레너드 레이크의 경우도 마찬가지였다.

백상아리는 힘과 제어에 집착한다. 그들에게 감정, 특히 공포는 연약함을 뜻하며, 이는 피해자들만의 것이다. 사실 가학적 변태성욕자에게 피해자는 반드시 공포를 보여야 했다. 반면에 자신은 타인과 스스로에게 힘과 제어력을 보여야 했다.

레이크는 비디오테이프에서 억양 없는 목소리로 이렇게 말한다. "너에겐 두 가지 선택이 있어. 우리를 위해 요리를 하고 청소를 하고 섹할 수 있지. 아니면 우리가 너를 뒤에서 덮쳐 침대에 묶고 강간한 후 숲으로 데리고 나가 머리에 총을 쏘고 묻을 수도 있어. 어느 쪽을 택할래?"

여기에서 레이크는 신과 같은 힘을 가진 나르시시스트적 자아상을 강화할 뿐 아니라 피해자에게 그녀의 무력함을 완전히 깨닫게 하고 자신은 반대로 그녀의 운명을 결정하는 전능한 제어자임을 보여주고 있다.

겁에 질린 내면

가학적 변태성욕자는 무감정한 태도로 이와는 다른 내면의 현실을 가린다. 가학적 변태성욕자는 대부분 편집증적인 공포에 시달린다. 실제로 우리가 조사한 범인 30명 가운데 자기애성 인경 장애와 반사회성 인격 장애 다음으로 편집성 인격 장애가 가장 많았다.

편집성 인격 장애를 가진 사람들은 의심이 많고 잘 믿지 않으며 경계심이 지나치게 많고 배신당할까 봐 끊임없이 신경을 곤두세운다. 편집증은 다른 사람에 대해 이유 없이 의심을 키우고 무구한 발언이나 사건에 숨겨진 의미를 가져다 붙인다.

드바들레벤이 읽은 도서 목록에는 『당신은 감시당하고 있다』『전화 도청 여부를 알아내는 법』 등이 있었다. 그는 위조와 납치, 강간에 대한 여러 번의 재판에서 자신의 혐의가 연방 정부의 음모라고 여러 번 주장했으며, 자신을 체포한 후 심문했던 비밀 수사국 요원 마이크 스티븐스, 그렉 머츠, 데니스 푸스가 음모의 선두에 있다고 주장했다. 푸스가 나치주의자라고 비난하기도 했다. 그러면서도 이 이상한 주장을 결코 설명하지 않았다.

그는 어느 재판에서 이렇게 불평했다. "나는 억지로 엮인 겁니다. 악의적이고 사악하고 교묘한 모략, 그러니까 음모에 엮였단 말입니다."

그는 심지어 전 부인들 중 한 명이 이 계략에 참여했다며 비난했다. 사실 감정적으로 무너져버린 이 여인은 증언도 하지 않았고 그의 이름이 언급되는 것만으로도 흐느꼈는데 말이다.

기이한 동침자

여태까지의 경험에 비추어보았을 때 성범죄자들이 공통적으로 가장 많이 가지고 있는 두 가지 특징이 성적 가학증과 소아기호증이라고 말하면 분명 많은 독자들이 놀랄 것이다.

상식에 어긋나 보인다는 사실은 나도 잘 안다. 소아기호증인 사람들은 대부분 육체적으로 폭력적이지 않은 반면, 가학적 변태성욕자는 육체적으로 폭력적일 소지가 높기 때문이다. 그러나 성적 가학증과 소아기호증을 좀 더 자세히 살펴보면 놀라울 정도의 유사성이 드러난다.

첫째, 두 용어를 분명히 밝혀보자. 소아기호증 환자와 아동 성추행범이라는 용어를 섞어 쓰는 경우가 많지만 이 둘은 무척 다르다. 정신과에서 소아기호증 환자라고 하면 사춘기가 되지 않은 아이(주로 13세 이하)에게 성적으로 끌리는 사람을 말한다. 하지만 소아기호증 환자라 하더라도 아이를 성추행하기 전까지는 아동 성추행범이 아니다. 소아기호증 환자는 마음속으로만 성적 환상을 그려본다든지 아니면 아이 역할을 하기로 동의한 어른이나 돈을 내고 산 파트너와 성관계를 맺을 수도 있다. 이것은 범죄 행위가 아니다.

아동 성추행범은 아이를 성적으로 추행한 사람을 가리키는 법적 용어로, 이것은 확실한 범죄 행위다. 모든 아동 성추행범은 범죄자이며, 따라서 소아기호증 환자가 아이를 대상으로 행동을 옮기면 아동 성추행범이 된다. 성인 남성 소아기호증 범죄자는 의도적으로 아이들을 노린다.

소아기호증 범죄자와 가학적 변태성욕자의 공통점은 다음과 같다.

- 의식적 성범죄자다. 이들은 환상을 세세하게 만들어내며 만들어둔 대본에 따라 범죄를 저지른다.
- 동기가 강하고 많은 시간과 돈, 에너지를 범죄 행동에 투자한다.
- 후회나 죄책감을 느끼지 않는다. 가학적 변태성욕자는 피해자가 괴로움을 당할 만하다고 생각한다. 반면에 소아기호증

환자는 자신이 아이에게 해를 입혔다고 생각하지 않는다.
- 자기 행동을 합리화하는 데 뛰어나며 따라서 행동을 바꿀 이유가 없다.
- 사회가 자신들을 혐오한다고 생각하며, 자신의 일탈 욕구와 행동을 더 잘 이해하고 잡히지 않기 위해서 연구한다.
- 어떤 주제와 관련된 포르노그래피나 에로 소설을 수집한다. 수집품은 이미 품고 있는 환상을 보충하는 역할을 한다.
- 평균이나 평균 이상의 지능과 사교술을 가지고 있다. 이들은 사회에 잘 스며든다. 정체가 밝혀지면 친구들이나 동료들은 상당히 놀라며 이들을 감싼다.
- 근친상간을 범할 확률이 크며 의붓자식이나 미성년 친척을 성추행한다.
- 성범죄 행동을 기록한다. 기록은 자신의 범죄 행위를 다시 떠올리고 개선하는 수단이다.
- 다른 성범죄자들보다 상습범이 될 확률이 훨씬 크다. 이들은 감옥에서 모범수가 되는 경향이 있으므로 더 빨리 풀려난다. 또 처벌을 통해서 아무것도 배우지 못하기 때문에 곧 이상 성행위를 다시 시작한다.
- 자기애가 강하다.
- 성적으로 금방 싫증을 내며, 피해자들에게 요구하는 행동이 점점 더 지나치고 공격적으로 변한다.
- 대부분의 성범죄는 나이가 들면 범죄가 줄어든다. 하지만 소아기호증 범죄자와 가학적 변태성욕자들에 대해서는 알려진

소멸 연령이 없다. 다른 사람이 멈추게 하지 않는 이상 이들은 60대나 70대까지도 범죄를 저지른다.

- 다른 성범죄보다 피해자 숫자가 훨씬 많다. 가학적 변태성욕자와 소아기호증 범죄자는 일단 범죄 행동을 시작하고 나면 잡힐 때까지 범행을 저지른다.
- 중산층 출신이 현저하게 많다. 신원이 밝혀졌을 때 사람들이 놀라는 또 다른 이유이기도 하다.

가학적 변태성욕자들은 법 집행관들에게 가장 어려운 숙제다. 이들은 수적으로는 드물지만 범죄 계획에 많은 시간을 투자하는 지능적인 사람들이며 "우리처럼" 보이기 때문에 사회에 쉽게 섞인다.

무엇보다도 이들은 꽤 단호하다.

사이머니스는 켄 래닝과 나에게 이렇게 말했다. "즉흥적이고 무모하며 부주의한 일반 범죄자를 일소하기 위해서 당신들이 취할 수 있는 방법은 아주 많습니다. 하지만 한 사람이 다른 누군가를 원한다면 그것을 막기란 거의 불가능합니다. 상대방은 세계 최강의 보안을 갖추고 있을지도 모릅니다. 경호원이든 경비견이든 무엇이든 갖출 수 있지요. 하지만 시간과 인내심을 갖고 기다리면 그 사람을 공격할 기회가 반드시 오게 마련입니다."

#7 　　　　　예속된 여성들

―――――――――――

7년 동안 컬린은 상자에 갇힌 채 후커 부부의 침대 아래에서 지냈다. 성적으로 학대받고 수모를 당했으며, 급기야 자신은 후커 부부가 주는 고통스러운 삶을 겪어 마땅하다고 믿게 되었다.

1990년, 나는 샌프란시스코에서 지방 검사 크리스틴 맥과이어와 크리스 해처가 어느 사건을 발표하는 자리에 참석했다. 지금은 고인이 된 해처는 유명한 법의학 심리학자로, 나는 여러 사건 수사에서 그의 협조를 받은 적이 있었다.

　그들은 전문가로 이루어진 청중에게 맥과이어가 기소한 놀라운 사건에 대해 이야기했다(해처는 그 사건에서 감정인으로 증언했다). 대학생 컬린 스탠이 납치되어 7년 동안 성노예로 지낸 사건이었다. 크리스틴은 칼라 노튼과 함께 『완벽한 피해자』라는 책에서 이 사건을 자세히 설명한다. 이야기는 스무 살이었던 컬린이 1977년 5월 19일 오리건 주 유진에서 캘리포니아 레드블러프를 거쳐 남쪽으로 히치하이킹을 하면서 시작되었다.

컬린이 도로가에서 엄지손가락을 들고 서 있는데 파란색 닷지 콜트 승용차가 다가와서 멈춰 섰다. 차에는 젊은 부부인 캐머론 후커와 재니스 후커가 어린 딸과 함께 타고 있었다. 후커 부부는 컬린에게 마침 그녀가 가려는 방향으로 가는 길이라고 말했다. 컬린은 고마워하며 뒷좌석에 올라탔다.

왜인지 정확한 이유는 알 수 없었지만 컬린은 차를 타고 가면 갈수록 온화하던 부부가 점점 더 나쁘게 구는 것 같았다. 잠시 멈추어 쉴 때 컬린은 이 사람들을 떠나야 하는 것이 아닌가 하는 생각이 들었다.

하지만 너무 늦었다. 후커 부부는 얼음 동굴을 잠깐 살펴봐야 한다며 다른 길로 들어섰다. 얼마 후, 캐머론 후커가 갑자기 차를 세우더니 칼을 꺼내 들고 컬린에게 정확히 자신이 시키는 대로 하라고 말했다. 그렇게 해서 7년간의 지옥이 시작되었다. 7년 동안 컬린은 상자에 갇힌 채 후커 부부의 침대 아래에서 지냈다. 컬린은 성적으로 학대받고 수모를 당했으며 세뇌까지 당해서 자신은 후커 부부가 주는 고통스러운 삶을 겪어 마땅하다고 믿게 되었다. 몇 번인가 탈출에 성공할 수도 있었지만 컬린은 시도조차 하지 않았다.

나는 이 끔찍한 이야기를 자세히 설명한 책 『완벽한 피해자』를 여러분에게 권하고 싶다. 그날 샌프란시스코에서 크리스틴과 크리스가 청중을 사로잡았다는 말만으로는 이 사건을 설명하기에 부족하다.

두 사람의 발표가 끝난 후 여러 사람이 나에게 똑같은 질문을 던졌다. "컬린과 인터뷰를 해보고 싶지 않습니까?" 그러나 나는 재니스 후커와의 인터뷰에 더 흥미가 있다고 말해서 사람들을 놀라게 했다. 재니스는 캐머론과 13년째 결혼 생활을 해오고 있었다. 나는 두 사람의 연애가 어땠는지 알고 싶었다. 캐머론은 어떤 아버지이며 어떤 가장이었을까? 그는 어떤 책을 읽고 어떤 텔레비전 프로그램을 봤을까? 성적으로는 어떤 파트너였을까? 그의 어린 시절과 청소년 시절은 어땠을까? 무언가를 수집했을까? 만약 그랬다면 무엇을 수집했을까? 정치적인 생각이 있었을까? 재니스는 왜 컬린의 납치에 협조했을까?

수많은 질문이 떠올랐다. 갑자기 아주 좋은 생각이 떠올랐다.

나는 이미 기이하고 폭력적인 이야기라면 연쇄강간범과 가학적 변태성욕자, 아동 납치범, 온갖 종류의 살인범, 그리고 희생자들의 친척들과의 인터뷰에서 많이 들어보았다. 행동과학부의 다른 동료들도 연쇄살인범, 저격범, 반역자, 아동 납치범, 연쇄 방화범 등 다양한 일탈 범죄자들을 인터뷰해보았다. 하지만 내가 아는 한 이때까지 가학적 변태성욕자의 아내나 여자친구를 체계적으로 인터뷰한 사람은 아무도 없었다.

예속에 대한 연구

나는 행동과학부 부장 존 캠벨에게 내 아이디어를 말했고, 그는 이 연구 프로젝트를 승인해주었다. 나는 오랜 연구 동료들인 파크 디츠, 재닛 워렌과 공동으로 프로젝트를 진행했다. 우리는 총 500가지 사실을 망라하는 인터뷰 질문지를 만들었다.

가학적 변태성욕자들의 아내나 여자친구와 진행한 인터뷰는 내가 해본 인터뷰 중에서 가장 흥미로웠고 감정적으로 힘들었다. 여자들의 신원을 알아내는 것은 어렵지 않았다. 나는 여러 가학적 변태성욕자들의 방대한 개인 정보 자료를 가지고 있었고, 게다가 전국의 FBI 요원, 경찰, 정신과 전문가, 검사들은 지원과 협조를 아끼지 않았다.

우리는 20명의 "순응적 희생자"를 인터뷰했다. 내가 순응적이라고 부르는 이유는 이들의 범죄 행동을 눈감아 주기 위해서가 아니라 이들 역시 가학적 변태성욕자의 손아귀에서 신체적·성적·감정적 학대를 당한 희생자임을 분명히 보여주기 위해서다.

그러나 아내나 여자친구들은 피해자들과는 달리 가학적 변태성욕자인 남편이나 남자친구가 자신을 대하는 방식을 묵인했다.

여성들의 순응

인터뷰에서 드러난 놀라운 사실 가운데 하나는 이 여성들의 삶이 가학적인 남자를 만나기 전까지는 조용하고 평범했다는 점이다. 인터뷰 대상자들은 평균이나 그 이상의 지능을 가지고 있었고 11년에서 16년 정도의 교육을 받은 사람들이었다. 20명 중에서 가학적 변태성욕자와 관계를 시작할 당시 무직이었던 사람은 단 두 명뿐이었다.

여덟 명은 비기술직에 종사했고 여섯 명은 기술직(비서나 판매원)을, 네 명은 전문직(교사나 사업체 소유자) 종사자였다. 연구 대상자 중 다섯 명은 학교에서(네 명은 고등학교, 한 명은 대학교) 상대 남자를 만났다. 가학적 변태성욕자의 파트너가 되기 전에 약을 해본 경험이 있는 사람은 두 명밖에 없었지만 결국은 거의 불법 약물을 과다복용하게 되었다.

이들에게는 특기할 만한 범죄 전과도 없어서 체포 기록이 총 다섯 건도 되지 않았다. 한 사람은 14세 때 립스틱 튜브를 슬쩍했고 다른 사람은 타이프라이터를 훔치려고 했다. 또 다른 사람은 18세 때 수표를 훔쳐서 체포되었다.

이들이 공통으로 가지고 있었던 특징은 모든 여자는 악이라고 생각하는 성범죄자들과 내밀한 관계였다는 점이다. 성범죄자는 여자들이 모두 창녀, 매춘부, 헤픈 년, 혹은 그 이하라고 생각한다. 가학적 변태성욕자에게 중요한 과제는 이 같은 생각이 옳다는 사실을 스스로에게 증명하는 일이다. 따라서 그는 매춘부나 약물 중독자를 아내나 여자친구로 선택하지 않는다. 그 대신 괜찮은 중산층 가정 출신의 여성을 고른다. 여자는 남자에 의해 차츰 성적 노예로 바뀌며, 자신의 사랑을 증명하거나 남자를 붙잡아두려고 아무리 수치스럽고 파괴적이라 해도 그의 행동에 기꺼이 가담하게 된다.

인터뷰에 응해준 여성들이 들려준 이야기는 독특했지만 상대 남자가 이들을 자기 통제 아래 두려고 사용했던 수법은 모두 같았다. 가학적 변태성욕자들이 여성을 지배하는 과정은 놀랄 정도로 비슷하며 5단계로 나누어진다.

여성을 지배하는 5단계

첫 번째 단계, 가학적 변태성욕자는 적당한 파트너/희생자를 단번에 알아본다. 가학적 변태성욕자에게 약한 여성의 특징은 무척 다양하다. 어리고 자신감 없고 경험 없고 순진하고 우유부단하거나, 최근에 남자친구와 헤어졌다든가 하는 감정적 트라우마가 있다. 이 중 어느 요소든 사람을 더욱 조종하기 쉽게 만들 수 있다.

나는 또한 인터뷰하면서 대상 여성 대부분이 의존적 경향이 있다는 걸 깨달았다. 이 여성들 중 몇몇은 전문가의 진찰을 받으면 의존성 인격 장애(DPD)라는 진단을 받을 것이다. 『정신 장애의 진단 및 통계 편람 제4판』은 의존성 인격 장애를 "보살핌을 받고자 하는 과도한 욕구가 있는,

순종적이고 의존적 행동을 특징으로 하는 유형"이라고 정의한다. 가학적 변태성욕자는 이러한 여성을 알아보는 무시무시한 레이더를 가지고 있다.

두 번째 단계는 유혹이다. 가학적 변태성욕자의 목적은 표적으로 삼은 여성이 자신과 사랑에 빠지게 만드는 것이다. 그러므로 그는 자주 칭찬하고, 비판적으로 굴지 않으며, 선물이나 꽃처럼 기분 좋은 놀라움을 가득 선사한다. 이들은 대개 여성을 행복하게 해주려고 열심히 노력한다. 결국 여자는 남자와 사랑에 빠지게 되고, 여자의 사랑은 남자가 여자에게 휘두르는 효과적인 무기가 된다.

알코올 중독, 부정, 중독, 학대 등과 같은 쓰레기는 사랑이라는 다리를 통해서 마음껏 옮겨 다닌다. 순응적 희생자는 거의 무조건적으로 상대방을 사랑한다. 그리고 일단 사랑에 빠지면 엄청난 학대와 고통, 상심을 견딘다. 그런 다음 완전히 무력해지면 혐오스러운 행동까지 묵묵히 따른다.

예를 들어, 재니스 후커는 분명히 남편 캐머론의 둘째 아이를 가지고 싶었던 것으로 보인다. 캐머론은 본능적으로 여기에 가격을 매겼다. 컬린이 나중에 텔레비전 인터뷰에서 말했듯이, "애초에 나는 거래물이었습니다. '내가 노예를 가지게 되면 당신도 둘째 아이를 가져도 좋아.' …… 나는 거래 조건이었던 셈입니다."

세 번째 단계에서 가학적 변태성욕자는 기본적인 행동을 바꾸는 수법을 이용해서 순응적인 파트너의 성적 규범을 새롭게 만든다. 여성은 자신의 경험을 뛰어넘는 성적 요구를 받아들이면 꾸며낸 친절과 애정, 관심으로 보답받는다. 하지만 가학적 변태성욕자의 요구를 거절하면 남자는 토라져서 여자를 무시하고 죄책감을 느끼게 만든다. 결국 그는 아내나 여자친구가 자신의 경험뿐 아니라 원래 가지고 있던 윤리적 범위를 넘는 성적 행동을 하도록 조종한다.

물론 이렇게 하면 결과적으로 여성의 자신감은 더욱 없어진다. 시간이 지남에 따라 가학적 변태성욕자는 아내나 여자친구가 자신의 성적 요구를 묵묵히 받아들여도 보답해줄 필요를 더 이상 느끼지 못하며 요구하기만 한다. 만약 여자가 그의 요구에 즉시 따르지 않으면 신체적·언어적으로 학대하며 괴롭힌다..

네 번째 단계는 보통 세 번째 단계와 동시에 이루어지는데, 여성을 가족이나 친구, 동료들로부터 사회적으로 고립시키는 것이다. 가학적 변태성욕자는 아내나 여자친구가 집에서 일어나는 일을 다른 사람들에게 털어놓도록 놔둘 수 없기 때문에 점차 두 사람 관계 이외에 다른 사람들과의 접촉을 줄인다.

남성이 선택하는 전략은 완곡하고 보통 교묘하다. 내가 인터뷰를 했던 여성 가운데 한 명은 옷가게를 운영하고 있었다. 그녀는 직원들과 함께 점심을 먹으러 가곤 했는데, 점심값은 각자 무엇을 먹든 n분의 1로 나누어 계산했다. 직원들은 예전부터 알아온 좋은 친구들이었기에 그녀는 늘 점심식사 시간을 즐겼다. 그러다가 그녀는 가학적 변태성욕자와 결혼을 했다. 남자는 그녀에게 아무리 n분의 1이라지만 점심식사에 너무 많은 돈을 쓰는 것이 아니냐고 핀잔을 주었다. 그리고 두 사람 모두 하루에 점심값으로 1.5달러만 쓰고 절약된 돈을 모아 그녀가 원하던 새 가구를 구입하는 것이 어떻겠느냐고 제안했다. 그녀로서는 반대하기 어려웠다. 결국 그녀는 더 이상 직원들과 함께 점심식사를 하러 가지 않게 되었다. 남편은 진짜 목적을 숨긴 채 친구와 동료들로부터 그녀를 떼어놓는 데 성공한 것이다.

또 다른 여성은 어머니에게 장거리 전화를 규칙적으로 했는데, 가학적 변태성욕자인 남편은 절약을 핑계로 전화를 한 달에 한 번, 한 번에 10분 이상 하지 못하게 만들었다.

세 번째 젊은 여성은 가학적 변태성욕자와 결혼한 후 가장 가까운 친구들이나 가족들로부터 240킬로미터 이상 떨어진 아름다운 호숫가 저택으로 이사했다. 남편은 꼭 그곳으로 이사 가야 한다고 주장했다. 이사한 지 사흘 후부터 남편은 여자를 신체적·성적으로 학대하기 시작했다. 하지만 그녀는 고립되어 있었기 때문에 도움이나 충고를 구할 수 없었다.

다섯 번째이자 마지막 단계는 처벌이다. 일단 두 사람의 관계가 이 시점에 이르면 사랑과 관심을 가장한 구실은 모두 사라진다. 여성은 가족들과 친구들로부터 고립되고, 이제 자신의 인생에 유일하게 남아 있는 사람, 바로 가학적 변태성욕자에게 전적으로 의지한다.

가학적 변태성욕자는 아내나 여자친구가 변태적인 성적 요구를 받아들이도록 완벽하게 조종한다. 이들은 자신이 시키는 대로 행동하기 때문에 가학적 변태성욕자는 모든 여자는 악하다는 믿음을 확인할 수 있다. 가학적 변태성욕자는 품위 있는 여성이라면 이처럼 구역질나는 행동에 참여하지 않을 것이라는 논리를 편다. 또한 아내나 여자친구가 그런 행동을 함께하기 때문에 처음부터 그녀에게 품었던 증오를 정당화한다. 이들의 비뚤어진 논리에 따르면 그녀는 처벌받아 마땅한 것이다.

앤 이야기는 어떻게 해서 가학적 변태성욕자가 극악무도하게 변하는지 잘 보여준다.

앤 이야기

몇 년 전, 로스앤젤레스 지역 검사 태미아 호프가 로스앤젤레스의 사업가 라일*을 육체적·성적 학대 혐의로 기소하면서 나에게 감정인이 되어달라고 부탁했다. 그렇게 해서 나는 앤*을 알게 되었다.

라일을 만날 당시 앤은 36세의 기혼자로 보험설계사였다. 내가 보기에 앤은 순진하고 사람을 쉽게 믿는 성격이었다. 앤은 남편과의 성생활에 적극적이긴 했지만 어떤 형태든 가학·피학적인 성관계를 해본 적이 없었고 라일을 만나기 전에는 구강성교나 항문성교도 해본 적이 없다고 말했다.

두 사람은 라일이 상당한 규모의 생명 보험에 대해 문의하러 앤의 사무실에 찾아오면서 처음 만났다. 라일은 40세 정도의 남성으로 외모도 적당히 잘생겼고 옷도 깔끔하게 입었다. 앤은 처음 대화를 나눌 때 라일이 무척 상냥해서 깊은 인상을 받았다고 한다. 라일의 표면적인 목적은 사업이었지만, 앤은 그날 두 사람이 각자의 결혼 생활과 인생에서 바라는 것 등을 포함하여 여러 가지 개인적인 이야기도 나누었다고 회상했다.

6개월 후 라일이 전화를 걸어 훨씬 큰 보험에 관심이 있다고 말했다. 두 사람은 비싼 항구 레스토랑에서 만나 점심을 먹었다. 당시 앤은 결혼 생활에 문제가 생겨 의기소침한 상태였다. 앤은 식사를 하는 내내 라일이 늘어놓는 칭찬과 아낌없이 쏟아붓는 집중적인 관심이 무척 반가웠다. 앤에게는 이야기를 동조하며 들어줄 사람이 필요했던 것이다.

라일은 똑똑하고 논리정연했으며 재미있었다. 두 사람의 점심식사는 몇 시간이나 계속되었고, 식사가 끝난 후에는 드라이브를 했다. 결국 두 사람은 모텔에 들어갔는데, 그곳에서 라일이 사려 깊은 잠자리 상대임이 증명되었다.

다음 달 내내 라일은 앤에게 꽃이나 선물을 보내거나 전화를 자주 걸었다. 그는 앤이 무슨 문제든 편안하게 털어놓을 수 있는 절친한 친구가 되어주었다. 두 사람의 성생활도 점점 강렬해졌다. 라일이 구강성교를 해달라고 요구했을 때 앤은 자신의 사랑을 보여주기 위해 그의 요구를 받아들였다. 그는 고마워하는 것 같았고, 그래서 앤도 기뻤다.

라일은 앤에게 남편을 떠나라고 종용했고, 앤은 한 달 동안 남편을 떠나기도 했다. 앤은 남편과 화해를 한 후에도 라일을 만나 성관계를 했다. 그러니 그녀의 결혼이 결국에는 실패했다는 사실이 그다지 놀랍지는 않다.

앤은 남편과 헤어져 아파트로 이사를 한 다음부터 라일에게 자신을 더욱 완전히 내주었다. 그녀의 말에 따르면 앤은 라일과 너무나 깊은 사랑에 빠져 있었기 때문에 그가 자신을 해칠 만한 일을 하리라는 것은 생각조차 할 수 없었다.

그때부터 두 사람의 관계가 변하기 시작했다. 라일은 앤이 강력 코카인을 피우도록 서서히 유도했다. 마약은 두 사람의 관계에서 반복적으로 등장했다. 앤이 라일의 집에 가면 라일은 우선 강력 코카인을 피우게 했다. 어느 날 저녁 앤이 약에 취해 있을 때 라일은 앤과 항문성교를 했다. 그 후 라일은 그해 내내 앤과 질을 통한 성교를 하지 않았다.

라일은 무한한 인내심을 발휘하면서 서서히 앤을 도착과 고통의 세계로 유혹했다. 라일은 앤이 자신에게 감정적으로 의존하게 되었다고 확신하고 나자 엉덩이가 큰 여자가 더 좋다고 말했다. 앤은 라일을 기쁘게 해주기 위해서 칼로리가 높은 음료수를 잔뜩 먹기로 했다. 앤의 엉덩이는 점점 커져감에 따라 라일은 정기적으로 앤의 엉덩이 크기를 재고 사진을 찍었다. 물론 체중이 늘자 앤의 자신감은 더욱 사라졌고 의존심은 더 높아졌다. 그녀는 이렇게 생각하게 되었다. 라일이 아니라면 누가 나를 사랑해줄까?

라일은 앤이 피우는 코카인 양을 점점 늘리면서 커다란 회중전등, 다림질판 다리, 그가 "당나귀 좆"이라고 부르던 커다란 원통형 나무 곤봉 등 외부 물질을 그녀에게 삽입하기 시작했다. 그는 이 모든 행위를 사진으로 기록했고 표와 노트도 만들었다. 증거는 모두 이후의 범죄 수사 과정에서 압수되었다.

거의 모든 가학적 변태성욕자들이 그렇듯 라일은 본디지를 하면서 성적 흥분을 느꼈다. 라일은 밧줄, 허리띠, 수갑을 이용해서 다양한 방법과 자세로 앤을 묶었는데, 모두 그녀에게 고통과 모멸감을 주기 위한 것이었다. 라일은 앤의 양 손목을 양 발목과 같이 묶곤 했다. 또 얼굴을 아래로 행하게 한 다음 손목을 무릎에 묶고 항문성교를 쉽게 하기 위해 엉덩이를 들게 했다. 라일은 정기적으로 앤이 피를 흘릴 때까지 채찍으로 세게 때렸다. 곧 채찍 끝이 해어져서 갈아야 할 정도였다.

가학적 변태성욕자들이 좋아하는 또 다른 환상 속 장치는 노예 계약이다. 라일은 다음과 같은 계약서를 만들어 앤이 서명하게 했다. "나, 앤은 이 계약에 의해 나 자신과 나의 소유물에 대한 완전한 소유권을 라일에게 넘긴다. 그는 완전한 복종을 받을 권리가 있으며 그가 필요하다고 생각하면 처벌을 내릴 권리가 있다. 나는 라일에게 개인적·재정적인 모든 책임이 없음을 인정한다. 나는 내 앞으로 오는 청구서 모두에 대해 책임을 진다. 나는 기꺼이 이 계약을 맺는다." 그녀는 여기에 서명했다.

앤은 나중에 내게 이렇게 말했다. "나는 내가 그의 노예이며 그는 나에게 하고 싶은 일을 무엇이든 할 수 있다고, 심지어는 죽일 수도 있다고 생각하게 되었습니다. 나는 그가 하는 행동을 즐기지 않았고, 그가 내게 그런 행동을 하기 바라지 않았어요. 하지만 내가 협조하지 않겠다고 거부하면 나를 크게 해칠 것이 분명했기 때문에 그의 명령을 따르지 않기가 두려웠습니다. 그리고 그가 원하는 대로 하면 그는 상냥하게 굴면서 그렇게 크게 해를 입히지는 않았어요. 그래서 나는 가능한 한 최고의 노예가 되고 싶었고 그러기 위해 무척 애썼습니다."

라일이 앤에게 강요했던 모욕적인 행동 중에는 적어도 두 명의 다른 남자와 항문성교를 하는 것도 포함되었다. 한번은 라일이 앤을 코카인에 취하게 만든 다음 묶고 때린 뒤 무릎을 바닥에 대고 엎드린 자세로 옷장에 들어가게 했다. 그러고는 다른 남자를 옷장으로 데리고 와서 앤의 항문으로 삽입하게 했다. 앤의 말에 따르면 라일은 다른 남자에게 "저 년 머리가 벽에 부딪칠 정도로 세게 박아"라고 지시했다. 흥미롭게도 라일은 그 남자가 사정을 하지는 못하게 했다.

라일은 앤을 가족과 친구들로부터 격리시켰지만 그녀에게 한 끔찍한 짓을 완전히 숨길 수는 없었다. 앤은 직장에서 능률이 떨어지기 시작했다. 또 멍든 부분을 가리기 위해 계절에 맞지 않는 옷을 입어야 할 때도 몇 번 있었다. 앤은 도움을 청할 곳이 없었기에 끔찍한 학대를 계속 받아들였다.

라일은 급기야 앤에게 직장을 그만두고 전적으로 그의 노예가 되라고 요구했다. 앤이 내게 한 말에 따르면 직업은 그녀를 온전한 정신과 연결해주는 마지막 고리였다. 앤은 라일의 요구에 따라 직장을 그만둔다면 신체적으로든 감정적으로든 살아남을 수 없음을 깨달았다.

어느 날 라일이 나가고 난 다음, 앤은 용기를 냈다. 그녀는 라일이 자신의 엉덩이를 찍은 폴라로이드 사진과 해어진 채찍, 라일이 그녀에게 강요했던 행동을 적어놓은 대본과 피 묻은 옷을 모아서 도망쳤다.

정의를 향한 앤의 여정

앤이 취한 첫 번째 조치는 우선 약물 남용 프로그램에 들어가 라일이 주입한 코카인 습관을 없애는 것이었다. 기나긴 프로그램을 마친 후 앤은 경찰을 찾아 가서 강간, 폭행 및 구타, 불법 감금으로 라일을 고발했다.

앤의 사건을 맡게 된 로스앤젤레스 경찰청의 두 형사는 법정에서 죄가 성립되기 어렵다는 사실을 깨달았다. 앤이 자발적인 피학적 변태성욕자가 아니라고 어떻게 증명할 수 있을까? 하지만 두 사람은 라일이 범죄행위를 저질렀다고 확신했기 때문에 사건을 열심히 수사했다.

사건을 담당한 검사 역시 형사들이 가져온 결과를 살펴본 후 사건을 증명하기가 어렵다고 생각하여 불기소 처분을 내렸다. 1년 후 담당 검사가 태미아 호프로 바뀌었다. 호프는 앤을 위해 정의가 실현되기를 바랐다. 그녀는 앤의 시련을 자세히 듣고 난 후 이렇게 말했다. "그 나쁜 자식을 내가 반드시 법정에 세우겠어요."

앤은 법정에서 라일과 대면하기 두려워했기 때문에 그녀 자신이 잠재적인 장애물이었다. 앤은 스스로에게 라일이 다시 자신을 조종하지 못하게 할 능력이 있는지 확신하지 못했다. 그녀는 동물 인형이 힘을 줄 것이라며 증언을 할 때 동물 인형을 가지고 있게 해달라고 요청했다. 호프는 그녀를 지지했고, 판사도 이 특이한 요청을 받아들였다.

동물 인형은 효과가 있었다. 예비 심문 당시 라일이 가까이 앉아 있었지만 앤은 자신이 겪은 끔찍한 일은 제대로 말했다. 나중에 앤은 자신감과 안도감이 섞인 목소리로 우리에게 이렇게 말했다. "그는 예전만큼 거대해 보이지 않았어요." 나는 이렇게 생각했다. 이 얼마나 멋지고 인상적인 말인가.

호프는 재치 있는 검사였다. 나는 그녀의 전략에 무척 감탄했다. 사실 라일은 앤이 모든 일에 동의한 파트너였다고 주장할지도 몰랐다. 호프 검사도 이 사실을 알았기 때문에 우선 앤의 동의 여부가 별 문제가 되지 않거나 전혀 문제가 되지 않는 혐의들을 바탕으로 라일을 기소했다.

호프는 코카인 불법 소지, 불법 감금, 폭행 구타, 강간 방조로 라일을 기소했다. 강간 방조 조항을 넣을 수 있었던 것은 경찰이 라일의 집에 초대받아 그가 시키는 대로 옷장 안에서 앤과 항문성교를 했던 두 남자 중 한 명의 신원을 밝혀냈기 때문이었다. 그는 유죄 협상 조건의 일부로 라일에게 불리한 증언을 하기로 했다.

라일의 집을 수색하다가 코카인이 발견되었기 때문에 약물 소지를 입증하기는 어렵지 않았다. 불법 감금과 폭행 구타라는 항목은 판사가 앤이 자발적인 참가자가 아니라 진정한 희생자였다고 믿는지 아닌지에 달려 있었다.

호프 검사는 이 힘든 과제를 해결할 역량이 되고도 남았다. 우선 호프는 내가 증언대에 올라 성적 가학증이 무엇이며 가학적 변태성욕자가 동의한 파트너나 동의를 하지 않은 파트너에게 일탈 환상을 어떤 식으로 실현하는지 그 특징을 설명하도록 했다.

라일의 변호사가 내 증언에 반론을 펼칠 여지는 별로 없었다. 내가 그의 의뢰인인 라일이 가학적 변태성욕자라고 말한 것은 아니었기 때문이었다. 나는 단지 한 짐승 같은 인간에 대해 설명했을 뿐 그게 누구라고 특정하지는 않았다.

그런 다음 두 형사가 앤과의 인터뷰에 대해서, 그리고 그 이후 수사 과정에서 알게 된 사실을 효과적으로 증언했다.

다음으로 앤이 증언했다. 당연히 앤은 잔인한 반대 심문을 받았다. 라일의 변호사는 앤의 "자발적 참여"를 증명하려 했고 이미 확인된 사실과 자신의 논리를 엮어 법정 기록에 남기려 했다.

이미 확인된 사실 중 하나는 앤이 몇 달 동안이나 금요일 저녁이면 자동차를 타고 라일의 집으로 가서 월요일 아침에 직장으로 돌아왔다는 것으로, 이는 반박할 수 없는 사실이었다. 앤은 또한 라일을 위해서 개목걸이와 딜도를 포함한 가학적 소도구도 구입했다.

라일의 변호사는 앤이 라일의 사디즘을 견뎠을 뿐 아니라 그러한 행위에 성적 흥분을 느끼는 피학적 변태성욕자임을 보여주려 했다. 앤은 변호사의 고발과 암시에 동요되었지만 동물 인형을 꽉 잡고서 라일의 변호사가 "자발적 참여"라고 부르는 것은 사실 라일의 요구에 응하지 않으면 그가 무슨 짓을 할지 모른다는 두려움일 뿐이었다고 설명하며 변호사의 말에 강력하게 반박했다.

심리가 끝난 후 우리 모두는 검찰 측 증인 중에서 가장 중요한 역할을 한 사람은 정신과 전문가였다는 데 의견을 같이했다. 그는 앤을 몇 시간에 걸쳐 진료했으며, 그녀가 외상 후 스트레스 장애(PTSD)를 겪고 있었으며 따라서 학대에 동의할 능력이 없었다는 소견을 말했다. 라일의 변호사는 당연히 정신과 전문가의 의견을 공격했지만 그는 증언대에서 훌륭한 모습을 보여주었다. 차분하고 확고하고 전문적이고 무척 설득력 있었다.

변호사는 익숙한 전략을 썼다. 증거를 공격할 수 없다면 증거를 수집하는 사람을 공격하는 것이었다. 라일의 변호사는 정신과 전문의에게 캘리포니아 주로부터 돈을 얼마나 받느냐고 물었다. 하지만 그는 법정에서 변호사가 지켜야 할 기본적인 규칙을 잊고 있었다. 바로 답을 모르는 질문은 하지 말라는 규칙이다.

의사는 사례금을 포기했다고 또렷하게 말했다. 사실 그는 이토록 끔찍한 범죄를 본 적도 들은 적도 없었기 때문에 앤을 무료로 진료했으며 보상도 없이 증언하기로 했다. 그는 또한 앤이 외상 후 스트레스 장애에서 회복되었다고 생각할 때까지 무료로 치료해주겠다고 자원하기까지 했다.

변호인 측에서는 더 이상 질문하지 않았다.

변호인 측은 위와 같은 증언이 배심원단에 미칠 영향을 고려하여 위험을 무릅쓰기보다는 유죄 협상을 택하기로 했다. 앤의 경우와 같은 사건에서 유죄 협상은 드문 일이 아니다. 일단 동의에 의한 것이 아니라는 결론이 나오고 나면 변호인 측은 배심원단을 대상으로 재판을 진행해야 한다. 시민으로 이루어진 배심원단은 복잡하고 미묘한 법적 차이보다는 한 인간이 다른 인간에게 얼마나 큰 공포를 가할 수 있는지에 더 집중하게 마련이다.

내 생각에 정신과 전문의나 변호사들을 찾아오는 매 맞는 배우자들 중 대다수는 가학적 변태성욕자의 순응적 희생자일 가능성이 높다. 치료하는 사람은 구타에 초점을 맞출 뿐 나머지 행동에는 관심을 기울이지 않는다는 구타의 마스킹 효과 때문에, 혹은 전문가들이 성적 가학증을 인식할 만한 경험이 없기 때문에 가학적 변태성욕자들의 정체가 드러나지 않을 수도 있다.

내 강의를 들으면서 순응적 희생자 문제를 생각해본 정신과 의사들은 종종 자신을 찾아오는 여자 환자들이 가학적 관계를 맺고 있는 것은 아닌지 여러 가지를 물어보곤 한다. 내 강의를 듣고 변화를 겪은 전문가들에게서 받은 전화나 편지에 따르면 사실 가학적 관계를 맺고 있는 환자들이 많았다고 한다.

슬프게도 성적 가학증의 속성상 순응적 피해자들이 도움을 향해 먼저 손을 뻗기 힘들기 때문에, 아직도 수많은 성적 가학증 관련 사건은 사회에 드러나지 않은 채 남아 있다.

로버트 르로이 앤더슨. 대부분의 가학적 변태성욕 살인자들과 마찬가지로 앤더슨의 살인 환상은 10대 초반까지 거슬로 올라간다. 사우스다코타 주 법무부 제공.

글렌 워커. 글렌 워커는 당국에 라리사 더맨스키 살인 사건을 알려주었고, 앤더슨은 다른 사람을 사주해 워커를 죽이려는 계획을 세웠다. 사우스다코타 주 법무부 제공.

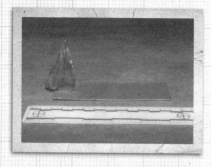

앤더슨의 타이어 스파이크 중 하나.
앤더슨은 자신이 다니던 공장에서 이
와 같은 스파이크를 만들었다.
사우스다코타 주 법무부 제공.

파란색 포드 브롱코. 앤더슨은 파이퍼
스트레일을 납치 살해한 날 수용성
페인트로 차를 검은색으로 덧칠한 다
음, 범행 이후 물로 씻어냈다.
사우스다코타 주 법무부 제공.

파이퍼 스트레일의 찢어진 셔츠(왼쪽)와 앤더슨의 어머니 집에서 찍은 사진(오른쪽). 수사관들은 지하실 천장
과 벽 사이에서 틈새를 발견했다. 손거울로 안쪽을 들여다보자 한 희생자의 목걸이와 또 다른 희생자의 반지
(오른쪽), 총이 발견되었다. 사우스다코타 주 법무부 제공.

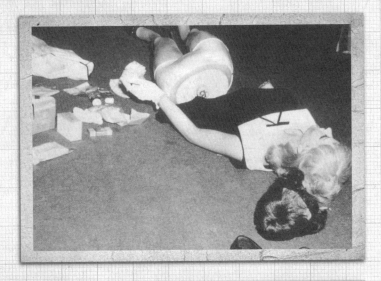

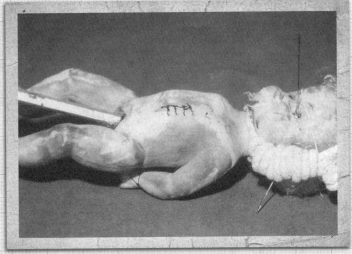

난자당한 인형과 마네킹. 생명이 없는 물건을 대상으로 이상 환상을 실현한다고 해서 모두 범죄로 이어지는 것은 아니다. 그러나 이와 같은 행동은 폭력적 환상을 처음으로 보여주는 증거일 수도 있다.
로이 헤이즐우드의 자료.

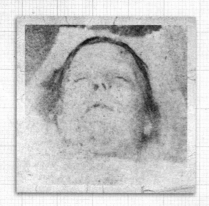

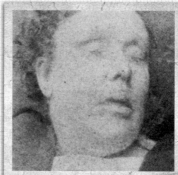

폴리 니콜스, 애니 채프먼, 엘리자베스 스트라이드(시계 방향). 토막 살인자 잭에게 희생된 매춘부들.
로이 해이즐우드의 자료.

패리언 애드워드 워드립. 텍사스
연쇄살인범 워드립은 체포될 당시
친구들에게 목사가 될 계획이라고
말하고 다녔다.
위치타 카운티 지방 검찰 제공.

제임스 미첼 드바들레벤. 위조범, 강간범, 유괴범이자 가학적 살인자. 드바들레벤은 자신의 범죄와 환상을 자세
하게 기록했다. 미국 정부 비밀수사국 제공.

크리스토퍼 디스테파노가 크리스틴 버저호프(아래)의 벌거벗은 시체를 유기한 주차장(위) 펜실베이니아 주 경찰 제공.

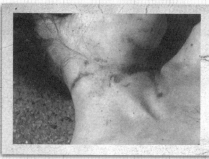

마사지 가게 앞쪽에 있는 버저호프 책상. 손댄 흔적이 없다. 펜실베이니아 주 경찰 제공.

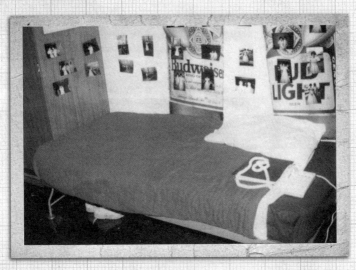

크리스틴 버저호프의 "제단"과도 같은 디스테파노의 침실. 펜실베이니아 주 경찰 제공.

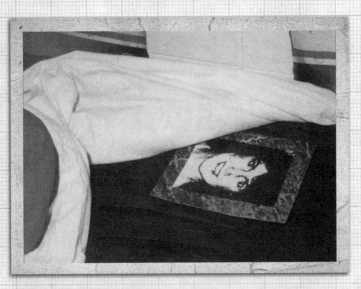

디스테파노의 침대 커버 아래에서 버저호프의 사진이 발견되었다. 펜실베이니아 주 경찰 제공.

금고가 떼어진 벽장. 선반에서 금고를 떼어낼 때 사용한 망치가 보인다. 펜실베이니아 주 경찰 제공.

마사지 침대. 나뭇조각과 옷걸이, 벽장 선반에서 금고를 떼어내는 데 사용한 드라이버 두 자루가 놓여 있다. 펜실베이니아 주 경찰 제공.

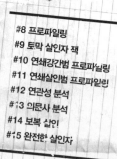

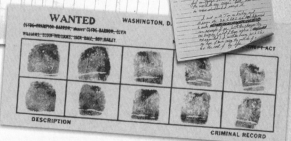

WANTED   WASHINGTON, D.

DESCRIPTION

CRIMINAL RECORD

PROFILER NOTE

THE UNAUTHORIZED DISCLOSURE OF THE INFORMATION CONTAINED
IN THE ATTACHED DOCUMENTS COULD RESULT IN SERIOUS DAMAGE TO
THE UNITED STATES

RESPONSIBILITY OF PERSONS HANDLING THE ATTACHED DOCUMENTS

I can use the necessary safeguards to prevent unauthorized access to
never leaving the documents unattended except when properly secured in a
could safe

신원 불명의
살인자를 찾는
프로파일러

02

#8 프로파일링

프로파일러가 개입하기 위한 조건은 다음과 같다. 폭력 범죄이거나 그럴 가능성이 있어야 한다. 미해결 범죄여야 한다. 유력한 가능성이 모두 제외된 상태여야 한다.

화학자 알베르트 센트 디외르디는 이렇게 말했다. "발견이란 다른 모든 사람들과 똑같은 것을 보고 아무도 생각지 못한 것을 생각하는 것이다."

헝가리의 노벨상 수상자 센트 디외르디가 말한 발견은 비타민C였지만, 그의 생각은 일탈 범죄자 연구, 특히 일탈 범죄자 프로파일링에도 잘 들어맞는다. 프로파일링은 제대로만 하면 어떤 범죄에서 전에는 눈에 띄지 않았거나 이해되지 못했던 중요한 특징을 드러내고 해석해주는 세세한 분석이다. 프로파일링은 어떤 사건을 아무도 생각하지 않았던 방식으로 생각해보는 것이다.

한번 해보자.

별로 멀지 않은 어느 여름 목요일 오전 2시, 어느 주 경찰관이 커피를 한 잔 마시려고 편의점에 들렀다. 교통량이 많은 4차선 도로가에 위치한 가게였다. 가게 문은 열려 있고 불도 모두 켜져 있었지만 직원 캐시*(18세)의 모습은 어디에도 보이지 않았다.

캐시의 차는 바깥에 주차되어 있었다. 현금 등록기가 있는 카운터에는 4분의 1 정도 남은 초코 우유와 설탕가루가 입혀진 미니 도넛 한 상자가 있었는데 우유팩에는 막 물기가 맺히기 시작한 상태였다. 캐시의 지갑은 평소와 마찬가지로 카운터 뒤쪽 선반에 놓여 있었다. 지갑의 내용물이 없어진 것 같지는 않았다.

가게에는 경보 장치도 감시 카메라도 없었다. 몸싸움을 한 흔적도 없었고 현금등록기에는 돈이 알맞게 들어 있었으므로 절도도 아니었다. 뒷문은 잠긴 채 사슬로 묶여 있었다.

경찰관은 카운터 아래에서 전화기를 발견했다. 전화 회사 기록에 따르면 캐시는 그날 아무 데도 전화를 하지 않았다. 신원이 밝혀진 마지막 손님은 오전 1시 10분에 술과 우유를 구입한 젊은 남성이었다. 그는 캐시의 실종과 아무런 관련이 없다고 밝혀졌다.

9개월 뒤 토끼 사냥꾼 두 명이 편의점에서 43킬로미터 정도 떨어진 곳에서 캐시의 유골을 발견할 때까지 캐시의 행방은 오리무중이었다. 토끼 사냥꾼들이 사냥을 하던 외딴 지역은 비포장도로를 통해서만 갈 수 있었고, 비포장도로는 농장과 초원이 많은 5평방킬로미터 정도의 미개발 토지로 이어졌다. 땅 소유주는 다른 주에 살고 있었고 토지세만 낼 뿐 토지를 전혀 사용하지 않았다.

사냥꾼들은 도로에서 460미터 정도 걸어 들어간 곳에서 란제리 몇 가지와 포르노 잡지, 공기 주입식 인형을 발견했다. 두 사람은 이상한 물건들을 무시하고 계속 사냥을 했다. 숲 속으로 230미터쯤 더 들어가자 빽빽하게 웃자란 관목 사이로 오솔길이 나왔다.

두 사람은 약 38미터쯤 더 들어간 곳에서 직경 3.5미터 정도 되는 원형 빈터를 발견했다. 빈터 한가운데에는 커다란 X자 나무 고문대가 똑바로 서 있었다. 고문대 꼭대기에는 나무 장대가 있었고 장대에는 밧줄이 달려 있었다. X자로 세워진 나무 가로대 두 개에는 가죽 끈이 각각 세 개씩 붙어 있었다. 고문대 중앙에는 비바람에 해어진 것이 틀림없는 여성용 슬립이 걸려 있었다.

이들은 즉시 경찰에 신고했다.

시체와 증거물

현장에서 경찰의 눈에 띈 물건 중 하나는 색이 들어간 플라스틱 피복 전선이었다. 전선은 공터 밖에서 안으로 들어왔다가 다시 공터 밖으로 길게 이어져 있었다. 전선 한쪽은 사냥꾼들이 따라온 오솔길을 따라서 이어져 인형과 란제리, 포르노그래피를 지나 도로까지 연결되어 있었다. 다른 쪽 끝은 고문대에서 반대쪽으로 이어졌다. 전선을 15미터 정도 따라간 수사관들은 흩어진 뼈와 너덜너덜해진 옷을 발견했다. 캐시의 유해였다.

캐시의 옷은 입고 있는 상태에서 잘려나간 것으로 보였다. 목 주변에는 캐시의 브래지어 조각과 옷걸이를 구부려서 만든 원형 고리 두 개가 있었다. 한쪽은 직경 13센티미터 정도였고 다른 쪽은 7.5센티미터 정도였다. 두 고리에는 희생자의 모발이 감겨 있었다.

캐시의 유해에서 뼈가 부러진 부분은 없었다. 검시관은 캐시가 작은 고리로 교살되었다고 결론 내렸다.

피해자와 신원 불명의 범인

내가 이 사건에서 맡은 역할은 평소와 달랐다. 경찰은 이미 용의자를 확보했지만 증인이 될 수 있는 용의자의 전 부인에게 접근하기 위해 나의 협조를 요청했다. 그러기 위해서는 우선 용의자와 전 부인의 관계에 대해 알아야 했다. 용의자가 어떤 사람인지 편견 없이 알 필요가 있었다.

일탈 범죄자가 어떤 사람인지 알려주는 가장 훌륭한 정보원은 그의 작업 결과물이다. 그래서 나는 살인자의 프로파일을 만들기 위해 우선 범죄 현장 자료를 살펴보고 싶다고 요청했다. 자료를 해석해보면 용의자가 어떤 사람인지 알 수 있을 것이고, 그러면 전 부인과 어떤 방식으로 인터뷰해야 할지 알 수 있다.

사건 자료를 살펴본 다음 생각할 문제는 언제나 피해자에 대한 것이다. 살해된 사람은 어떤 사람인가? 이것은 중요한 정보다. 캐시에게 어떤 일이 일어났는지 알려면 먼저 그녀가 어떤 사람이었는지, 즉 성격적 특징, 버릇, 직업, 생활방식, 성 행동을 모두 알 필요가 있었다.

캐시는 성범죄 피해자로는 특이한 유형이었다. 그녀는 대학 등록금을 벌기 위해 편의점에서 일하고 있었다. 캐시는 술을 많이 마시지 않았고 약물과도 전혀 관련이 없었다. 그녀에게는 남자친구가 있었고 범죄자와 연관될 만한 습관이나 관심사는 없었다. 중요한 위험 요소는 편의점에서 야간에 근무를 한다는 점이었다(경찰들은 편의점 범행을 "잠깐 들러 털기"라고 부른다).

캐시를 아는 사람들은 승산이 조금이라도 있었다면 그녀가 공격자에게 맞서 싸웠을 것이라고 말했다. 그러나 가게에서 몸싸움의 흔적이 발견되지 않았기 때문에 몇 가지 가능한 시나리오가 생겼다. 캐시는 아는 사람에 의해 납치되었을 수도 있다. 아니면 납치범이 캐시를 속여 가게를 나오도록 했을 수도 있다. 예를 들어 누가 그녀의 자동차 유리를 깼다고 말했을지도 모른다. 혹은 범인이 총을 가지고 있었을지도 모른다. 아니면 납치범이 여러 명이었을 수도 있다. 행동 단서를 찾다 보면 사건을 설명할 수 있는 요소가 정말 많이 발견된다.. 중요한 것은 단 하나의 가능성에만 매달리지 않고 열린 마음을 유지하는 것이다.

캐시는 붐비는 도로가에 위치한 밝은 사업장에서 사라졌다. 편의점은 언제 누가 들어올지 모르는 곳이므로 범인이 통제할 수 있는 장소는 아니다. 내 생각에 범인은 다른 사람에게 목격되거나 방해를 받거나 신원이 밝혀질 수도 있는 큰 위험을 감수했다.

다음으로는 납치 장소를 살펴보았다. 경찰이 보내온 사진을 보니 도넛은 가게 한쪽에 진열되어 있었고 우유는 반대쪽에 진열되어 있었다. 범죄와 관련 없는 사람이 도넛과 우유를 카운터에 놓았을 가능성을 배제할 경우, 도넛과 우유가 범행 수법을 보여주며 단독범의 소행일 확률이 높음을 보여준다고 추측할 수 있다. 가능성 있는 범죄 재구성이 드러났다. 신원이 알려지지 않은 범인은 필요한 물건을 찾는 척 침착하게 가게 안을 돌아다니면서 사실은 다른 사람이 있는지, 감시 카메라가 있는지 살펴본 것이다.

이 시나리오는 범인이 신중하고 조심스러운 사람이었으며, 가능한 한 위험을 줄이고 싶어 했음을 암시한다. 그는 캐시에게 아무런 의심도 받지 않고 아무렇지 않게 도넛을 카운터로 가져온 다음 다시 돌아가서 우유를 가져왔을 수 있다. 그러면서 그는 편의점이라는 장소를 파악했을 것이다.

현금등록기나 캐시의 지갑에서 없어진 것이 없다는 점에서 범인의 목적은 돈이 아니라 캐시였다고 결론 내렸다. 도넛 상자나 우유팩에서는 지문이 발견되지 않았다. 범인이 장갑을 끼고 있었거나 도넛 상자와 우유팩을 깨끗이 닦았다는 뜻이다. 범행은 6월에 일어났으므로 장갑을 끼는 것은 계절에 맞지 않았을 테니 닦아냈다고 추측하는 편이 더 논리적이다.

다음으로 생각해볼 것은 우리가 다루고 있는 살인자가 조직적인가 비조직적인가 하는 문제다. 그때까지 발견된 증거를 미루어보아 나는 조직적인 범인이 캐시를 납치하여 살해했다고 생각했다.

조직적 범죄자와 비조직적 범죄자를 구별하는 간단한 방법은 범행 현장 증거를 바탕으로 범인이 고의적이고 경험이 많은지 아니면 서두르면서 부주의하고 실수를 하는지 살펴보는 것이다. 조직적 범죄자는 보통 자신이 선호하는 무기와 범행에 필요한 물건을 가지고 온다. 그리고 그는 가능한 한 자신이 누구이며 무엇을 했는지 증거를 거의 남기지 않는다. 반면에 비조직적 범죄자는 앞일을 미리 생각하지 않는다. 그는 무기로 쓸 수 있는 것은 무엇이든 이용하여 충동적으로 행동하며 쉽게 발견될 수 있는 곳에 피해자를 남겨두고 자기 신원을 밝힐 수 있는 충분한 증거(지문이나 혈액)도 남긴다.

캐시의 차가 그대로 있다는 것은 신원 불명의 범인이 조직적이라는 또 다른 증거였다. 이것은 범인이 자기 차를 타고 편의점에 왔다가 다시 자기 차를 타고 떠났다는 뜻이었다. 캐시의 차가 없어졌다면 우리는 범인이 편의점까지 걸어왔거나 적어도 다른 교통수단이 없었을 것이라고 생각할 수 있는데, 이것은 비조직적 범죄를 나타내는 하나의 징후다.

범행 현장

다음으로 생각해봐야 할 문제는 범인이 캐시를 데리고 간 장소다. 범인은 이 장소를 미리 준비한 것으로 보이는데, 이 역시 그가 조직적이라는 뜻이다. 범인이 선택한 범행 현장은 그가 야외에 익숙하며 야외에서 편안함을 느낀다는 사실을 보여주었다. 플라스틱 피복 전선은 그런 인상을 더 강하게 했다. 나는 범인이 어두운 밤에 나무가 빽빽한 지역에서 회중전등 없이도 길을 찾아가기 위해서 전선을 준비해두었을 것이라고 추측했다.

군대에서도 이와 비슷한 방법을 사용한 적이 있었다. 무선 통신이 등장하기 전, 군인들은 본부에서 전방 지역까지 통신 전선을 설치했다. 본부로 돌아가는 사람에게는 "통신 전선을 따라가라"고 말했다. 나는 범인이 생각이 깊은 사람이라고 추측했다.

캐시의 목에 둘러져 있던 브래지어는 원래 재갈로 사용되었다가 캐시의 시체가 부패하면서 아래로 미끄러졌을 것이다. 두 원형 고리 역시 특정한 기능을 했을 것이다. 범인은 13센티미터짜리 원형 고리를 캐시의 목에 씌운 다음 원형 고리에 끈을 묶어 어둠 속에서 '통신' 전선을 따라가면서 그녀를 끌고 갔을 것이다. 캐시의 손목도 분명히 묶여 있었을 것이다. 나는 사실상 캐시를 죽음에 이르게 한 무기는 7.5센티미터짜리 고리라는 검시관의 생각에 동의했다. 범인은 자신의 일탈 환상을 모두 실행에 옮긴 후 고리로 천천히 캐시를 교살했을 것이다.

사냥꾼들이 발견한 속옷과 잡지, 공기 주입식 인형은 범죄와 관련이 없어 보였다. 우선 잡지는 날짜가 캐시의 납치 시점보다 전인 것도 있고 후인 것도 있으며 잡지 내용도 '소프트' 포르노그래피에 속했다. 누구인지는 모르겠지만 잡지를 가져온 사람은 이 외딴 장소에 정기적으로 찾아와서 다른 사람의 방해를 받지 않고 자위를 하는 사람일 것이다. 란제리는 대체로 비바람에 낡은 상태였지만, 비교적 새 것으로 보이는 다양한 크기와 유형의 란제리도 있었다.

경험상 나는 이러한 물건을 이용해서 자기성애를 충족하는 사람은 우리가 찾는 살인자보다 훨씬 더 수동적이라고 추측했다. 캐시를 잡아서 고문대에 묶은 다음 천천히 고통스럽게 죽인 사람이 소프트 포르노그래피를, 그것도 이렇게 아무렇게나 간직하지는 않았을 것이다. 캐시를 죽인 살인자는 가학적 변태성욕자였다. 그러므로 범인은 본디지, 항문성교, 감금에 관한 포르노그래피를 수집하여 정성 들여 보관할 것이다. 그는 수집품을 무척 소중히 여겨서 비바람에 낡거나 다른 사람이 훔쳐갈 수 있도록 아무렇게나 놓아두지 않을 것이다.

이 사건 이야기를 들을 때마다 청중은 늘 플라스틱 피복 전선이 그곳을 지났다는 사실을 이상하게 여겼다. 공터의 고문대와 캐시의 유해가 있는 장소까지 이어지는 전선이 잡지와 인형, 잡다한 속옷이 있는 장소를 지난 것은 단지 우연일까?

짧게 말하면, 그렇다. 나는 이 외딴 장소가 강간 살인범에게 유혹적이었듯이 다른 성적 목적을 가진 사람들에게도 유혹적이었으리라고 지적할 뿐, 완전히 설명할 수는 없다.

예를 들어, 테드 번디는 한날 오후에 두 여성을 납치하여 시애틀 근처

새머미시 호수 주립 공원에서 죽였는데, 근처 삼림지대를 수색한 결과 여성의 속옷이 26벌이나 발견되었지만 테드 번디에게 살해당한 피해자 것은 없었다.

범죄를 수사하다 보면 보통 근처에 살거나 피해자를 알거나, 범행 장소에 가보았지만 해당 성범죄와는 전혀 상관없는 성도착자가 나타나기도 한다.

또 하나의 중요한 정보는 고문대였다. 가학적 변태성욕자인 범인은 고문대를 가장 좋은 목재로 만든 다음 주로 고급 선박을 만들 때 쓰는 스파 도료를 칠했다. 고문대는 범인에게 굉장히 중요했으며, 분명 그의 일탈 환상과 관련이 있었을 것이다.

고문대는 못도 나사도 없이 나무 맞춤못과 접착제로만 만들어졌다. 가죽 끈은 팔목, 허벅지, 발목을 묶을 수 있는 곳에 위치했다. 가죽 끝은 나무대에 그냥 덧붙여둔 것이 아니라 나무에 단단하게 물려 있었다. 여기에서 범인이 성적 본디지에 흥미가 있음이 분명히 드러난다.

캐시의 옷이 입고 있던 상태에서 잘렸다는 것은 고문대에 묶일 때 옷을 입고 있었다는 뜻이다. 브래지어는 입을 막는 재갈로 사용되었다. 그런 자세였다면 캐시는 분명 고문과 성폭행을 당하기 쉬웠을 것이다.

- 범죄 현장이 외딴 야외에 위치하고 있으며 상당한 준비가 필요했다는 점은 범인이 야외에 익숙했음을 시사한다. 나는 프로파일이 점점 형태를 잡아감에 따라 범인이 사냥이나 낚시처럼 야외에서 즐기는 취미를 가지고 있으리라는 사실에 주목했다.

→ 그는 캠핑을 무척 좋아하는 것으로 밝혀졌다.

• 나는 범인이 야외 활동을 즐긴다는 사실에 고문대의 크기까지 계산에 넣어 그의 차가 크고 튼튼한 종류일 것이라고 추측했다. 또 분명 꼼꼼하기 때문에 차량의 유지 상태도 좋을 것이다.

→ 그는 캠핑용 지붕이 달린 아주 깔끔한 4동구륜 픽업트럭을 몰았다.

• 범인이 본디지를 즐기는 가학적 변태성욕자라고 생각했기 때문에 프로파일에서 그가 본디지 용품 컬렉션을 가지고 있으리라 예상했다.

→ 그는 본디지 잡지들뿐 아니라 수갑 한 쌍을 가지고 있었고 아내를 결박했다.

• 가학적 변태성욕자의 대다수는 백인 남성이며 이 사람 역시 예외는 아닌 듯했다. 그가 보여준 조직성이나 주의 깊은 태도는 그가 어리지 않다는 사실을 암시했다. 나는 그의 나이가 20대 후반에서 30대 초반이라고 추측했다.

→ 그는 36세의 백인 남성이었다.

• 고문대를 솜씨 좋게 만든 것으로 보아 그는 육체 근로자일 것이다.

→ 그는 기계공이었다.

• 나는 용의자가 결혼을 한 적이 있다는 이야기를 경찰에게서 들었다. 가학적 변태성욕자에 대한 나의 연구에 비추어보아 그는 아마도 전 부인을 성적·육체적으로 학대하며 지배했을 것이다.
→ 범행 당시 그는 결혼한 상태지만 몇 달 후 아내가 그를 떠났다. 그가 억지로 항문성교를 하려다가 아내의 팔을 부러뜨렸기 때문이었다.

• 나는 그가 만약 군대 경험이 있다면 육군에 복무했을 것이라고 말했다. 군대 복무 경험이 있는 좀 더 공격적인 성범죄자들은 육군이나 해병대가 가장 마초적이며 따라서 자신들이 생각하는 자아상에 더욱 어울린다고 생각한다.
→ 범인은 군대에 복무한 경험이 있었다.

• 범죄가 무척 복잡하고 다양한 요소가 포함되어 있으며 미리 상세한 계획을 세웠다는 분명한 증거가 있기 때문에 범인의 지능이 평균 중에서도 상위이거나 혹은 그 이상이라고 추측할 수 있었다. 그러나 그가 고등학교 이상의 학력을 가지고 있지는 않으리라 예상했다.
→ 그의 지능은 평균 중 상위에 속했고 군대 복무 시절 일반 고등학교 자격시험으로 고등학교 졸업장을 땄다.

- 나의 연구에 따르면 이런 사람들이 보통 겉보기에는 다정하고 외향적이기 때문에 범인이 훌륭한 유머 감각을 가진 외향적인 사람이라고 설명했다.

  → 그의 친구들은 그의 삶을 "파티 같은 삶"이라고 묘사했다.

- 조직적인 살인자들은 체포될 위험을 줄이기 위해서 종종 전혀 모르는 낯선 사람을 피해자로 선택한다. 따라서 살인범이 캐시가 전혀 모르는 사람일 것이라고 추측했다.

  → 실제로 그랬다.

- 조직적인 살인범들은 자기 동네를 벗어나서 범행 대상을 고르는 경향이 있다. 캐시의 살인범 역시 납치 장소나 유기 장소에서 상당히 먼 거리에 살고 있으리라 추측했다.

  → 그의 집과 직장은 두 장소 모두에서 64킬로미터 이상 떨어진 곳이었다.

프로파일의 기술

캐시를 살해한 범인을 정확히 그려보기 위해서 뛰어난 심령 능력이 필요한 것은 아니다. 초능력, 천리안, 직감, 흑마술 따위는 필요 없다. 프로파일링은 범죄에 관한 사실과 범죄 및 범죄자에 대한 경험을 토대로 하는 순수한 추론일 뿐이다.

1978년 내가 행동과학부에 들어갔을 때, 프로파일링은 행동과학부의 몇몇 요원이 다른 업무가 없고 지방 법집행관이 특별히 요청을 할 때에만 비공식적으로 제공하는, 별로 알려지지 않은 서비스였다. 보통 FBI 국립 아카데미에 선발된 경찰관이 콴티코 기지로 올 때 기이한 미결 사건을 가지고 와서 우리의 도움을 구했다. 우리는 기록을 검토하고 난 후 신원이 밝혀지지 않은 범인의 성격과 특징이 이러이러할 것이라는 최선의 의견을 제시했다.

처음에 우리는 이 작업을 "정신과학적 프로파일링"이라고 불렀다. 그러자 정신과 전문가들이 '정신과학적'이라는 이름이 잘못된 인상을 줄지도 모른다고 항의했다. 그들이 옳았다. 우리는 면허를 받은 정신과의가 아니었다. 그래서 우리는 "범죄자 인격 프로파일링"이라고 부르기 시작했다. 다시 한 번 민감한 문제에 부딪혔다. 고작 연방수사국 요원 몇 명에 불과한 우리가 인간의 인격을 어떻게 안다는 말인가?

우리는 "범죄 수사 분석"으로 이름을 다시 한 번 바꾸었고, 이번에는 아무도 항의하지 않았기에 이 용어가 자리를 잡았다. 결국 범죄 수사 분석(Criminal Investigative Analysis, CIA)은 프로파일링뿐 아니라 행동과학부 내에서 수행되는 여러 가지 업무를 모두 가리키는 말이 되었다.

비공식 업무였던 프로파일링은 금방 진화했다. 경찰관들은 용의자의 신원이 이미 밝혀졌거나 범인을 구금하고 있을 때도 프로파일링을 요청하기 시작했다. 이들은 자신들이나 용의자의 인격 혹은 행동에 의해 나타난 것일 수 있는 여러 가지 문제에 대해 우리의 의견을 듣고 싶어 했다. 때때로 경찰은 인터뷰 전략을 제시해달라고 요구하기도 했고, 어떤 때는 수색 영장 목록에 어떤 물건 유형을 넣어야 할지 알고 싶어 하기도 했다.

그들의 질문은 대체로 이런 것이었다. 어떤 사람이 어떤 방법으로 살인을 저질렀는지, 혹은 어떤 방법으로 시체를 처리했는지 제시해줄 수 있는가? 신원이 밝혀지지 않은 범인을 잡으려고 할 때 어떤 수사 전략이 가장 성공적인가? 특정 유형의 사건과 피고에 대해서 어떤 재판 전략을 써야 하는가?

광범위한 요구에 응하기 위해서 우리가 개발한 기술 중 하나는 간접 인격 평가(Indirect Personality Assessment, IPA)였다. 간접 인격 평가는 특정인과 관련된 정보를 가능한 한 자세히 모아서 그의 약점과 강점을 알아내는 것이다. 그런 다음 이렇게 얻은 정보를 밝혀진 범죄 행위와 연결하여 법을 집행할 전략을 개발한다.

프로파일러는 흥미로운 수사 기법을 제시하여 범인의 범죄자 유형을 알아낸다. 그리고 범인을 언제, 어떻게 취조할지 제안한다. 어떤 유형의 범죄자들은 끈질기게 동조적으로 접근할 때 가장 잘 반응하는가 하면, 또 어떤 범죄자들에게는 뒤에서 어깨에 손을 한 번 올리는 것만으로도 큰 효과가 나타날 수 있다.

프로파일러는 검사에게 최초 변론의 내용과 반대 심문 전략, 심지어는 증인 출두 순서에 대해서까지 충고한다. 애틀랜타의 아동 살인범 웨인 윌리엄스 재판에서 검찰이 택한 전략이 좋은 예다.

우리는 연관성 분석이라는 서비스도 제공한다. 연관성 분석은 일련의 범죄에서 드러나는 행동을 조사하여 한 사람이 모든 범죄 혹은 일부 범죄에 책임이 있는지 가능성을 평가하는 것이다.

의문사 분석도 행동과학부의 전문 분과가 되었다. 의문사 분석은 이용할 수 있는 증거를 가늠하여 의뢰받은 사망 사건이 살인, 자살, 사고 중 어느 것일 확률이 가장 높은지 결정한다. 훨씬 많은 변수를 다룬다는 점만 제외하면 의문사 분석도 역시 프로파일링과 비슷하다.

프로파일링은 법 집행 분야 용어 중에서 사용 빈도가 높다. 마약 운반 프로파일, 아동 성추행 프로파일, 테러리스트 프로파일은 물론 인종 프로파일링까지 있다. 이제 프로파일이라는 용어는 사회 전반에서 쓰인다. 요즘 우리는 의학 프로파일, 정신과 프로파일, 심지어는 항공사 주요 고객 프로파일이라는 말도 자주 듣는다.

행동과학부에서 쓰는 의미에 따르면 프로파일은 신원이 밝혀지지 않은 사람의 성격과 특징을 목록으로 만드는 것이다. 그렇다고 신원이 밝혀지지 않은 사람의 이름과 주소를 알려준다는 뜻은 아니다. 하지만 프로파일링을 제대로 하면 범죄자의 성격 유형을 밝혀 경찰이 수사의 초점을 좁히는 데 도움이 된다.

프로파일링은 객관적이라기보다는 주관적이고, 과학이라기보다는 기술이며, 범죄를 해결하는 마법이라기보다는 하나의 수사 도구다. 나는 절대로 어떤 사람이 내가 만든 프로파일에 맞기 때문에 그 사람이 범죄를 저질렀음이 분명하다고 증언하지는 않는다. 마찬가지로 프로파일이 체포나 수색 영장을 발급받기 위해 제출하는 증빙서류에 반드시 포함되어야 한다고 생각하지 않는다. 수색 영장 발급 근거로는 수사관이 자신이나 다른 사람의 경험과 연구를 통해 도출한 증거가 훨씬 더 적당하다.

나는 또한 프로파일링이라는 분야에 들어오고 싶어 하는 사람들에게 아주 조심하라고 강력하게 충고하고 싶다. 돈을 내면 프로파일링을 가르쳐주겠다는 사기꾼의 숫자가 점점 많아지고 있다. 몇몇은 심지어 교육을 받고 나면 일자리를 소개해주겠다고 말하기도 한다. 주의 깊게 접근하자!

마법의 만병통치약이라도 파는 척하는 이런 사기꾼들이 겉보기에는 프로파일링 지식과 용어에 정통해 보일지 모르겠지만, 이들이 파는 것은 사실이 아니라 동화 속 꿈같은 이야기다. 어떤 여성은 "전문" 교육을 해 준 후 고용을 보장해주겠다는 사람에게 1,000달러를 냈다고 한다. 하지만 교육이 끝난 후 고용할 시점이 다가오자, 안 됐지만 프로파일링 일자리가 모두 찼다는 말을 들었을 뿐이다.

내가 아는 한 유일하게 적법한 프로파일링 코스는 콴티코 기지에 있는 연방수사국의 국립폭력범죄분석센터밖에 없다. 이곳에는 1980년대 중반부터 행동과학부에서 시작된 1년 과정의 경찰 특별 연구원 프로그램이 있으며, 국립폭력범죄분석센터에서 훈련을 받은 경찰들이 가르치는 예비 경찰 프로그램이 마련되어 있다.

프로파일 대상의 기준

프로파일이 할 수 있는 것과 없는 것을 처음 정의할 때 우리는 행동분석적 방법의 대상이 되는 범죄의 세 가지 기준을 마련했다.

1. 폭력 범죄이거나 그럴 가능성이 있어야 한다.
2. 미해결 범죄여야 한다.
3. 유력한 가능성이 모두 제외된 상태여야 한다.

사실 프로파일링은 비폭력 범죄에도 적용될 수 있지만 우리는 업무량을 적당히 조절하기 위해 검토할 사건 유형을 제한하기로 했다.

내가 행동과학부에서 일한 지 얼마 되지 않았을 때 일어난 불쾌한 사건은 우리가 프로파일링을 미해결 범죄에만 제한하게 된 이유를 잘 보여준다. 내 수업을 듣던 두 형사가 따로 시간을 내어 수사 중인 살인 사건을 살펴봐 달라고 요청했다. 수업이 끝난 후 나는 몇 시간 동안이나 범죄 현장 사진과 현장에 있던 물건들을 살펴보면서 두 사람에게 여러 가지 질문을 했다.

마침내 내가 추측한 살인범 유형 프로파일을 설명해주었다. 내 말이 끝나자 한 명이 이렇게 말했다. "선생님이 정말 맞습니다. 정말 그런 사람이었습니다."

나는 그게 무슨 뜻이냐고 물었다. 그들은 사건이 해결되었으며 범인이 처벌을 기다리고 있다고 설명했다. 그들은 단지 내가 강의하고 있는 내용을 제대로 알고 있는지 확인하고 싶었던 것이다! 그때부터 프로파일링 대상은 "미해결 사건"이어야 한다는 단서가 붙었다.

우리는 또한 범죄 수사나 기소를 담당하는 기관으로부터만 사건을 의뢰받는다는 규칙을 세웠다. 한 관할 기관이 다른 관할 기관을 곤란에 빠뜨리거나 자신의 시각이 옳다는 것을 증명하려고 프로파일을 요청할 가능성을 배제하기 위해서다. 이렇게 하면 필요한 정보를 가진 기관의 협력을 얻을 수도 있다.

프로파일링에서 가장 중요한 부분은 행동이기 때문에 알려지지 않은 범죄자가 어떤 사람인지 알려줄 정보가 충분하지 않은 범죄 사건도 있다. 프로파일을 만들기 가장 어려운 경우에는 ①사인이 알려지지 않은 경우 ②피해자 신원이 밝혀지지 않은 경우 ③연구하거나 분석할 행동이 부족한 경우 등이 있다.

증거가 유골밖에 없고 피해자가 어떻게 죽었는지 알려주는 법의학적 정보가 없는 사건에서 살인자가 어떤 유형인지 소견을 밝힐 수 있는지 묻는다면, 나는 불가능하다고 대답하겠다.

피해자의 신원이 밝혀지지 않은 경우에는 여러 가지 장애물이 많다. 캐시의 사건처럼 프로파일링은 피해자에 대해 아는 것에서 시작한다. 피해자가 여성이라면 그녀가 주부인지, 학생인지, 약물을 남용했는지, 히치하이킹을 했는지, 음주벽이 있는지, 매춘부인지, 성적으로 문란했는지, 덕망 있는 사람이었는지 먼저 물어본다. 각 가능성은 사건을 제각기 다른 방향으로 이끈다. 피해자는 폭력적인 공격에 어떻게 반응했을 것인가? 전혀 모르는 사람을 집으로 데려갔을 것인가? 이러한 질문의 답을 모른다면 우리가 하는 것은 분석이 아니라 추측일 뿐이다.

또한 강간범이 말 한 마디 하지 않고, 육체적인 폭력 없이 질을 통한 성교 이외에는 아무런 성적 행동도 하지 않은 경우를 가정해볼 수 있다. 이 상황에는 연구할 만한 행동이 충분치 않으며, 이런 경우 분석할 거리가 아무것도 없다. 총을 단 한 발 쏘아서 죽인 살인 사건도 마찬가지다. 프로파일링을 하려면 구체적인 내용이 필요하다. 프로파일러가 수정 구슬을 보면서 사건을 푸는 것은 아니기 때문이다.

프로파일러에게 필요한 자질

프로파일링이 모든 사람에게 적합한 일은 분명히 아니다. 성공적인 프로파일러가 되려면 몇 가지 자질이 요구된다.

나와 존 더글러스, 로버트 레슬러는 행동과학부 프로파일링 부서에 지원하는 FBI 요원들의 면접을 담당했다. 지원자 모두 훌륭한 수사 기록을 가지고 있었고 소속 FBI 부서의 부장에게서 최고의 추천을 받았다. 그렇다고 해서 이 후보자들이 프로파일링 훈련이나 업무에 적합하다는 뜻은 아니다. 이때 우리가 만든 기준은 지금까지도 사용되고 있다.

우선 우리는 인생 경험을 원했다. 우리가 원하는 사람은 성숙하고, FBI에 들어오기 전에도 성공적인 삶을 살았으며, 적어도 FBI에서 5년 정도 수사 경험이 있는 사람이었다. 따라서 우리가 선택한 지원자들은 거의 30세에서 45세 사이였다.

둘째, 열린 마음이다. 프로파일링을 하려면 다른 사람의 의견은 물론 다른 가능성도 기꺼이 고려하는 태도가 필요하다. 수사관이 하나의 생각이나 설명에만 갇혀 생각을 바꾸기 싫어하는 경우는 너무나 흔하다. 자신이 옳아야 한다고 생각하면, 프로파일링을 성공적으로 할 수 없다.

셋째, 상식이다. 프로파일러에게 상식은 실제적인 지식을 의미한다. 모두가 상식이 있는 것은 아니다. 지능적이고 교육을 받은 사람들을 보면 가끔 학식이 상식을 방해한다.

내가 앨라배마 루커 요새에 있을 때 집에서 키우던 개 해피가 피부병에 걸려서 털이 빠지기 시작했다. 해피를 수의사에게 데려가자 수의사는 해피에게 주사를 두 대 놓았다. 또 매일 바를 연고와 하루에 세 번 먹을 약 처방전도 주었다.

일주일 동안 약을 먹이고 발랐지만 해피의 상태는 나아지지 않았다. 그때 옆집에 살던 테네시 출신의 헬리콥터 파일럿이 "탄 윤활유", 즉 폐 엔진오일을 감염 부분에 발라보라고 했다. 그는 자기 가족 농장에서는 늘 그 방법으로 동물들의 피부병을 해결했다고 말했다.

오랫동안 고생하던 해피를 도울 수 있는 일이라면 무엇이든 할 준비가 되어 있었기 때문에 폐 엔진오일 1리터를 사서 해피에게 발라주었다. 그러자 며칠 만에 깨끗이 나았다. 해피의 수의사에게 탄 윤활유 이야기를 하자 그는 이렇게 말했다. "아, 노스다코타에 있는 우리 농장에서도 그렇게 했었지요."

"왜 좀 더 일찍 알려주지 않았습니까?" 쓸데없이 효과도 없는 약을 사느라 돈을 써가며 괜한 고생을 했다고 생각하며 그에게 물었다.

수의사가 솔직히 대답했다. "로이, 전 탄 윤활유를 처방하기에는 너무 많은 교육을 받았답니다!"

넷째, 직관이다. 웹스터 사전은 직관을 이렇게 설명한다. "의식적으로 추론하지 않고 어떤 것을 바로 아는 것. 의식적인 추론 없이 어떤 것을 알거나 인식하는 능력. 예리하고 재빠른 통찰력." 범죄 수사관이라면 누구나 예리한 직관을 가진 전설적인 형사를 한두 명쯤은 꼭 알고 있다. 전설적인 형사는 어떻게 해서인지는 모르겠지만 다른 사람들이 알지 못하는 사건의 진실을 감지해낸다. 나도 그러한 재능이 얼마나 효과적인지 보았으며, 프로파일러에게 굉장히 중요한 자산이기도 하다. 나는 단지 '직관'이라는 것이 존재한다고 믿지 않을 뿐이다.

그보다는 인간의 정신이 거대한 하드 드라이브, 소유자에게 잠재적 가치가 있는 자료는 지우지 않는 거대한 자료 모음이라고 생각하는 편이 좋다. 잠재적 가치가 있는 정보가 머릿속에 둥둥 떠다니고 있지는 않을지 몰라도 필요할 때면 언제든지 튀어나오는 것이다.

우리가 직관이라고 부르는 것은 단지 저장되었다가 잊힌 경험이며, 의식은 어떤 식으로든 이러한 경험을 복구하고 조합해서 처리한다고 생각한다. 그렇기 때문에 적어도 겉보기에는 기적적으로, 혹은 불가사의하게 보이는 것이다.

다섯째, 가능성 있는 프로파일러는 범죄와 범죄자, 피해자에 대한 사적인 감정을 분리할 수 있어야 한다. 일탈 성범죄는 끔찍한 경우가 많다. 분석가는 그런 끔찍함으로부터 자신을 분리할 수 있어야 한다. 그렇지 않으면 대리 피해자가 될 위험을 안게 된다. 주 법 집행관으로 일하는 가까운 친구 하나는 무척 숙련된 프로파일러였지만 계속되는 기괴한 강간과 살인 사건 때문에 마음의 평정을 잃어 결국 은퇴하고 말았다.

범죄나 범죄자와 거리를 두는 나만의 방법 중 하나는 자극적인 표현을 쓰지 않는 것이다. 자신이 분석하고 있는 행동을 혐오하는 것도 당연하지만, "정신 나간 놈"이라든가 "미친 놈" 같은 경멸적인 속어를 쓰면 정확하고 완전한 분석을 위해 필요한 냉정함에 해를 끼칠 뿐이다.

무엇보다 가장 힘든 일은 피해자에게 감정적으로 휩쓸리지 않는 것이다. 동정심은 명확한 사고를 방해할 수 있다. 반감 또한 객관성에 영향을 미칠 수 있다.

감정적 개입의 위험을 잘 보여주는 사건이 하나 있다. 알라스카에 에스키모 매춘부(15세)가 한 명 있었는데 경찰은 그녀가 술과 약물을 남용한다는 사실을 알고 있었다. 그녀는 한 고객이 개인 비행기에 자신을 태우고 알라스카의 황야로 데려갔다고 경찰에 신고했다. 그곳에서 남자는 강제로 옷을 벗게 한 다음 20분을 줄 테니 달려가서 숨으라고 했다. 자신이 쫓아가서 쏘겠다는 것이었다.

그녀가 그런 게임에 참가하지 않겠다고 거부하자 그는 그녀를 놓아주었다. 피해자가 이 사실을 알렸지만 아무도 믿어주지 않았다. 그녀가 고발한 사람이 지역사회에서 존경받는 사람이었기 때문이기도 하고, 그녀의 건전하지 못한 과거 때문이기도 했다. 2년 후, 문제의 남자는 여성 17명을 살해한 혐의로 체포되었다!

여섯째, 강한 논리적 분석력과 인내도 반드시 필요하다. 논리적 분석력은 체계적인 추론, 즉 A가 논리적으로 어떻게 B로 이어지는지 보는 능력이다. 그리고 여기에 서두르거나 (직관적인 결론이든 아니든) 섣불리 결론으로 뛰어들지 않겠다는 의지를 더하자. 프로파일러는 범죄를 자세히 연구하고, 체계적으로 행동을 포착하고, 사실을 통해 주의 깊게 추론하면서 이용할 수 있는 정보를 종합하여 프로파일을 완성해나간다.

수업에서 나는 학생들에게 한 번에 한 걸음씩 나아가라고 끊임없이 이야기한다. 그러면 학생들은 이렇게 말한다. "하지만 저는 답을 아는데요." 그러면 나는 그들이 생각하는 답을 적어본 다음 문제를 계속 진행해보라고 한다. 작업이 끝나고 나서 처음에 생각했던 답을 개인적으로 물어보면 대체로 하나같이 이렇게 말한다. "아, 그건 버렸어요."

마지막으로 프로파일러는 범죄자의 시각으로 범죄를 볼 수 있어야 한다. 범죄자처럼 생각해야 하는 것이다. 이를 위해서는 특별한 마음가짐이 필요하다. 일탈 범죄는 범죄자에게만 말이 되지 피해자에게는 물론이거니와 확실히 사회의 관점에서 보아도 말이 되지 않기 때문이다.

프로파일러는 범죄자가 보는 현실로 들어가 범죄자의 관점을 취해야 한다. 사람들은 이렇게 말한다. "아, 나는 절대 그렇게 못합니다." 하지만 훈련을 받고 나면 범죄자처럼 생각하는 것이 생각보다 쉽다.

예를 들어, 범죄자가 피해자를 숲 한가운데 2미터 정도 깊이에 묻었다고 해보자. 왜 그랬을까?

범죄자처럼 생각한다면 나는, 첫째, 시체가 발견되지 않기를 원하고,

둘째, 필요한 육체적 노동을 신경 쓰지 않고 (심지어는 즐길 수도 있으며) 분명히 야외에서 편안함을 느낀다고 말할 것이다. 이와 같은 추론은 프로파일의 일부가 된다.

인생 경험, 열린 마음, 상식, 직관, 사적인 감정을 분리하는 능력, 분석적 논리, 범죄자처럼 생각할 수 있는 능력. 프로파일링처럼 지능적인 일에 반드시 필요할 것 같은데 빠진 특성이 무엇일까? 여러분은 어쩌면 학력이 빠지지 않았느냐고 물을지도 모르겠다.

유럽 정신과 전문가들이나 학계 사람들이 들으면 깜짝 놀라겠지만 우리는 프로파일러에게 어떤 학력 수준을 요구하지 않는다. 유럽의 교수나 의사들은 지적 엘리트만이 프로파일링이나 필요한 연구를 할 자격이 있다고 가정하는 경향이 있다. 우리는 프로파일러에게 필요한 특성을 가진 사람이 자기 생각을 말과 글로 적절하게 표현할 수 있다면 석사 이상의 고급 학위가 반드시 필요한 것은 아니라고 생각한다. 시간이 지나자 우리의 생각이 옳다는 것이 증명되었다.

프로파일링은 어떻게 이루어지는가?

프로파일은 어떻게 만들까? 누구에게 묻느냐에 따라 답이 달라진다. 나에게 묻는다면, 프로파일링 과정에는 네 단계가 있다고 대답하겠다. 절친한 동료이자 내가 존경하는 프로파일러 존 더글러스와 파크 디츠는 몇 단계가 더 있다고 생각한다. 나는 네 번째까지밖에 기억하지 못한다는 농담을 자주 하지만, 우스갯소리는 제쳐두더라도 간단함은 확실한 장점을 가지고 있다. 단계가 적을수록 실수할 확률도 적어진다.

로이 해이즐우드 프로파일링 스쿨에서 가르치는 네 단계는 다음과 같다.

1. 어떤 중요한 행동이 일어났는지 밝힌다.
2. 행동이 일어난 이유에 대해 의견을 도출한다.
3. 사건의 진행 장면을 재구성한다.
4. 위에서 밝혀진 방식과 이유로 이와 같은 범죄를 저지르는 사
   람이 어떤 사람일지 결정한다.

달리 말하면 무엇을, 왜, 어떻게, 누가라고 할 수 있다. 바로 이 시점에서
내가 가르치는 학생들은 우리가 분석력을 프로파일러의 근본적인 자격
중 하나로 선택한 이유를 깨닫게 된다.

다음의 사건은 실제가 아닌 가정이며 순전히 독자들에게 보여주기 위
해 만든 것이다. 18세 백인 여성이 자기 아파트에서 살해된 후 거실 바닥
에 버려졌다고 가정해보자.

프로파일링 과정의 첫 단계는 범죄에서 어떤 일이 일어나고 어떤 일이
일어나지 않았는지 (예를 들어 절도 여부) 목록을 만드는 것이다.

피해 여성은 적극적인 성격으로 공격자에게 맞섰을 것이라고 했다. 그녀
는 다른 인종의 사람과는 데이트를 하지 않았다. 강제로 침입한 흔적은
없으며 아파트에서 없어진 물건도 없다. 엉망이 된 부엌과 욕실, 침실,
거실은 몸싸움이 있었음을 보여준다. 피해자의 손과 팔에는 방어를 하다
가 생긴 것으로 보이는 상처가 있고, 피해자는 거실에서 나무 램프로 머
리를 맞았다. 피해자는 과도로 여러 번 찔렸으며 식칼로 심장을 한 번 찔

렸다. 과도와 식칼 모두 피해자의 부엌에 있던 물건이다. 성폭행을 당하지는 않았지만 옷이 풀어헤쳐져 가슴과 성기가 드러나 있었다.

다음으로 프로파일러는 '왜'에 해당하는 질문을 하고 가능한 답을 생각한다.

왜 강제로 침입한 흔적이 없을까? 피해자가 공격자를 알았기 때문에 집으로 들어오게 했으리라는 것이 한 가지 가능한 답이다. 왜 현장에서 사라진 물건이 없었을까? 공격자의 침입 목적은 절도가 아니었다. 왜 아파트 방마다 몸싸움의 흔적이 있을까? 피해자는 범인에 맞서 싸웠을 것이고, 범인은 피해자를 제어하지 못했다. 왜 방어를 하다가 생긴 상처가 있을까? 피해자는 의식이 있었고 묶이지 않았다. 왜 나무 램프로 맞았을까? 범인은 무기를 가지고 오지 않았으므로 당장 눈에 띈 램프를 이용했을 것이다. 왜 과도로 여러 번 찌른 자국이 있을까? 범인은 아파트 전체를 옮겨 다니며 과도로 계속 공격했다. 왜 식칼로 심장을 한 번 찔렸을까? 살인자는 피해자가 죽었는지 확인하고 싶었을 것이다. 옷이 풀어헤쳐져 노출되어 있었지만 성폭행을 당하지 않은 것은 왜일까? 아마도 범인은 범죄를 꾸며서 경찰을 혼동시키고 싶었을 것이다.

세 번째 단계는 두 번째 단계와 동시에 진행된다. 우리는 '왜'에 해당하는 부분을 살펴보면서 사건의 진행 과정을 보여주는 여러 요소를 관찰하기 시작한다.

범인이 문을 두드리고 피해자가 범인을 집 안에 들인다. 거실에서 말싸움이 시작되고, 남자가 나무 램프로 피해자를 친다. 피해자는 남자에 맞서 싸우고, 두 사람은 부엌으로 가서 계속 싸운다. 그곳에서 피해자가 과도를 집어 든다. 범인이 과도를 빼앗아 피해자를 찌른다. 피해자는 처음에는 욕실로, 그다음에는 침실로 도망가고, 팔을 들어 공격을 막으려 한다. 마지막으로 다시 거실로 온 피해자는 출혈 때문에 의식을 잃는다. 범인은 부엌에서 식칼을 집어 들고 피해자가 확실히 죽도록 심장을 찌른다. 그런 다음 그는 피해자의 가슴과 성기를 노출시켜 성범죄처럼 보이도록 꾸민다.

네 번째 단계, 위에서 살펴본 방식과 이유로 범죄를 저지른 사람의 성격과 특징은 무엇일까? 실제 사건을 프로파일링할 때는 이토록 적은 정보만을 가지고 의견을 내지 않는다. 하지만 연습을 계속하기 위해서 프로파일링을 더 진행해보자.

이러한 성격의 범죄를 저지르는 사람은 대부분 남성이다. 또한 피해자는 다른 인종의 남자와 데이트를 하지 않았으므로 범인은 백인 남성일 확률이 크다. 피해자가 범인을 집 안으로 들였다면 아마도 범인은 피해자가 아는 사람일 것이다. 피해자는 건강한 18세 소녀로 계속해서 저항했지만 공격자를 막지는 못했다. 그러므로 범인은 20대 초반이나 중반으로, 신체 상태가 좋고 피해자만큼이나 공격적이라 할 수 있다. 공격의 집요함, 심한 폭력성, 충동성은 살인자의 성미가 불 같다는 사실을 보여준다.

프로파일링 연습은 이 정도에서 멈추도록 하자. 위에서 가정한 범죄의 기본적인 개요는 프로파일링의 신비를 어느 정도 벗겨주었을 것이다. 물론 실제 사건에서라면 훨씬 복잡한 분석이 이루어졌을 것이며, 더 많은 특징과 특성을 도출해낼 것이다. 중요한 것은 바로 범죄와 관련된 사실들을 해석하면 범죄자의 초상을 만들어낼 수 있다는 점이다.

토막 살인자
잭

#9

**한 세기 전의 사건까지도 프로파일링을 적용함으로써 프로파일링이
얼마나 강력한 무기인지 보여줄 수 있었다.**

프로파일링은 지금, 여기의 수사를 돕기 위해 만들어졌다. 그러나 프로파일링은 지난 사건에 대해서도 흥미로운 가능성을 보여준다. 범죄자의 행동을 확실히 규명할 수 있고 피해자에 대한 충분한 정보를 모을 수 있다면 범죄가 일어난 때나 장소에 상관없이 범인의 프로파일을 만들 수 있다.

1988년 존 더글러스는 역사 속의 악명 높은 미스터리에 도전했다. 텔레비전 프로그램 제작사에서 토막 살인자 잭 100주년 기념으로 두 시간짜리 특별 방송을 제작할 예정인데 잭의 프로파일을 만들어줄 수 있느냐고 문의했다. FBI가 프로젝트를 승인하자 더글러스는 나에게 도움을 청했다.

19세기 후반의 살인 사건 수사는 오늘날만큼 전문적이지 않았으며 기록도 잘 되어 있지 않았다. 토막 살인자 잭 사건처럼 런던 화이트채플 구역과 같은 슬럼가에서 행인을 대상으로 일어난 살인 사건인 경우에는 특히 수사 절차가 미비했다.

더글러스와 나는 100년이 지난 지금 우리가 프로파일을 만들 수 있을 만큼 엄연한 사실 정보가 충분한지 물었다. 제작사가 다섯 건의 살인 사건에 대한 자세한 정보가 담긴 약 7센티미터 정도 두께의 자료철 두 권을 건넸을 때 우리는 좋은 의미에서 무척 놀랐다.

자료철에는 검시 결과와 경찰 보고서, 각 피해자에 대한 엄청난 양의 배경 정보와 살인이 일어난 장소를 표시한 상세 지도가 들어 있었다. 또 사망한 피해자들의 사진도 첨부되어 있었다.

토막 살인자 잭은 1888년 8월 31일부터 11월 9일까지 총 다섯 명의 매춘부를 죽였다. 요즘은 이와 같은 연속 범죄가 무척 흔해서 뉴스로 언급될 가치도 없다. 그러나 일탈 범죄자의 범행으로는 사건도 짧고 그다지 예외라고 할 수 없는 살인 사건임에도 불구하고 토막 살인자 잭은 역사상 가장 유명한 연쇄살인범이다.

무엇이 그를 특별하게 만들었을까?

우선, 신문이 그에게 기억에 남는 별명을 붙여주었고, 그것이 그를 더욱 흥미롭게 만들었으며, 그래서 신문은 더 잘 팔렸고, 따라서 더 많이 보도되었다. 때로 우리는 오늘날의 사건에서도 매체의 관심이 반향을 불러일으키는 경우를 목격할 수 있다.

또 한 가지 중요한 요소는 범인이 피해자의 시체를 성적으로 훼손했다는 점이다. 사후 난도질은 대중이 잭과 그의 범죄에 열광하도록 부추 겼다. 토막 살인자 잭은 또한 신원이 명백하게 밝혀지지 않았고, 그 결과 고발과 대중의 추측이 무한하게 계속될 수 있었다. 많은 사람들이 아직 도 해결되지 않았다고 생각하는 케네디 대통령 암살 사건과 마찬가지다.

케네디 대통령의 암살과 관련해 사람들이 즐겨 하는 추측은 정부 음모 론이었다. 토막 살인자 잭의 경우 쉽게 예상할 수 있듯이 음모 이론을 내 세우는 사람들은 왕실을 의심해왔다. 왕자 혹은 여왕의 주치의를 주목하 는 사람이 많았다. 왕실이 사건을 은폐하고 있다는 혐의도 등장했다.

우리는 사실에만 입각한 프로파일을 만들고 싶었다. 그래서 자료철에 서 우리에게 필요한 상세 행동을 찾았다. 그리고 두 권의 자료를 신중하 게 살펴보면서 살인 사건을 하나하나 짚어보았다.

토막 살인자 잭의 첫 번째 희생자는 음주벽이 있는 부랑자 메리 앤 폴리 니콜스(44세)로 오전 3시에 살아 있는 모습이 마지막으로 목격되었다. 니 콜스는 화이트채플의 벅스 로라고 불리는 좁은 거리에서 죽은 채 발견되 었다.

니콜스의 턱은 멍들어 있었고 목은 왼쪽에서 오른쪽으로 베여졌다. 배 에는 죽고 난 후 벤 칼자국이 거꾸로 된 L자 모양으로 나 있었고, 창자가 들어내져 있었다. 또 치아 두 개가 빠져 있었고 왼손 약지가 긁혀 있었 다. 턱을 강타당해 기절했거나 의식을 잃은 것이 분명했다. 그런 다음 목 이 베이고 시체가 훼손된 것이다.

프로파일링 용어로 토막 살인자 잭은 비조직적 욕정 살인자다. 그는 무기를 가지고 다닌 것으로 보이지만 그 외에는 다분히 충동적이었다.

그는 공공장소에서 피해자를 공격한 후 그 자리에 남겨 두고 떠났고, 범죄를 숨기려는 어떤 노력도 하지 않았다. 자료에 성기 삽입 증거가 있다는 기록이 없으므로 우리는 그가 희생자를 강간하지 않았다고 결론내릴 수 있다. 잭이 성심리적 만족을 얻는 도구는 그의 칼이었다.

두 번째 희생자의 이름은 "다크 애니" 채프먼(47세)으로 매춘부였으며 니콜스와 마찬가지로 술에 취한 부랑자였다. 채프먼은 1888년 9월 8일 이른 아침에 살해되었으며 니콜스의 살인 현장에서 여섯 블록 정도 떨어진 화이트채플 핸버리 스트리트 건물 뒷마당에서 발견되었다.

채프먼은 옷을 입은 채 똑바로 누운 자세로 발견되었으며 머리는 건물 벽에 기대어 있었다. 니콜스와 마찬가지로 채프먼도 치아가 두 개 빠져 있었다. 오른쪽 뺨이 부어오른 것으로 보아 살인자는 채프먼의 오른쪽 뺨을 쳤으며 왼쪽에서 오른쪽으로 목을 베었다. 살인자 잭은 채프먼의 몸통 앞쪽과 뒤쪽에 기다란 선형 창상을 냈으며 마찬가지로 내장이 꺼내져 있었다.

채프먼의 자궁과 성기, 방광, 내장은 그녀의 오른쪽 어깨 위에 걸쳐진 채 발견되었다. 그녀의 복벽은 보이지 않았고, 양쪽 난소도 마찬가지였다. 흉골 부분은 부어 있었다. 왼손은 가슴 위에 놓여 있었다. 그녀 역시 왼쪽 약지에 상처가 있었다.

두 범죄의 밀접한 유사성 때문에 우리는 두 살인 사건 모두 같은 범인이 저질렀을 확률이 무척 크다고 생각했다. 우리는 희생자의 치아 두 개가 없다는 사실은 제쳐 두었다. 이것은 잭이 휘두른 주먹이나 곤봉보다는 만성적으로 약한 건강상태 때문일 확률이 더 높았다. 왼손 약지에 난 상처에 가장 잘 맞는 설명은 누군가가 이들의 반지를 빼갔다는 것이었다. 토막 살인자 잭이 빼갔는지 아닌지 확실히 말할 수는 없었지만 내 생각에 반지를 빼 간 도둑은 지나가던 행인인 듯하다. 잭이 이런 식으로 기념품을 가져갔다면 다음에 이어진 세 번의 살인에서도 그렇게 했어야 할 테지만 그러지 않았다.

어쨌거나 화이트채플은 부자 동네라고 하기는 어려웠으니 말이다. 죽은 사람에게서 물건을 훔치는 것이 그렇게 드문 일도 아니었을 것이다.

토막 살인자 잭의 세 번째 희생자 엘리자베스 스트라이드(45세)도 매춘부였으며 알코올중독자였다. 스트라이드는 1888년 9월 30일 이른 아침에 첫 번째 살인 현장에서 약 여섯 블록 떨어졌으며 채프먼이 살해된 곳에서 약간 더 먼 베너 스트리트 안마당에서 살해되었다.

범행 도중 토막 살인자 잭은 안마당으로 들어오던 말 한 마리와 마차의 방해를 받아 스트라이드에게는 기괴한 사체 훼손 환상을 실행하지 못하고 도망쳤다. 스트라이드는 옷을 모두 입은 채 똑바로 누운 자세로 발견되었다. 어깨와 쇄골은 다른 희생자들과 마찬가지로 멍이 들어 있었으며 목은 왼쪽에서 오른쪽으로 베여 있었다.

더글러스와 나는 사후 훼손은 욕정 살인자에게서 흔히 찾아 볼 수 있는 여성에 대한 엄청난 증오와 두려움을 신체적으로 표현한 것이라고 추측했다. 시체를 훼손함으로써 범인은 정신적·성적 안도와 만족을 느꼈다.

그러나 세 번째 희생자에게서는 성적 경험을 하지 못했다. 토막 살인자 잭이 욕망을 채우지 못한 것이다. 상황만 가능하다면 그가 곧 피해자 사냥을 다시 시작하여 자신의 목적을 완수하리라고 예측할 수 있었다. 그리고 실제로도 그랬다.

같은 날 아침 조금 뒤에 채프먼이 살해된 핸버리에서 한참 떨어진 마이터 스퀘어에서 잭은 네 번째 피해자인 캐서린 에도우즈(43세)를 마주친다.

에도우즈는 옷이 위로 치켜 올려진 채 똑바로 누워 있는 모습으로 발견되었다. 목은 왼쪽에서 오른쪽으로 베여 있었고 코와 한쪽 귀가 잘려 있었다. 복부에는 대각선 창상이, 등에는 직선 창상이 있었다. 왼쪽 신장이 사라졌고 내장은 밖으로 꺼내져 있었다. 내장 일부는 그녀의 왼쪽 옆에 놓여 있었다. 간도 칼에 찔렸다. 머리 가죽은 여러 번 베여 있었고 얼굴도 난자당했다.

토막 살인자 잭은 스트라이드를 살해할 당시 끝맺지 못한 성적 경험을 끝낼 필요가 있었던 것이다. 일탈 살인 사건이 흔히 그렇듯이 에도우즈는 우연한 피해자였고 운이 나쁘게도 잭에게 발견되었을때 혼자였기 때문에 공격당하기 쉬운 상태였다.

지금까지의 피해자 네 명은 모두 인적 사항이 비슷했고, 또 모두 지리적으로 비교적 좁은 지역 내에서 살해당했다. 그들이 모두 매춘부였다는 사실은 또 어떨까?

누군가 매춘부들을 죽이기 시작할 때마다 소위 "전문가"라는 사람이 언론에 등장해 "이 끔찍한 여러 범죄를 저지르는 사람은 여성에 대한 엄청난 분노와 적의를 가진 남자입니다. 범인이 매춘부를 범행 대상으로 선택하는 것은 매춘부들이 자기 삶에서 중요한 여성에게서 보는 악을 상징하기 때문입니다."라고 말한다.

그러나 그런 설명은 수사관에게 아무 쓸모가 없다.

내 생각에 연쇄살인범들이 매춘부를 희생자로 선택하는 데는 두 가지 이유가 있다. 매춘부는 언제든지 접근 가능하며 연약하다. 나는 범죄자의 피해자 선정과 매춘부가 흔히 피해자로 선택되는 이유에 대해 강의하면서 청중들에게 거리의 매춘부에 대한 다섯 가지 문제를 생각해보라고 한다.

1. 거리의 매춘부는 누구를 따라가나? 아무나.
2. 거리의 매춘부가 아무나 따라가는 이유는 무엇인가? 돈.
3. 거리의 매춘부가 따라가는 곳은 어디인가? 어디든.
4. 거리의 매춘부가 따라가는 때는 언제인가? 언제든.
5. 거리의 매춘부가 살해당했을 때 신경 쓰는 사람은 누구인가?
   거의 아무도 없다.

이러한 이유로 매춘부는 폭력적인 범죄자들에게 너무나도 쉬운 표적이다.

1888년 11월 2일에 토막 살인자 잭은 채프먼이 살해된 곳에서 두 블록도 떨어지지 않은 밀러스 코트에서 다섯 번째이자 마지막 살인을 저질렀다. 희생자인 메리 켈리 역시 매춘부에 알코올중독자였으며 부랑자였다. 스물다섯 살이었던 켈리는 잭의 희생자 중 가장 젊었다.

이번 살인 사건의 또 한 가지 다른 점은 이 운 나쁜 여인이 잭을 방 하나짜리 자기 아파트로 데려갔다는 점이었다. 잭은 처음으로 방해받을 걱정 없이 오랫동안 자신의 이상 환상을 행동에 옮길 수 있는 장소를 만난 것이다.

그는 켈리의 얼굴에 잔인한 짓을 했고, 버릇대로 피해자의 목을 왼쪽에서 오른쪽으로 베었다. 그런 다음 잭은 그녀의 귀와 가슴을 자르고 왼쪽 얼굴과 다리 아래쪽 가죽을 벗기려 한 것으로 보인다. 그는 켈리의 심장과 신장을 침대 옆 탁자에 놓아두었다. 켈리의 간은 오른쪽 허벅지 옆에 놓여 있었고 내장은 거울에 걸쳐져 있었다.

더글러스와 나는 프로파일을 준비한 후 비행기를 타고 로스앤젤레스로 갔다. 그곳에서 우리는 프로그램에 참가할 다른 세 명을 만났다. 더글러스와 내가 모두 알고 있던 법의학 병리학자 윌리엄 에커드, 영국 판사이자 "왕실 고문 변호사"인 앤 맬러류, 영국 범죄학자이자 영국 역사상 가장 음흉한 범죄 유물을 전시하는 스코틀랜드 야드 블랙 뮤지엄에서 당시 관장을 맡고 있던 윌리엄 워델이었다. 영국 배우 피터 유스티노브가 프로그램의 사회를 볼 예정이었다.

세트장에서 보낸 첫날, 예상치 못한 일이 우리를 기다리고 있었다. 프로파일만 제공하는 것이 아니라 제작사가 연구 끝에 밝혀낸 다섯 명의 용의자를 살펴보게 된 것이다. 용의자는 다음과 같다.

1. 로슬린 던스턴 박사: 저널리스트이자 자칭 악마주의자로 의학을 공부했으며 화이트채플에 살았다.
2. 몬태규 존 드루이트: 감정적 문제가 있는 학교 교사이자 실패한 변호사로, 마지막 살인 후 7주 후에 자살했다. 그의 아버지와 삼촌은 저명한 외과의였다.
3. 윌리엄 걸 경: 빅토리아 여왕의 주치의이며 소위 말하는 "왕실 음모"의 중심 인물. 왕실 음모란 왕실 가족을 협박하던 창녀들을 죽이기 위해 사건을 벌였다는 이야기다.
4. 앨버트 빅터 왕자: 당시 여왕의 손자(28세)이며 열렬한 사냥광

이다.

5. 아론 코스민스키 : 정신병이 있는 폴란드 이민자이며 화이트
   채플 지역 거주자로 여성에 대한 강한 증오로 유명하다.

원래 이 사건을 담당했던 수사관들은 토막 살인자 잭이 스스로 살인을
했다며 투고해 런던 신문이 발행한 "보스에게"라는 편지 몇 통에 많은 관
심을 기울였다. 하지만 스코틀랜드 야드의 워델은 이 프로그램에서 영국
내무성 법의학 연구소가 과학적으로 편지를 검사한 결과 가짜라는 결론
을 내렸다고 말했다.

더글러스는 편지에 대한 행동 분석을 덧붙였다. 그는 몇몇 연쇄살인범
은 자신이 우월하다는 사실을 보여주기 위해서 실제로 경찰이나 언론과
연락을 취하기도 하지만 잭과 같은 유형의 욕정 살인자는 그렇지 않다고
설명했다. 우리는 편지를 자세히 읽어본 다음 실제 범인보다 지능이 높
은 사람이 잭인 척했다고 추측했다. 나는 실제 살인범 잭은 그 어떤 관심
도 끌고 싶지 않아서 살인을 저지른 후 한동안 자취를 감추었을지도 모
른다고 덧붙였다.

우리는 다섯 명의 용의자 목록에서 제외하고 싶은 사람은 누구이며 그
이유가 무엇이냐는 질문을 받았다. 에커드는 윌리엄 걸을 빼고 싶다며 그
가 범행이 일어날 당시 아팠다고 설명했다. 또한 신체 훼손 방식이 의사
의 것으로는 보이지 않는다고 덧붙였다.

워델은 드루이트를 제외했다. 그는 최근에 알게 된 정보 때문이라고
설명했지만 정보를 공개하지는 않았다.

맬러류 판사는 앨버트 공을 제외하면서 세 건의 살인에 대한 강력한

알리바이가 있다고 설명했다. 그녀의 설명에 따르면 앨버트 왕자는 니콜라스와 채프먼이 살해될 당시 스코틀랜드에서 뇌조 사냥을 하고 있었다. 또 켈리가 살해될 당시에는 노포크에서 꿩 사냥을 하고 있었다.

나 역시 걸 박사를 제외시켰지만 근거는 그의 행동이었다. 첫째, 그는 52세였다. 내 경험상 이와 같은 유형의 범죄를 저지르는 사람은 훨씬 젊다. 둘째, 걸 박사는 잭과 같은 방법으로 살인을 하기에는 교양이 있는 사람이었다. 그는 다량의 피가 자신에게 뿌려지는 것을 즐기지 않았을 것이며, 끈이 그에게 훨씬 어울리는 무기였을 것이다. 마지막으로 걸 박사는 사건 2년 전인 1886년에 발작을 겪어 몸 상태가 좋지 않았다. 그가 잭과 같은 살인을 저지를 만큼 신체적으로 건강하다고 생각하지 않았다.

더글러스는 던스턴 박사를 제외시켰다. 던스턴 박사는 사건 수사를 주의 깊게 지켜보면서 자기 나름의 생각을 가지고 수사에 끼어들었다. 이는 특정 유형의 성적 살인범이 자주 보이는 행동이었다. 그렇긴 하지만 더글러스는 던스턴 박사가 이러한 살인을 저지르기에는 너무 나이가 많다고 말했다. 또한 그는 악마주의의 열렬한 제자이므로, 만약 그가 범인이라면 살인 현장에 악마주의와 관련된 표시를 남겼을 것이라고 덧붙였다.

나와 더글러스는 던스턴 박사라면 거리에서 되는 대로 살인을 저지르기보다는 선호하는 장소를 미리 골라두었다가 여자를 데려 가거나 켈리의 경우처럼 그녀의 아파트로 갔으리라고 생각했다. 더글러스는 또한 에커드 박사와 마찬가지로 토막 살인자 잭에게 외과의 수준의 기술이 분명히 없었음을 지적했다.

모든 패널이 제외해야 할 용의자와 그 이유를 밝힌 후, 나는 프로파일링을 하려면 어떤 정보와 자료가 필요한지 설명하면서 프로파일링을 짤막하게 소개했다. 그런 다음 더글러스가 프로파일을 발표했다.

더글러스는 잭이 기괴한 성적 환상을 실현하기 위해 연약하고 쉽게 손에 넣을 수 있는 피해자를 찾아서 밤거리를 어슬렁거리는 맹수와 같다고 설명했다. 그는 시청자들에게 이와 같은 유형의 살인자는 기회가 나타나는 대로 살인을 저지르기 때문에 정확한 시간 패턴을 기대할 수 없다고 설명했다. 또한 잭과 같은 유형의 살인자는 범행에 성공한 후 범행 현장으로 돌아온다고 덧붙였다.

그는 잭이 20대 중후반의 백인 남성이며 지능은 평균 정도라고 추측했다. 더글러스와 나는 토막 살인자 잭이 똑똑하다기보다는 운이 좋다고 생각했다.

나는 잭이 미혼이고 결혼한 적이 없으며 아마도 여자와 전혀 어울리지 않았을 것이라고 말했다. 그는 누구와든 적절하게 의사소통을 하는 데 큰 어려움을 느꼈을 것이며, 특히 여자와는 더욱 그랬을 것이라고 추측했다.

또 잭이 범행 장소와 가까운 곳에 살았을 것이라고 말했다. 왜냐하면 이와 같은 유형의 범죄자는 보통 집에서 가까운 곳에서 살인을 시작하기 때문이다. 잭에게 직업이 있다면 다른 사람과의 접촉이 아예 없거나 거의 없는 비천한 일이었을 것이다.

이어서 잭은 어렸을 때 동물에게 불을 붙이거나 학대했을 것이며 성인이 된 후 일탈 행동으로 경찰의 주의를 끈 적이 있을 것이라고 설명을 계속했다.

더글러스는 잭이 결손 가정 출신에 지배적인 여성에 의해 양육되었을 것이라고 말했다. 아마도 양육자는 신체적으로 잭을 학대했을 것이고, 성적으로 학대했을 확률도 크다. 잭은 가까운 사람들에게 학대 사실을 알리기보다는 속으로 억눌렀을 것이다.

더글러스는 잭을 사회적으로 고립된 독불장군이며 위생 상태가 좋지 않고 외모는 지저분했을 것이라고 설명했다. 모두 잭과 같은 유형의 범죄자에게 흔한 특징이다. 그는 이런 유형의 범죄자의 지인은 보통 이들이 야행성이며 낮보다는 어두운 시간을 더 좋아한다고 보고한다는 사실을 지적했다. 또 이들은 밤에 외출할 때 보통 걸어서 멀리까지 다닌다.

사회자 유스티노브가 나의 의견을 물었다. 나는 잭이 여성을 증오하면서 동시에 두려워한다고 말했다. 잭은 여성에게 위협을 느끼며, 살인 방식은 범인이 스스로 모자라다고 느낀다는 사실을 뚜렷하게 보여준다. 나는 토막 살인자 잭이 피해자들을 재빨리 제압하여 죽였음을 주목했다. 범죄를 저지르면서 여성을 제어하여 죽이는 부분을 천천히 즐겼다는 증거는 어디에도 없었다. 그는 여성을 고문하거나 죽음을 미루지 않았다. 그는 경고 없이 갑자기 공격한 다음 재빨리 목을 베었다.

그에게 성심리적 만족을 주는 부분은 살인 다음에 이어지는 행동이다. 잭은 피해자의 성기나 내장을 자르고 제거함으로써 피해자를 중성화 혹은 무성화하여 더 이상 두려운 여성이 아닌 어떤 것으로 만들었다.

프로그램 측에서는 방송을 내보내는 동안 텔레비전 시청자들을 대상으로 용의자 가운데 범인을 추측하는 투표를 실시했다. 시청자들은 대부분 프로그램이 시작하고 나서 15분 안에 가장 많이 투표했다. 우리의 토론이 시청자의 결정에 거의 영향을 끼치지 않았다는 뜻이다. 결과는 다음과 같다.

로슬린 던스턴 박사 – 14%
몬태규 존 드루이트 – 18%
윌리엄 걸 경 – 25%
앨버트 빅터 왕자 – 23%
아론 코스민스키 – 20%

그런 다음 유스티노브가 패널들을 대상으로 투표를 했다. 에커드는 비슷한 사건에서 병리학자로 일했던 자신의 경험을 바탕으로 살인자는 보통 심각한 정신적 문제가 있는 사람이라고 말했다. 따라서 에커드는 코스민스키를 골랐다. 맬러류는 용의자들 중 어느 한 명을 기소하기에는 증거가 무척 불충분하지만 코스민스키가 가장 유력한 용의자 같다며 다음 네 가지 이유를 댔다.

1. 화이트채플 지역에 살고 있었으며 그 지역을 잘 알았다.
2. 정신병원 기록은 그가 편집성 정신분열이었음을 강하게 암시한다.
3. 사건을 수사한 수사관 앤더슨과 스완슨에 따르면 코스민스키는 엘리자베스 스트라이드가 살해되기 조금 전에 그녀와 함께 있었음이 확실하다.
4. 스완슨 수사관은 코스민스키를 감시하다가 병원에 입원시켰는데, 그 직후 살인 사건이 멈추었다고 보고했다.

나 역시 코스민스키가 가장 강력한 용의자라고 생각했다. 나는 다섯 명의 용의자 중에서 인간의 피로 범벅이 되어도 가장 덜 신경 쓸 것 같은 사람이 코스민스키라는 사실을 지적했다. 또한 그가 여성에게 강한 증오심을 품고 있었다는 사실도 기록에 잘 남아 있었다.

워델은 범죄 수사가의 관점에서 보았을 때 다섯 명 중 코스민스키가 가장 주요한 용의자라고 말했다.

더글러스 역시 다른 사람들의 의견에 동의하며 코스민스키에 대해 이렇게 설명했다. "만약 코스민스키가 하지 않았다면, 이 연쇄 범죄를 저지른 사람은 화이트채플에 사는 코스민스키와 비슷한 사람일 겁니다."

어쩌면 우리는 잭의 신원을 결코 확실히 알 수 없을지도 모른다. 그러나 토막 살인자 잭을 연구한 이번 경험은 더글러스와 나에게 이름뿐인 휴가 이상이었다. 우리는 한 세기 전의 사건에까지도 프로파일링을 적용함으로써 현재와 미래의 수사관들이 살인범을 체포할 때 쓸 수 있는 소중한 도구인 프로파일링이 얼마나 강력한 무기인지 보여준 것이다.

연쇄강간범
프로파일링

"범인은 외모에 자신이 없고 지저분한 픽업트럭을 몰고 다니며 대학 주변을 어슬렁거리지만, 고등학교 이하의 학력일 것이다. 범인은 분명 이 근처에 살고 있다!"

의식적 성범죄자의 어두운 상상은 결코 멈추지 않는다. 그는 언제나 새로운 범죄 시나리오와 새로운 피해자, 새로운 소품과 도구를 생각한다. 이 장에서는 힘을 동기로 범행을 시작한 연쇄강간범이 분노가 동기가 되는 범죄를 저지르는 범죄자로 발전한 사건을 상세히 설명하도록 하겠다.

힘을 동기로 하는 강간범은 낯선 사람을 상대로 범행을 저지르는 의식적 강간범 중에서도 가장 흔한 유형이다. 분노를 동기로 하는 강간범은 힘을 동기로 하는 강간범만큼 흔하지는 않지만 피해자의 신체에 잔인한 행동을 하는 경향이 더 크다. 이들은 또한 시간이 지날수록 범행을 더 자주 저지르는 경향이 있다.

나는 FBI에서 은퇴한 이후 프로파일링 작업 대부분을 법 집행기관으로부터 의뢰받았다. 개인을 고객으로 받는 일은 거의 없었다. 마크 버짓*이 아직까지 신원이 밝혀지지 않은 연쇄강간범 피해자의 아버지라고 밝히며 전화를 걸어왔을 때 나는 이 사건에 선뜻 참여하기를 주저했다. 지역 경찰이 나의 개입을 인정하고 경찰 보고서를 제공하여 검토할 수 있게 하는 것을 엄격한 원칙으로 지키고 있다고 설명했다. 그는 문제없다고 말했다. 사실 그에게 나를 추천한 사람은 사건을 맡고 있는 형사였다.

나는 버짓에게 기적을 기대하지 말라고 미리 경고했다. 프로파일링은 마법처럼 범죄자의 신원을 밝혀내는 것이 아니다. 버짓은 설명을 다 들어서 안다고 말했다. 그의 딸을 포함해 범인이 저지른 모든 범행에 대한 빠짐없는 설명이 필요하다고 덧붙였다. 버짓은 그것도 잘 알고 있다고 다시 한 번 나를 안심시켰다. 호기심이 생긴 나는 그에게 왜 사건 수사에 직접 개입하게 되었느냐고 물었다.

버짓은 딸 프랭키*가 똑똑하고 성숙한 아이이며 끔찍한 범죄에 너무나 잘 대처하여 그와 아내 모두 프랭키를 존경하고 있다고 했다. 나는 그의 말을 들으면서 그가 얼마나 진지한지 깨달았다. 그는 프랭키의 아버지라는 자랑스러움에 가득 차 있었다.

그가 말했다.

"로이, 프랭키는 내 영웅입니다."

나는 사건을 받아들였다.

연쇄강간범은 대학생들이 사는 남부 대학가를 노렸다. 피해자는 모두 미혼의 백인 여대생이었다.

처음 알려진 피해자는 아파트 1층에 사는 마거릿 존스*(26세)였다. 1995년 3월 18일 토요일 저녁에 마거릿은 조깅을 하고 집으로 돌아와서 잠깐 텔레비전을 본 후 샤워를 했다. 나중에 그녀는 자신이 현관문을 잠 갔는지 기억이 나지 않는다고 했지만, 어쨌거나 신용카드나 코팅된 운전면허증으로 쉽게 열리는 문이었다.

9시 30분쯤 마거릿이 샤워를 마치고 나오자 백인 남성이 뒤에서 그녀의 목을 잡더니 침실로 끌고 갔다.

범인은 마거릿의 초록색 키친타월을 얼굴에 두르고 있었지만 불이 켜져 있었기 때문에 마거릿은 그가 20대 중반 내지 후반의 백인 남성임을 알 수 있었다.

마거릿이 저항하자 범인은 그녀의 목을 조르고 구타했다. 마거릿의 오른쪽 허벅지와 무릎에 멍이 남았고 쇄골과 무릎 아래쪽에는 긁힌 자국이 있었다. 아랫입술은 심하게 부었다. 마거릿은 질 강간을 하지 말아달라고 그에게 애원했다. 그러자 그는 마거릿의 얼굴을 베개로 덮고 마거릿에게 구강성교를 한 다음 성기를 그녀에게 문지르다가 사정했다.

범인은 초록색 타월로 마거릿의 몸에 묻은 정액을 닦으면서 그동안 그녀를 지켜보았다며 미안하다고 말했다. 훔쳐간 것도 없었다. 범인은 나가면서 마거릿에게 침대에 그대로 있으라며 경찰에 알리지 말라고 했다.

다음 범행은 한 달 뒤에 일어났다. 프랭키(24세)는 마거릿과 마찬가지로 아파트 1층에 살고 있었다. 약학과 3학년이던 프랭키는 4월 22일 토요일 밤 파티에 갔다가 새벽 1시 30분쯤 돌아왔다.

프랭키는 아파트를 법학과 남학생과 같이 썼는데, 그는 여자친구 집에서 대부분의 시간을 보냈다. 그날 밤에도 그는 없었다. 프랭키는 남자친구와 통화를 하면서 침실에서 옷을 벗었다. 창문에는 가림막이 없었고 언제나처럼 열려 있었다. 프랭키는 전화를 끊은 뒤 3시 30분까지 책을 읽은 다음 불을 끄고 잠자리에 들었다.

약 45분 뒤에 프랭키는 남자의 목소리를 듣고 침대에서 일어났다. 그는 손으로 프랭키의 입을 막고 이렇게 말했다. "소리 지르면 죽인다. 내가 시키는 대로만 해."

프랭키는 입냄새로 그가 술을 마셨다는 걸 알 수 있었다. 나중에 부엌 개수대에서 빈 맥주병이 발견되었다.

경찰은 침입자가 그날 밤 프랭키의 집 근처에서 적어도 두 명의 다른 여성을 위협했다는 사실을 알게 되었다. 첫 번째는 로리 테일러*(22세)로 같은 아파트 건물 1층에 살고 있었다. 약 10시 15분쯤 로리의 고양이가 이상하게 굴기 시작했다. 고양이는 욕실 창틀에 있는 횃대에서 뛰어내리더니 냉장고 뒤로 허둥지둥 달려갔다. 로리는 창문을 모두 닫고 잠근 후 불을 끄고 잠자리에 들었다.

약 10시 40분쯤 로리는 시끄러운 소리를 들었고 창문 밖으로 회중전등 빛을 보았다. 에어컨을 끄자 누군가가 욕실 창문에서 나무틀이 달린 방충망을 떼어내려고 하는 소리가 들렸다. 로리는 아파트 불을 켜고 현관문 밖으로 고개를 내밀어 같은 건물에 사는 친구를 부른 다음 친구의 아파트로 뛰어갔다. 그곳에서 로리는 경찰서에 전화를 걸었다.

경찰관이 도착해서 로리와 함께 아파트로 가보니 욕실 창문의 방충망이 떼어져 있었다. 로리는 친구 집에서 그날 밤을 보냈다. 다음 날 아침 로리가 아파트로 돌아가보니 침실을 구석구석 뒤진 흔적이 있었다. 욕실 창문 방충망 가운데 부분에는 칼로 벤 자국이 여러 개 있었다.

그 근처에 베스 프리드먼*(22세)이 살고 있었다. 수사관들의 추론에 따르면 토요일 밤 11시 이후 침입자가 베스의 아파트 창문으로 들어오려고 했다. 그는 방충망을 칼을 사용해 떼어내고 창틀을 부수었다. 하지만 현관문이 잠겨 있었고, 범인이 아파트에 들어온 흔적은 없었다.

경찰은 범인이 로리와 베스를 공격하려고 시도한 후에도 아파트 마당에 남아 희생자를 찾고 있었다고 추측했다. 프랭키가 집에 들어올 때 아마 범인의 눈에 띄었을 것이다.

범인은 잠기지 않은 거실 창문을 통해 프랭키의 아파트로 들어간 것으로 보인다. 범인이 깨우자 프랭키가 소리를 질렀다. 범인은 프랭키를 때리고 목을 조른 후 말했다. "가만히 있으면 해치지 않을게."

그는 직접 가지고 온 더럽고 낡은 수건으로 얼굴 아랫부분을 가리려 했지만 수건이 자꾸 미끄러져 내렸다. 수건이 내려왔을 때 프랭키는 범인이 20대 후반에서 30대 초반으로 짧은 머리를 한 백인 남성이라는 것을 파악했다.

그는 프랭키를 어루만지며 그녀의 "근사한" 몸을 칭찬하기 시작했다. 그는 그녀를 가질 수 있는 유일한 방법은 그녀를 "범하는" 것밖에 없음을 알고 있다고 말했다. "네가 여신 같다는 거 너도 알아?" 그가 말했다. "너는 정말 아름다워. 창문을 통해서 널 보는 순간 널 가져야만 한다는 걸 알았어." 그는 또한 두 번이나 그녀에게 말을 걸려고 했지만 그녀가 자기를 무시했다고 말했다.

프랭키가 다시 몸부림치자 범인은 그녀를 때리고 숨을 쉬지 못할 정도로 목을 졸랐다. 그녀가 잠잠해지자 그는 베갯잇을 찢어 끈을 만들었다. 그녀는 창문으로 달려가 도와달라고 외치려 했다. 하지만 범인이 다시 프랭키를 잡았다. 프랭키가 무릎으로 범인을 차려 했지만 그는 무릎을 피한 후 창문을 닫고 그녀를 다시 침대로 끌고 갔다.

"가만히만 있으면 해치지 않을 거야." 그가 다시 말했다. "네가 협조를 안 하니까 묶을 수밖에 없겠군."

그는 베갯잇을 찢어 프랭키에게 팔을 뒤로 하고 엎드리라고 말했다. 프랭키는 숨을 쉴 수 있게 손목을 앞쪽으로 묶으면 안 되겠냐고 부탁했지만 거절당했다.

그는 항문을 통해 프랭키를 강간했다. 강간 도중 프랭키의 한쪽 손이 풀렸다. 그녀가 자유로워진 손으로 흘러내린 머리를 쓸어 넘기자 범인이 프랭키를 때리고 매듭을 단단히 묶었다.

프랭키 버짓의 손과 오른쪽 팔, 목 아래쪽에는 긁힌 자국과 멍이 있었다. 오른쪽 눈은 충혈되어 심하게 부었으며 아랫입술과 턱은 멍들었다. 그녀는 또한 보통 강간 후 겪게 되는 신체적·정신적 외상을 겪었다.

범인이 항문 강간을 끝내자 프랭키는 그가 이제 떠나리라고 생각했다. 하지만 침입자는 침대 가장자리에 앉아 그녀를 내려다보다가 마음을 바꾸었다. "나는 너를 뒤에서만 봤잖아. 앞에서 보니 너무 예뻐서 아직 그 냥은 못 가겠어."

나중에 프랭키는 범인이 두 번째에는 발기를 유지하지 못했다고 말했다. 그는 프랭키를 돌려 눕힌 뒤 발기하지 않았는데도 질을 통해 강간했다. "너는 정말 느낌이 좋아." 그가 말했다.

프랭키는 아프니 그만둬달라고 했다. 그는 "그래, 그래, 미안해. 미안해."라고 말했지만 멈추지는 않았다.

프랭키가 다시 멈추라고 하자 그는 "입 닥쳐! 무슨 짓이라도 해봐, 널 죽일 테니."라고 소리쳤다.

두 번째 강간이 끝나자 범인은 프랭키가 경찰에 전화하지 못하도록 밤새도록 옆에 있겠다고 했다. 프랭키는 잡히기 싫다면 아직 어두울 때 가는 것이 더 현명한 생각이라고 말했다.

범인은 프랭키의 말이 옳다는 사실을 깨달았다. 하지만 떠나기 전에 범인은 이상한 요구를 했다. "네가 나를 위해 해줄 것이 있어. 나를 미워하지 마. 미워하면 마음이 텅 빌 뿐이야. 그러니 날 미워하지 마." 그는 범행에 대해 사과하더니 더욱 이상한 말을 덧붙였다. "멍청한 소리인 건 알아. 하지만 우리가 몇 년 동안이나 친구였던 것 같은 기분이야. 그러니까 우리가 오랜 친구고, 그냥 여기 같이 앉아 있는 것 같은 느낌 말이야."

프랭키는 범인이 무기를 가져오거나 장갑을 끼지 않았음을 알았다. 하지만 범인이 나가면서 자기 셔츠로 문손잡이를 닦는 모습은 똑똑히 보았다.

다음으로 알려진 범행은 거의 넉 달 반 후인 1995년 9월 8일 금요일에 발생했다. 페기 화이트*는 이제 막 대학을 졸업하여 지난 9개월 동안 다른 여학생과 함께 쓰던 아파트에서 마지막 밤을 보내고 있었다. 그날 저녁 룸메이트는 멀리 가고 없었다.

페기는 금요일 하루종일 짐을 싸면서 아파트에서 30미터 정도 떨어진 쓰레기통에 쓰레기를 여러 번 갖다 버렸다. 그녀는 여러 번 집을 드나들었기에 문을 잠글 필요가 없다고 생각했다.

그날 저녁, 친구가 5시 30분에 그녀를 찾아왔다가 10시 30분에 떠났다. 페기는 45분 정도 짐을 더 싼 후 마지막 쓰레기를 버리러 나갔다. 그녀는 문을 열어둔 채 나갔다가 들어와서 문을 닫고 위층으로 올라가 텔레비전을 보았다.

잠시 후 백인 남성이 옷장에서 뛰쳐나와 페기에게 룸메이트의 침대 위로 올라가라고 명령했다. 나중에 페기는 범인이 40대 초반 정도였다고 설명했다. 범인이 주머니칼을 꺼냈다.

"옷 벗어." 그가 말했다.

페기가 옷을 벗기 시작하자 범인은 룸메이트가 있느냐고 물었다. 페기는 룸메이트가 조지아 주 오거스타에 갔다고 말했다. 페기가 겉옷을 벗고 난 후 가만히 있자 범인이 칼로 그녀를 건드렸고 그녀는 속옷을 마저 벗었다.

페기는 알몸을 가리려고 했지만 범인은 가슴을 볼 수 있게 팔을 치우라고 말했다. 페기가 침대에 앉자 범인은 페기가 몸에 걸치고 있던 마지막 조각인 양말을 벗겼다.

페기 화이트는 너무 고통스러우니까 항문으로는 강간하지 말아 달라고 했다. 범인은 그녀의 말을 들어줄 듯이 구강성교를 해주면 떠나겠다고 말했다. 하지만 페기가 구강성교를 시작하자 범인이 한 발 물러났다. 그가 말했다. "제대로 못하고 있잖아. 그만해."

그런 다음 범인은 페기에게 엎드리라고 말한 후 항문에 로션을 바르고 손가락을 삽입했다. 페기가 너무 아프다고 호소하자 범인은 페기를 돌려 눕히고 윤활제를 더 바른 후 질을 통해 강간했다.

범행 도중 범인은 질 세척제가 있는지 물으면서 페기가 임신하기를 원하지는 않는다고 말했다.

"그건 도움이 안 돼요." 페기가 말했다.

"조금은 되겠지." 그가 말했다.

"그냥 빼면 안 돼요?" 페기가 물었다.

그는 이미 사정했다고 대답했다.

페기는 범인에게 이제 가달라고 했다.

"조금 더 하고 싶어." 범인은 이렇게 말한 뒤 다시 질을 통해서 강간했다. "너는 섹시해. 엉덩이도 참 예쁘고 말이야."

범행을 마치고 난 후 그는 이제 가겠다고 말했다. "다치게 해서 미안해. 어쩔 수 없었어, 미안해."

하지만 그는 떠나지 않았다. 페기가 옷을 입어도 되느냐고 묻자 그는 이렇게 말했다. "아니, 네가 알몸으로 누워 있는 걸 보고 싶어."

범인은 페기에게 욕실을 써도 된다고 허락한 다음 세 번째로 강간했다. 마침내 그는 옷을 입고 떠날 준비를 했다. 범인은 페기의 전화 플러그를 빼려 했지만 마음대로 되지 않았다. 페기는 범인이 전화기를 부술까봐 플러그 빼는 것을 도와주었다.

떠나기 전에 그는 수건으로 페기의 성기 부분과 로션 병, 문손잡이를 닦았다.

6개월 이상 지난 후 범인은 다시 범행을 시작했다. 1996년 3월 17일 일요일에 마티 조지프*(21세)는 저녁 7시쯤 우유를 사러 나갔다가 집으로 돌아와서 저녁을 만들었다. 마티는 8시 15분쯤 샤워를 하러 들어갔다. 그녀는 샤워를 하다가 복도에서 나는 발소리를 듣고 남자 룸메이트가 돌아왔다고 생각했다.

마티는 샤워를 마친 후 몸에 수건을 감고 침실로 들어가 문을 닫았다. 바로 그때 "주름지고 겁에 질린 표정"에 "축 처지고" 충혈된 눈을 한 30대

백인 남성이 부엌에 있던 식칼을 휘두르며 뒤에서 다가왔다.

마티는 살려달라고 애원했다. 범인은 시키는 대로만 하면 살려주겠다고 했다. 그는 마티의 나이를 물었다.

"수건을 내려." 그가 명령했다. 마티가 시키는 대로 했다. 범인은 식칼 끝을 그녀의 배에 대고 다른 손으로 가슴을 만졌다.

"바로 그 자리에 서서 뒤로 돌아." 그가 말했다. "여기 내 바로 앞에 서." 그런 다음 그는 뒤에서 그녀의 성기를 만졌다.

"뒤로 돌아서 무릎 꿇어."

마티가 시키는 대로 하는데, 룸메이트가 문을 두드렸다. 학교에서 막 돌아온 룸메이트는 마티에게 통화 중이냐고 물었다. 마티가 그렇다고 외쳤다.

침입자는 즉시 가장 가까운 창문으로 갔지만 페인트가 칠해진 채 닫힌 창문이었다. 마티가 범인을 도와 옷장 위에 있는 다른 창문을 열었다. 범인은 피해자의 도움을 받으며 창밖으로 기어나갔다.

피해자의 소유인 식칼과 수건은 나중에 집 바깥에서 발견되었다.

마지막 공격은 세 시간 후에 일어났다. 메리 길버트*(22세)는 다른 여학생과 함께 쓰고 있는 중층형 아파트 앞쪽 침실에 페인트를 칠하며 이른 저녁 시간을 보냈다. 9시에 메리와 룸메이트, 룸메이트의 남자친구는 피자를 나누어 먹었다. 그런 다음 룸메이트와 남자친구가 나갔다.

10시에 친구가 커피를 한잔 마시러 들렀다. 친구는 메리에게 환기가 좀 되도록 창문을 열어놓으라고 말했다. 친구는 11시에 집으로 돌아갔고 메리는 샤워를 하러 갔다.

10분 쯤 지났을 때 갑자기 커튼이 열리면서 강간범이 그녀의 부엌에서 가져온 기다란 빵칼로 그녀를 위협했다. 메리는 그가 30대 중반 정도이며 햇볕에 그을린 피부에 손은 거칠었고 원래 짧게 깎았을 법한 머리가 조금 자라 있었다고 설명했다.

범인은 메리가 환기를 하려고 열어둔 창문으로 들어왔다. 그는 메리의 바지로 얼굴 아랫부분을 가리고 있었다.

메리가 커튼 봉을 잡아 그를 찌르려고 했다. 하지만 범인이 커튼 봉을 빼앗아 욕실 바닥에 던진 후 그녀를 룸메이트의 침실까지 강제로 데려가 바닥에 누우라고 했다. 메리가 비명을 지르며 저항했다.

"입 닥쳐!" 그가 손으로 메리의 입을 막으며 말했다.

범인은 메리의 머리를 바닥에 찧고 때린 후 근처에 있던 회중전등을 집어 들어 메리의 얼굴과 복부를 가격한 다음 메리가 숨을 쉬지 못할 때까지 목을 졸랐다.

"나랑 하든가 죽든가 둘 중 하나야." 그는 이렇게 말했다.

메리는 범인을 발로 찬 다음 문을 향해 달려갔다. 하지만 범인이 그녀를 다시 잡아서 바닥에 억지로 눕히고 질에 손가락을 삽입한 다음 그녀를 강간했다. 그는 메리의 항문에도 손가락을 삽입했다.

메리가 범인에게 말했다. "룸메이트가 남자친구와 함께 곧 돌아올 거예요."

범인은 둘 다 죽이겠다고 말하더니 회중전등으로 메리의 복부를 때리고 침대 위로 끌어올렸다. 메리가 범인의 사타구니를 차자 범인은 메리의 배를 여러 번 때렸다. 그런 다음 다시 한 번 질을 통해 강간했다.

"오래 안 걸릴 거야." 범인이 말했다.

그러나 이번에는 재빨리 물러났다. "사정이 안 되잖아. 이제 가야겠어."
강간범은 자리에서 일어나 옷을 입고 방에서 나갔다가 다시 돌아왔다.
"엎드려, 항문으로 하고 싶어." 그가 말했다.

그러나 메리가 아무 반응을 보이지 않자 그는 말했다. "음, 룸메이트가
오기 전에 가는 게 낫겠군." 그런 다음 그는 메리의 양 가슴을 움켜쥐고
"젖꼭지가 멋진데"라고 말하고는 방에서 걸어 나갔다. 그는 현관으로 가
는 길에 메리의 전화기를 부수고 선을 끊었다.

모든 강간 사건이 같은 범인의 소행이라는 점은 분명했다. DNA 샘플 또
한 모두 일치했다.

수사 관점에서 볼 때 범인은 점점 더 폭력적으로 변하고 있었기 때문
에 한시라도 빨리 그를 막아야 했다. 마거릿의 경우 범인은 피해자의 목
을 조르고 주먹으로 때렸지만 강간하지 말라는 요청을 받아들였다. 그러
나 1년 동안 다섯 명의 피해자를 더 강간한 후 메리에게 범행을 저지를
때는 주먹과 무기로 피해자를 심하게 때렸고 두 번이나 강간했다.

범인의 모든 특징 중에서 나이가 늘 판단하기 가장 어렵다는 점을 염
두에 두고 프로파일링을 시작했다. 피해자들이 추정한 나이도 무척 다양
했다. 시간 순서로 따져서 범인이 26세에서 33세 사이라고 추측했지만,
성적이나 감정적으로 미숙하다고 판단했다.

그의 첫 번째 행동은 피해자를 보고 만지는 것이었다. 그러나 뒤로 갈
수록 범인은 저항에 맞닥뜨릴 때마다 위협을 하면서 폭력을 행사했다.
범인의 아내나 여자친구도 이와 비슷한 경험이 있을 것이다. 범인은 아
내나 여자친구를 가만히 들여다 보거나 그녀와 장난을 치는 경향이 있으

며, 자신이 원하는 것을 얻지 못하면 기분 나빠하거나 화를 내면서 방에서 나가는 버릇이 있을 것이다.

범인의 행동은 또한 그가 자신감이 없으며 피해자에게 겁을 먹는다는 사실을 보여준다. 강간범에 대한 설명으로는 이상하게 들릴지도 모르지만, 그가 프랭키에게 말을 걸려고 했다는 사실이나 강간이 그녀를 가질 수 있는 유일한 방법임을 자신도 안다고 말했다는 사실을 생각해보자.

범인은 메리를 강간할 때 곧 떠날 거라고 안심시키고 싶은 듯이 "오래 걸리지 않을 것"이라고 말했다. 나는 범인의 자신감 부족이 다른 사람들에게는 확신의 부족으로 보이며, 범인이 외모에 자신이 없을 것이라고 생각했다. 그는 외모가 깔끔하지 못할 것이다. 피해자들도 그렇게 말했다.

또 그는 픽업트럭이나 세단을 모는데, 자동차의 상태가 좋지 않고 제대로 관리되지 않으며 주행거리가 많고 적어도 5년 이상 되었을 것이라고 추측했다. 자신에 대한 자신감 부족이 차량 관리에까지 이어지는 것이다.

그리고 범인은 단체 스포츠에 참가한 적이 없을 것이라고 생각했다. 혼자 하는 취미를 가지고 있을 확률이 높았다.

성범죄자들은 보통 스트레스를 받는 상황에서 범행을 저지르는데, 이 범죄자도 마찬가지일 것이라고 생각했다. 스트레스는 대인관계에서 올 수도 있고, 의학적·재정적·성적 스트레스일 수도 있으며, 약물 남용 때문일 수도 있다. 강간범은 범행을 저지르면 순간적으로 스트레스가 발산되어 적어도 얼마 동안은 자기에게 힘이 있으며 스스로가 상황을 통제하고 있다는 느낌을 회복시켜 준다는 사실을 깨닫는다.

범인은 이 때문에 1995년 4월 22일과 23일 밤에 그토록 열심히 범행 대상을 찾으려 했을 것이다. 자정이 되기 전 로리와 베스의 아파트에서 계속 실패하자 범인은 더 많은 스트레스를 받았다. 그래서 그는 1시 30분까지도 범행 대상을 찾으면서 아파트 건물에 머물렀다. 그러다가 프랭키를 보고 그녀를 표적으로 삼았다. 범인은 몇 달 후에도 이 같은 끈질김을 보인다. 이른 저녁 마티의 아파트에서 남자 룸메이트가 들어오자 겁을 먹고 물러난 범인은 세 시간 뒤 메리에게 범행을 저질렀다.

하지만 범인은 강간을 한 직후마다 느꼈던 일시적인 안도감이 착각이라는 점을 몰랐다. 범죄는 사실상 스트레스를 축적하는 효과를 가져오고 결국은 감정적인 짐이 된다.

나는 경찰에게 신원 불명의 범인이 강도나 불법침입과 같은 재산 범죄나 풍기문란이나 음주운전과 같은 음주 관련 범죄, 혹은 창밖에서 훔쳐보기와 같은 '경미한' 성범죄나 음란 전화로 체포 기록이 있을 것이라고 조언했다.

항문 강간에 집착하는 것은 범인이 구치소나 감옥에 수감된 적이 있을지도 모른다는 가능성을 제시한다. 하지만 범인이 보인 거친 말과 물리적 폭력과 연결하여 생각하면 항문 강간은 여성을 향한 깊은 분노를 보여주기도 한다.

그의 범죄에서 계획이나 인내심은 보이지 않는다. 모두 대학생이었던 피해자들 중 아무도 범인이 학생이라고 생각하지 않았다. 또한 그는 여성의 신체 부위를 말할 때 길거리에서나 쓰는 저속한 말을 사용했으며, 칭찬을 할 때도 마찬가지였다. 이 모든 사실은 범인이 고등학교 이상의 교육을 받지 못했음을 말해주고 있었다.

그의 범행 중에서 높은 지능은커녕 세상 경험을 통해 얻은 꾀를 보여주는 것은 하나도 없었다. 그는 순전히 물리적·언어적 폭력에 의존해서 피해자를 통제했다. 앞선 범행에서 교훈을 얻지도 않았다. 예를 들어 그는 얼굴을 감출 수 있는 적당한 방법을 결코 찾아내지 못했다. 마스크만 가져가면 간단한 일인데도 말이다. 그는 지문을 남길까봐 걱정을 한 것 같지만 그럼에도 강간을 할 때마다 DNA 증거를 남겼다.

피해자들은 충동적으로 선택되었다. 그는 분명 피해자들의 습관이나 생활상, 성격에 대해서 아무것도 모른 채 행동했다.

피해자에서 범인이 사용한 무기에 이르기까지 범행과 관련된 것은 모두 미리 생각한 것이 아니라 그 자리에서 결정한 것이었다.

범인이 합의하에 맺는 관계의 시작과 끝 역시 충동적일 것이라고 생각했다. 범인은 물건을 구매할 때도 오랫동안 쓸 수 있는지, 또 그것을 살 만한 형편인지 생각하지 않고 사는 유형일 것이다. 신용등급은 낮고 주소는 물론 직업도 자주 바꿀 것이다.

로리의 사건을 보면 그가 좌절을 잘 견디지 못한다는 사실을 확실히 알 수 있다. 범인은 로리를 잡으려다 실패하자 나중에 그녀의 집으로 돌아와 침실을 엉망으로 만들면서 분노를 표출했다. 또 베스의 아파트에 들어가려다 실패하자 프랭키에게 과도하고 불필요한 폭력을 행사함으로써 분노를 표출했다. 이와 비슷하게 마티에게 범행을 저지르려다가 방해받자 다음 희생자인 메리를 폭력적으로 대했다.

범인의 일상적인 관계도 결함이 있을 것이라고, 즉 이혼 가능성을 염두에 두었다. 또 포르노그래피, 특히 본디지를 주제로 한 포르노와 가슴과 엉덩이를 강조하는 잡지나 기타 물건들을 수집할 것이라고 추측했다.

또한 여성을 향한 범인의 분노가 점점 커지고 있기 때문에 폭력이 점점 더 심해질 것이라고 예상했다. 그에게 순응적인 성관계 파트너가 있다면, 그녀는 그가 점점 더 요구가 많아지고 이기적인 성적 요구를 하며 말이나 행동이 난폭해졌다고 생각할 것이다.

범인은 육체 근로자이며 아마도 실외에서 하는 일일 것이다. 나는 그가 간단한 직업 훈련이나 경험 이상이 필요한 직업을 가지고 있지는 않을 것이라고 생각했다.

범인은 대학 캠퍼스 주변을 돌아다니는 데 익숙한 것 같았다. 물론 대학이라는 환경은 매력적인 희생자를 잔뜩 제공해준다. 그러나 범인이 전에 그 근처에서 살거나 일했을 것이며, 아니면 근처에 사는 사람을 정기적으로 찾아갔을지도 모른다고 생각했다.

마지막으로, 나는 범인의 집이 그의 차량과 마찬가지로 수수하고 제대로 관리가 되어 있지 않을 것이라고 생각했다. 아파트나 작은 셋집일수도 있고 트레일러일 수도 있다.

몇 달 뒤 경찰은 강간범이 이웃 주에서 잡혔으며 메리를 폭행한 후 곧 이사했다고 알려왔다. 예상대로 범인은 성범죄를 계속 저질렀다. 범인을 체포한 수사관들이 정해진 절차에 따라 강간범의 이전 거주지를 알아보다가 대학가에서 일어난 연쇄강간 사건을 알게 된 것이다. 내가 분석을 의뢰받은 사건을 DNA 증거가 해결한 셈이었다.

내가 추정한 강간범의 모습은 한 가지만 빼고 모두 정확했다. 달랐던 점은 범인이 중상위 계층이 사는 마을의 좋은 집에 살았다는 사실이었다. 경찰이 이 사실을 알려주었을 때 나는 무척 놀랐다. 경찰관은 내가 당황하는 모습을 잠시 지켜보더니 이렇게 덧붙였다. "아, 그런데 아버지가 사준 집이더군요."

　최종적으로 범인을 잡은 것은 DNA였지만 버짓은 내가 제공한 프로파일과 경찰 부서의 부지런한 노력에 크게 만족했다. 버짓은 수사관들과 나에게 근사한 저녁 식사를 대접했는데, 나는 그날을 결코 잊지 못할 것이다. 그날 마지막으로 건배를 할 때 버짓은 이렇게 말했다. "여러분, 내 딸은 아직도 나의 영웅입니다."

#11

연쇄살인범 프로파일링

종이컵에서 나온 패리언 워드립의 타액에서 추출한 DNA는 연쇄살인범의 DNA와 일치했다. 15년이라는 긴 세월이 흐른 후 마침내 사건이 해결되었다.

행동과학부가 처음 의도했던 대로 프로파일링은 최후의 수사 기법이다. 다른 방법이 모조리 실패했을 때 쓴다는 뜻이다. 경찰은 기존의 수사 방법을 모두 시도해본 후에 프로파일러에게 도움을 청해야 한다.

프로파일만으로 사건 자체가 해결되는 예는 거의 없다. 사실 나도 프로파일로 사건을 해결했던 경우는 겨우 몇 번밖에 없다. 하지만 프로파일은 새로운 아이디어를 제공하여 정체된 수사에 활력을 불어넣을 수 있다. 센트 디외르디의 말처럼 "아무도 생각지 못한 것을 생각"하는 것이다.

1997년 7월에 일어난 일이 바로 그런 경우였다. 나는 텍사스 위치타 폴스 경찰로부터 일련의 살인 사건을 분석하여 신원이 밝혀지지 않은 범죄자의 프로파일을 알려달라는 요청을 받았다. 위치타 지방 검사 배리 매처는 내가 자기 사건을 해결할 것이라고 기대하지는 않는다고 말했다. 그는 단지 내가 몇 개의 점을 연결할 수 있는지 알고 싶다고 했다. 실제로 나는 그렇게 했고, 새로운 통찰력은 새로운 생각을 불러왔다. 기존의 탐문 수사를 활발하게 한 결과 DNA라는 돌파구를 찾아 범인을 체포하고 자백을 받아내어 사형 선고를 이끌어냈으며, 그밖에도 얽히고설킨 여러 가지 놀라운 사실을 밝혔다. 이 사건은 프로파일링이 다양한 수사 활동을 어떻게 보완하고 증강해줄 수 있는지 생생하게 보여준다.

매처는 1984년 12월부터 1985년 9월까지 위치타 폴스에서 일어난 세 건의 살인 사건을 살펴봐달라고 했다. 처음의 두 사건은 이미 DNA 분석으로 같은 범인의 소행이라는 것이 밝혀진 상태였다. 검사는 세 살인 사건이 모두 같은 사람에 의한 것인지, 또 만약 그렇다면 신원이 밝혀지지 않은 범인이 어떤 유형의 사람인지에 관한 나의 소견을 알고 싶어 했다.

첫 번째 사건의 희생자는 테리 리 심스(22세)였다. 위치타 폴스 베사니아 병원의 간호 학생이자 심전도 전문가인 그녀는 1984년 12월 21일 금요일 이른 아침에 칼에 찔려 잔인하게 살해되었다.

테리는 증조할머니와 함께 살았지만 친구이자 같은 병원에서 근무하는 레자 분의 집에서 자는 일이 많았다. 두 사람은 12월 20일에 야간 근무를 했다. 레자는 2교대 근무였기 때문에 둘은 테리가 레자의 집에서 자는 것이 낫겠다고 생각했다.

레자는 예전에도 그랬듯이 테리에게 하나밖에 없는 집 열쇠를 주었다.

그녀는 침실 두 개짜리 자기 집 앞 도로에서 교대 근무를 하러 병원을 향해 차를 몰고 가며 친구 테리의 살아 있는 모습을 마지막으로 보았다. 레자가 떠날 때 테리는 작은 현관 앞에 나와 있었다.

다음 날 아침 7시 30분에 레자가 현관문을 두드렸지만 테리는 아무 반응이 없었다. 레자가 집 옆으로 돌아가 보니 부엌에 불이 켜져 있었다. 테리는 언제나 잊지 않고 부엌 불을 껐기 때문에 무척 이상한 일이었다. 미닫이식 유리문도 굳게 잠겨 있었다.

레자는 집주인이 가지고 있던 열쇠 복사본을 빌려와 집 안으로 들어갔다. 안으로 들어가자 거실 오디오가 뒤집혀져 있고 첫 번째 침실에 피가 흩뿌려져 있었다. 레자는 더 이상 들어가기가 겁이 나서 집주인을 불렀다. 안으로 들어간 집주인은 테리가 양말만 신은 채 알몸으로 욕실 바닥에 아이 같은 자세로 웅크리고 누워 있는 것을 발견했다. 이미 죽은 상태였다.

강제로 들어온 흔적은 없었다. 레자는 받자마자 끊는 이상한 전화가 온다거나 좀도둑이 들었다든가 하는 문제도 없었다고 말했다. 레자는 테리가 자기 집에서 잘 때 보통 야간 근무를 끝내고 들어오자마자 옷을 갈아입었으며, 그런 다음 오디오를 켜고 부엌에서 먹을 것을 간단히 먹고 거실에 앉아서 텔레비전을 보거나 음악을 듣거나 공부를 했다고 이야기했다.

오디오 스피커 앞에는 테리의 병원 유니폼이 놓여 있었다. 티테이블 위에서는 피가 흥건한 노란색 티슈 화장지를 비롯한 몇 가지 물건이, 또 테이블 뒤에서는 피가 묻은 여자 속옷이 둘둘 말린 채 발견되었다. 티테이블 근처 바닥에는 피해자의 안경이 놓여 있었다.

경찰은 침실로 가는 복도, 침대 시트와 베갯잇, 바닥에 떨어진 베개에서 핏자국을 발견했다. 침대 구석에서 발견된 천 조각도 피로 젖어 있었다.

테리의 지갑과 담갈색 핸드백은 침대에 놓여 있었고, 핸드백 안에는 스위스 군용 칼 두 자루가 있었다. 물침대 히터와 벽의 전원을 연결하는 노란 전선은 잘렸으며 일부가 사라져 있었다. 침대 바닥에는 단추 두 개가 떨어져 있었다.

테리의 시체는 욕실 바닥에 왼쪽을 향해 누워 있었고 손은 등 뒤로 돌려져 노란색 전선으로 묶여 있었다. 조사 결과 그녀의 입과 질에서 정액이 발견되었다. 주먹이나 곤봉으로 맞았거나, 바닥이나 벽에 던져져서 생긴 것으로 보이는 멍이 얼굴에서 발견되었다. 범인은 테리의 가슴과 등을 12차례 찔렀다. 검시관의 말에 따르면 테리의 양손과 왼쪽 팔뚝에 방어를 하다가 생긴 상처가 있었다. 테리가 범인에게 저항한 것으로 보였다. 피가 튄 흔적이 화장대 앞쪽과 세면대, 한쪽 벽, 욕조에서 발견되었다. 욕조 가장자리에는 많은 양의 피가 있었다. 살인에 사용된 흉기는 발견되지 않았다.

테리는 위치타 폴스에서 평생을 살았다. 테리를 아는 사람들은 테리가 수줍음이 많고 조용하며 걱정이 많은 젊은 여성으로 간호처럼 원래 다른 사람을 돕는 직업에 관심이 많았다고 설명했다. 테리에게는 남자친구가 있었지만 그녀가 살해될 당시에는 외국에 나가 있었고 테리가 다른 사람을 만났다는 이야기는 없었다.

테리는 다른 간호 학생들에게 차에서 내려서 올 때나 차로 갈 때 조심하라고 경고하곤 했다. 그녀는 태권도 수업을 들었는데, 그녀가 다녔던 도장은 신문광고에 그녀의 사진을 쓰기도 했다.

테리는 총 끝에 꽂는 총검, 부츠에 넣고 다니는 부츠 칼, 손가락에 끼우는 칼, 던지기용 칼, 주머니칼 등과 같은 뾰족한 무기를 수집했다. 분명히 평범하지 않은 취미였지만 테리의 친구와 가족들은 칼에 대한 관심이 병적이지는 않았다고 주장했다. 테리는 단지 칼 수집을 좋아할 뿐이었다. 테리의 여동생 가운데 한 명은 그해 크리스마스 선물로 테리에게 칼을 사줄 계획이었다.

테리는 가방 안에 스위스 군용 칼 두 자루 외에도 펜으로 위장한 칼을 하나 더 가지고 있었다고 했다. 그러나 칼은 그녀가 살해된 날 아침 이후 사라졌다.

테리는 호전적인 성격도 아니었고 자신의 안전에 지나치게 집착한 것도 아니었다. 몇몇 사람들은 그녀를 순진하고 의존적이라고 설명했다. 테리의 사촌 빌리는 자기 생각에는 범인이 테리를 노린 것이 아니라 단지 그날 그곳에 있었기 때문에 죽인 것이라고 말했다. 테리가 다른 사람에게 살해당할 만한 행동을 했다고는 상상도 할 수 없었다고 덧붙였다. 빌리는 테리가 살해된 것은 범인이 누구인지 보았기 때문이라고 생각했다.

두 번째 피해자는 매력적인 간호사 토니 깁스(24세)로, 살아 있는 모습이 마지막으로 목격된 것은 1985년 1월 19일 위치타 종합병원을 나설 때였다. 다음 날 토니의 실종 신고가 들어왔다.

1월 22일 화요일에 한 달 전 테리가 살해당한 레자의 집에서 두 블록 정도 떨어진 거리에서 토니의 1984년식 흰색 자동차가 발견되었다. 자동차는 제대로 주차되어 잠겨 있었다.

토니의 지갑은 그녀가 보통 놓아두는 조수석 바닥 매트 아래에서 발견되었다. 운전석과 조수석은 모두 제일 뒤쪽으로 밀려 있었다. 운전석 문 안쪽과 바깥쪽에서 작은 핏자국이 발견되었다. 또한 사이드 브레이크와 핸들 사이 정중앙에서 구두 광택제로 추정되는 흰색 끌린 자국이 발견되었다. 누군가가 자동차 앞좌석에서 끌리거나 당겨진 듯했다.

2월 15일 금요일에 한 잡역부가 위치타 폴스 시 경계에서 남쪽으로 약 1.6킬로미터 정도 떨어진 시골 들판에서 토니의 알몸 시체를 발견했다. 피해자는 팔을 머리 위로 올린 채 똑바로 누워 있었다. 토니는 여러 차례 칼에 찔렸으며 어느 정도 값이 나가는 장신구를 하고 있었다. 살인자가 보지 못했거나 보고도 그냥 놔둔 것 같았다.

테리와 마찬가지로 토니에게도 끔찍한 상처가 있었다. 토니의 가슴 주변과 왼쪽 다리에는 여러 개의 타박상과 깊게 할퀸 자국이 나 있었는데 그중 몇 개는 사후에 생긴 것이었다. 복부 위쪽과 왼쪽 앞쪽 어깨, 왼쪽 겨드랑이에는 여러 개의 자상이 나 있었고 등에도 세 개의 자상이 있었다. 칼날 길이는 15센티미터 이상이었다. 토니의 입과 질, 항문에서 정액으로 보이는 액체가 발견되었다. 테리와 마찬가지로 토니 역시 양손에 방어를 하다가 생긴 것으로 보이는 상처가 있었다. 묶였다는 증거는 없었다.

그녀의 시체에서 30미터 떨어진 곳에는 노면 전차가 버려져 있었는데 전차 바닥에서는 신발 끈이 묶인 채 피로 얼룩진 토니의 신발과 팬티스타킹, 비키니 속옷, 흰색 제복 바지(한쪽 다리가 뒤집혀 있었다), 흰색 제복 웃옷, 검은색 가죽 재킷이 발견되었다. 피 묻은 브래지어도 고리가 채워진 채 전차 안에서 발견되었다.

전차 안쪽 벽에도 핏자국이 있었고 바닥에는 피가 떨어진 큰 자국이 있었다. 고무 매트는 피로 흠뻑 젖어 있었다.

끔찍한 공격은 대부분 전차 안에서 일어난 것이 틀림없었다. 하지만 토니의 시체 어디에서도 끌린 자국은 보이지 않았다. 검사관은 토니가 전차가 있는 곳에서 거의 4주 후에 발견된 곳까지 걷거나 기어서 갔을 거라고 추측했다.

사람들은 토니가 무척 지적이고 독립적이며 외향적인 젊은 여성으로 좋은 집안 출신이라고 했다. 그녀는 이혼한 지 1년이 채 되지 않았고 아파트 단지에 혼자 살고 있었으며 여자친구들과 컨트리 웨스턴 바에 즐겨 갔다.

모두 토니가 히치하이커나 모르는 사람을 차에 태우지는 않았을 거라고 말했다. 그녀는 건강했고 자신에게 유리하다고 생각했다면 범인에게 저항했을 것이다.

좀 더 알아보자 토니가 죽기 전 몇 주 동안 음란 전화를 받았다는 사실이 드러났다. 그녀의 형제인 월도와 제프는 전화를 건 사람이 토니가 무슨 옷을 입고 있는지 그리고 전화를 한 날 그녀가 어디어디에 갔었는지 정확히 말했다고 했다. 두 사람은 토니가 그 일 때문에 진심으로 무서워했다고 말했다. 그러나 나중에 음란 전화는 범죄와 아무런 상관이 없음이 밝혀졌다. 수사관은 어떤 범죄에 그 범죄와 상관없는 사건이 얽혀 있을 수도 있다는 점을 반드시 기억해야 한다.

토니 사건 수사가 진행되면서 그럴듯한 용의자가 나왔다. 대니 웨인 롤린은 토니가 자주 가던 컨트리 웨스턴클럽 중 하나인 스타더스트 클럽에서 일하는 젊은이였다. 그는 술, 와인, 맥주 공급이 끊이지 않게 하고 얼음을 가져다주는 등의 일을 했다.

경찰이 정해진 절차에 따라 스타더스트 클럽 직원들을 심문할 때 롤린이 피해자를 안다고 나섰다. 그후 롤린은 경찰 본부에 찾아와서 토니의 시체가 발견되기 닷새 전인 2월 10일에 그녀의 시체가 발견된 장소에 개를 데리고 갔었다고 말했다.

그러나 그의 말은 거짓이었다. 2월 10일에 롤린은 위치타 폴스 시내에서 강도질을 하고 있었다. 알리바이를 만들기 위해 경찰을 찾아가 이야기를 꾸며낸 것이었다. 결국 롤린은 8월에 위증죄와 강도죄가 유죄로 밝혀져 2년에서 7년 징역형을 선고받았다.

한편 감옥에서 롤린을 알게 된 한 정보원은 롤린이 토니를 살해했음을 자기에게 고백했다고 알려왔다. 그의 말에 따르면, 롤린은 토니와 함께 마약을 하고 나서 성관계를 맺으려고 접근했지만 토니가 거부했다. 그러자 롤린이 화가 나서 토니를 죽였다는 것이다. 그리고 두 번째 증인이 나타나서 들판에서 롤린과 - 그녀의 말에 따르면 - 늑대를 닮은 개를 보았다고 주장했다.

롤린은 1985년 10월 토니를 살해한 죄로 기소되어 다음 해 봄에 재판을 받았다. 배심원은 11대 1로 무죄라는 결론을 내렸고 검찰 측은 항소하지 않기로 했다. 롤린은 다음 해에 가석방되었지만 1993년 9월 콜로라도 주 크리플 크릭 근처에서 자동차 사고로 사망했다. 그로부터 3년 후이자 내가 이 사건에 고문으로 참가한 지 1년 후에 DNA를 테스트한 결과 롤린은 토니를 죽인 살인범이 아닌 것으로 밝혀졌다. 또한 테리와 토니가 같은 사람에 의해 강간당했음도 밝혀졌다.

이제 이야기는 더욱 복잡해진다.

매처가 분석을 의뢰한 세 번째 사건은 엘렌 블로 살인 사건이었다. 엘렌 블로(21세)는 1985년 9월 19일 목요일 이른 아침에 살아 있는 모습이 마지막으로 목격되었다.

엘렌은 무척 이상주의적인 젊은 여성이었다. 그녀는 의지가 강하고 자유분방한 정신의 소유자로 가족이 상당히 부유하다는 사실을 불편하게 여겼다. 그녀의 부모는 엘렌이 17세에 집을 떠나 젊은 공군 지원병과 함께 위치타 폴스에 살았다고 말했다. 그들은 엘렌을 집으로 데려왔지만 그녀는 고등학교 졸업식 이틀 후 남자친구와 살기 위해 위치타 폴스로 돌아갔다.

엘렌은 살해되기 몇 달 전에 부모에게 선물받은 1980년식 폴크스바겐 래빗 컨버터블 자동차를 제외하고는 모든 원조를 거절한 채 웨이트리스나 요리사로 일하면서 생활했다.

엘렌의 친구들은 그녀가 무척 충동적이었다고 말했다. 엘렌이 살해되던 당시 같이 살고 있었던 제이니 볼은 엘렌이 트럭 운전수의 차를 타고 캘리포니아까지 간 적이 있었는데 서부 지역에 도착하고 나서야 연락을 했다고 말했다. 또 엘렌은 순진하지도 쉽게 겁을 먹지도 않았다. 그들은 범인에게 무기가 없었다면 엘렌이 저항했을 것이라고 말했다.

엘렌은 실종되던 날 밤에 피자헛에서 친구들과 맥주를 몇 잔 마신 다음 혼자서 래빗을 타고 떠났다. 마지막으로 목격되었을 때 엘렌은 위치타 폴스 시내 방향으로 가고 있었다. 다음 날 아침 그녀가 요리사로 일하던 카페에 나타나지 않자 사장이 경찰과 제이니에게 전화를 걸었다.

한편, 앨렌을 알고 지내던 빵을 배달하는 트럭 운전수가 잡화점 뒤에 주차되어 있는 엘렌의 자동차를 발견했다. 그는 무언가 잘못되었다는 느낌이 들어 경찰에 전화했다.

자동차 문은 잠겨 있지 않았다. 자동차 키는 점화 장치에 꽂힌 채 "켜짐"으로 되어 있었다. 창은 양쪽 모두 올라가 있었다. 현금 223달러가 든 피해자의 지갑은 운전석과 조수석 사이의 튀어나온 부분 근처 조수석 바닥에 놓여 있었다. 엘렌의 어머니는 그녀가 자동차에 키나 지갑을 두고 가지는 않았을 거라고 말했다.

운전석에는 약간의 피가 있었다.

3주 후 카운티 직원들이 한쪽 양말만 신은 채 벌거벗은 엘렌의 시체를 발견했다. 시체는 바싹 말라서 부분적으로 뼈가 드러난 채 얼굴을 아래쪽으로 향한 자세로 비포장 도로 근처 메스키트 나무 아래 언덕에 있었다. 엘렌의 테니스 신발과 청바지, 노란색과 흰색이 섞인 셔츠, 브래지어, 양말 한 짝은 시체에서 그리 멀지 않은 가축용 연못에서 발견되었다. 청바지는 뒤집힌 상태였다.

노란색 목걸이와 노란색 팔찌, 노란색 귀걸이는 그대로 있었지만 그녀가 끼고 있던 반지 두 개는 없었다. 여성용 롤렉스 시계가 시체에서 2.7미터 정도 떨어진 곳에서 발견되었다.

시체 근처에서 발견된 깨진 맥주병은 엘렌의 차에서 발견된 미켈롭 맥주병 파편과 일치했다. 수사관들은 납치범이 깨진 맥주병을 뾰족한 무기로 이용했을 것이라고 생각했다. 근처에서 22구경 탄피 여섯 개와 탄환 한 개도 발견되었다.

엘렌의 시체는 오랫동안 버려져 있었기 때문에 법의학적 증거가 거의 나오지 않았다. 야생동물이 엘렌의 한쪽 팔을 60미터 넘게 떨어진 곳까지 가져갔을 정도였다.

엘렌이 묶였던 것 같지는 않았다. 골절이나 치아 손상도 없었다. 교살되었다는 증거도 없었고 남아 있는 피부에서 명확한 상처가 발견되지도 않았다. 성폭행을 당했는지 확인하는 것도 불가능했다.

그녀의 공식 사인은 "확실치 않은 폭력으로 인한 살인"이 되었다.

나는 1997년 8월 매처에게 제출한 보고서에서 엘렌 살인 사건에는 확신할 수 있는 사항이 너무 적기 때문에 테리와 토니를 살해한 범인에 의해 살해당했는지 확실히 말할 수 없다고 결론 내렸다. 또한 피해자의 나이와 인종을 제외하면 엘렌과 다른 두 피해자를 연결 짓는 특징도 별로 없었다.

하지만 세 살인 사건에는 놀랄 만한 몇 가지 유사성이 있었다. 세 사건 모두 아침 시간에 일어났으며 모두 날카로운 도구(칼과 맥주병)로 인한 범행이었다. 범행 장소에는 피가 흥건했고 폭력성이 짙었지만, 행동과학부의 기준에 따르면 세 살인 사건 모두 "과잉 살인"으로 분류될 정도는 아니었다. 20개 이상의 자상이 있을 경우를 과잉 살인으로 분류한다.

세 여성 중 두개골이나 안면에 골절이 있는 사람은 아무도 없었고 세 명 모두 분명 범인에게 저항했다. 훔쳐간 것도 없었다. 세 희생자 모두 나체로 발견되었으며 살인자는 피해자의 옷을 남겨두었다. 피해자의 신발은 모두 끈이 묶인 상태로 발견되었다. 피해자 바지의 다리 부분 중 적어도 한쪽은 뒤집힌 채 발견되었다. 피해 여성들은 공격을 받을 때 혼자였으며 모두 살해당한 곳에 남겨졌다.

나는 이러한 유사성과 세 건의 살인 사건 모두 무척 좁은 지리적 범위 안에서 일어났고 간격이 9개월을 넘지 않는다는 사실과 종합하여 보고서에 "같은 사람이 세 살인 사건을 모두 저질렀을 가능성이 매우 높다"고

썼다. 그러므로 내가 준비한 프로파일이 세 사건 수사 모두에 적용될 수 있다고 제안했다.

나는 프로파일에서 범인은 백인 남성으로 범행 당시 24세에서 30세 정도였다고 적었다. 그는 나이에 비해 감정적으로 성숙하지 못한 것이 틀림없으며 실제로 상대방에게 거절당하거나 거절당했다고 생각하면 분노로 반응을 하는 경향이 있다. 보고서에 이렇게 적었다. "그는 무척 이기적인 사람으로 다른 사람의 안녕이나 안전에 관심을 보이지 않았다. 살인자는 친구나 동료들에게 마초 분위기를 풍겼을 것이다."

범죄 사실로 미루어볼 때 범인은 피에 대한 거리낌이 없었고 칼(혹은 깨진 병)을 사용하는 매우 직접적인 살인 방법도 아무렇지 않게 여겼다. 이 사실은 범인의 직업이 육체노동을 포함하는 기술직 혹은 반기술직이며 고된 노동이 포함되어 있음을 시사한다.

과잉 살인이 아니라는 것은 그의 분노가 제어되었음을 가리킨다.

범인이 만약 군대에 복무했다면 권위를 가진 인물에 대한 반감 때문에 병역 기간을 마치지 못했을 확률이 크다. 그는 아마도 결혼을 한 상태였거나 결혼한 적이 있을 테지만, 성적으로 정조를 지키지는 못했을 것이다.

범인은 고등학교 교육을 받았으며 상업 혹은 기술 훈련을 받았을 가능성도 있다. 범죄가 계획적이거나 정교하지 않은 것으로 보아 지능이 평균 이상은 아니었을 것으로 보인다.

살인 당시 범인은 사회경제적으로 하층 혹은 중하층이었으며 레자의 집 근처에 살았을 것이다.

범인은 무척 충동적인 생활 방식을 가지고 있었을 것이다.

테리를 살해할 당시 범인은 직업, 건강, 재정, 관계, 가족, 혹은 법적 문제로 스트레스를 겪고 있었을 가능성이 크다.

범인은 10대 이후 법적 문제를 겪었을 것이다. 다양한 범행으로 체포된 기록이 있을 것이며 아마 체포에 저항한 기록도 있을 것이다.

살인은 범인에게 아무런 영향을 주지 못했으며 그는 후회나 죄책감도 느끼지 못했을 것이다.

위치타 폴스 경찰 당국은 내가 작성한 프로파일을 받기 전에 세 사건의 용의자들에 대한 수사를 마치고 그들의 혐의를 모두 벗겨주었다. 배리 매처는 존 리틀 수사관에게 내가 작성한 프로파일을 참고하여 테리와 토니, 엘렌 파일을 다시 살펴보면서 세 사건 모두를 저질렀을 만한 한 명의 용의자가 있는지 알아보도록 요청했다.

리틀은 전에 미처 눈여겨 보지 못한 점을 알아차렸다. 패리언 에드워드 워드럽이라는 이름이 세 사건 수사에 모두 등장했던 것이다. 경찰은 엘런이 제이니와 그녀의 남편과 함께 살았던 4가구 아파트에 워드럽이 한때 아내, 아이와 함께 산 적이 있음을 깨달았다. 아파트는 테리의 살해 현장인 레자의 집에서 두 블록 떨어진 곳이었다. 또한 워드럽은 토니가 위치타 종합병원에서 일하던 당시 같은 병원의 잡역부로 일했다.

리틀 형사는 더 깊이 파고들었다.

워드럽은 1959년 인디애나 주 세일럼에서 태어나고 자랐다. 그는 아홉 형제 중 다섯째로 아버지는 기계공이었고 어머니는 전화 교환수였다. 형제자매들의 말에 따르면 가족은 아무 문제가 없었고 양친은 모두 살아 있었다.

그는 열등생이었다. 그는 11학년 때 고등학교를 자퇴했고 1978년까지 대체로 비기술직 일을 하다가 그해에 주방위 육군에 들어갔다. 6년 후 연쇄살인이 시작되기 직전 마약 흡입으로 체포된 사실 때문에 불명예 제대를 했다.

1983년 그는 위치타 폴스 여성과 결혼하여 두 아이를 두었다. 위치타 종합병원에서 수위로 일했고 1983년 11월에는 병원 잡역부가 되었다.

그 후 워드립은 곧 아내와 별거했고 1985년 토니의 시체가 발견된 지 나흘 후에 위치타 종합병원의 잡역부 일을 그만두었다. 1985년 12월, 그는 아내와 영영 헤어졌다.

이제 새로운 피해자가 등장한다.

테리는 1984년 12월에 살해되었고 토니는 한 달 뒤에 살해되었으며 엘렌은 1985년 9월에 실종되었다. 그 뒤 1986년 5월 6일 - 롤린이 토니 살인죄로 기소된 지 한 달 후 - 위치타 폴스에 사는 티나 킴브루(21세)가 아파트에서 죽은 채 발견되었다.

킴브루는 머리를 맞고 베개로 질식된 채 발견되었다. 나흘 후 워드립이 버스를 타고 텍사스 주의 해안 도시인 갤버스턴에 도착했다. 워드립은 나중에 경찰에게 바다를 본 후 자살할 생각이었다고 말했다. 하지만 그는 자살하는 대신 갤버스턴 경찰에 전화를 걸어 자신이 위치타 폴스에서 "좋은 친구"를 죽였다고 말했다. 킴브루였다.

킴브루는 예쁘장하게 생긴 대학생으로 웨이트리스 일했다. 워드립은 (토니 깁스가 자주 가던) 스타더스트 클럽에서 킴브루를 만나서 친해졌다고 주장했다. 그는 킴브루와 적어도 한 번 저녁식사를 했다고 말했다.

워드립에 의하면 살인은 5월 6일 화요일 아침에 일어났다. 워드립은 킴브루의 아파트에서 이곳에 며칠만 머물러도 되겠느냐고 물었다. 킴브루는 안 된다고 했다. 말싸움이 이어졌고 워드립이 킴브루를 죽였다.

경찰 기록에 따르면, 경찰관들이 워드립을 차에 태우고 갤버스턴에서 위치타 폴스로 돌아가는 길에 그가 엘렌을 안다는 말을 했다고 한다. 하지만 추가 수사는 없었다. 아무도 킴브루 사건을 같은 지역에서 일어난 세 건의 미해결 사건과 연관 지을 생각을 하지 못했다.

워드립은 킴브루를 죽인 것을 깊이 뉘우치는 척하면서 유죄 협상을 해서 35년 형을 받았다. 그는 11년 동안 복역한 뒤 1997년 12월에 가석방되었다. 내가 테리와 토니, 엘렌 사건에 대한 프로파일을 제출한 지 약 4개월 후였다. 가석방 조건의 일부는 계속적인 감시와 발목 수갑을 찬 채 직장, 집, 교회에만 다니는 것이었다.

감옥에서 풀려난 워드립은 가족들이 살고 있는 텍사스의 작은 마을 올니로 갔다. 그는 창호 및 방충망 회사에 다니면서 재혼하여 지역 교회에서 활발히 활동했다. 워드립은 주일학교에서 아이들을 가르치기 시작했고 주변 사람들에게 목사가 되기 위해 공부를 하고 있다고 말했다.

오랫동안 복역했다는 이야기가 나오면 워드립은 사람들에게 운전 중과실치사 때문이라고 말하곤 했다. 또 어떨 때는 술집에서 일어난 싸움이 비극적으로 끝났기 때문이었다고 말했다. 워드립 사건에 대한 책을 쓴 텍사스의 작가 칼튼 스토워스는 이렇게 말했다. "그는 진실을 말하는 쉬운 방법보다는 굳이 거짓말을 하는 힘든 길을 택했다."

리틀은 필요한 서류를 준비한 다음 DNA 영장을 신청했다. 하지만 매처 검사는 DNA 영장을 청구하기에는 이유가 불충분하다며 기각했다. 리틀은 DNA 추출에 필요한 샘플을 얻기 위해서 어렵게 표본을 확보해야 했다. 텍사스에서는 버려진 물건에 대한 법규에 따라 누군가 버린 것, 말하자면 내놓은 쓰레기 등은 더 이상 개인 소유물로 간주되지 않기 때문에 합법적으로 가져갈 수 있었다.

리틀 형사는 올니까지 차를 몰고 가서 워드립을 지켜보면서 기회를 기다렸다. 워드립의 움직임이 제한되어 있었기 때문에 기회는 거의 없었다. 힘든 며칠을 보낸 후 리틀 형사는 올니 창호 및 방충망 회사 건너편 번화가의 세탁소에 자리를 잡고 기회를 기다리기로 했다.

일주일이 지났다. 그러던 어느 날 워드립의 새 아내가 남편의 오전 휴식 시간에 맞추어 차를 몰고 나타났다. 워드립은 자동차 앞좌석에 부인과 함께 앉아 커피와 땅콩버터 크래커 한 봉지를 먹었다. 휴식 시간이 끝나자 워드립은 차에서 내려 커피를 마저 마시더니 일터로 돌아가는 길에 종이컵을 파란 쓰레기통에 버렸다.

리틀 형사에게 드디어 기회가 찾아온 것이다. 코담배를 씹는 리틀 형사는 입에 담배 한 덩어리를 넣고 길을 건넜다. 그는 쓰레기통을 가리키며 워드립에게 담배를 뱉게 다 쓴 커피 컵을 가져가도 되겠느냐고 물었다.

"마음껏 쓰시죠." 워드립이 말했고, 리틀 형사는 그렇게 했다. 혁신적인 아이디어를 높이 사는 나로서는 리틀 형사의 행동이 무척 존경할 만하다고 생각한다.

종이컵에서 나온 워드립의 타액에서 추출한 DNA는 테리와 토니 살인범의 DNA와 일치했다. 15년이라는 길고 긴 세월이 흐른 후 마침내 사건이 해결되었다.

경찰 당국은 워드립의 신병을 확보하려면 위치타 폴스의 가석방 감독관을 통하는 것이 최선의 방법이라고 결정했다. 그래서 가석방 감독관에게 요청했고, 감독관은 올니에 있는 워드립에게 전화를 걸어 그를 만나야겠으니 위치타 폴스로 오라고 했다. 워드립은 발목에 달린 감시 장치를 떼기 위해서 열심히 로비를 하고 있었기 때문에 분명 그 문제 때문이라고 생각했다.

1999년 2월 13일 토요일 약속한 시간에 나타난 워드립은 자신을 기다리고 있던 리틀 형사를 발견했다. 그날 워드립은 지방 검사 사무실로 이송되어 테리와 토니 살인 혐의로 체포되었다.

워드립은 체포된 후 처음에는 아무 말도 하지 않았다. 그때 그의 아내가 찾아와 지역 신문에서 워드립의 DNA가 테리 및 토니 살인 사건 범인의 DNA와 일치한다고 보도한다는 소식을 전해주었다. 그 이야기를 들은 워드립은 리틀을 구치소로 불렀다.

1999년 2월 16일 아침, 워드립은 테이프 녹음기를 앞에 두고 존 리틀 형사와 아처 카운티 지방 검사 수사관 폴 스미스와 함께 45분 동안 이야기를 나누었다. 워드립은 두 사람에게 해줄 말이 무척 많았다.

리틀 형사는 워드립에게 미란다 원칙과 그 밖의 절차를 읽어준 뒤 테리에 대해 물었다.

워드립은 테리 살인 사건 당시 자신이 정맥으로 투여하는 약물을 사용하고 있었다는 설명으로 입을 연 후 그날 밤 아내와 다투고 산책을 하고 있었다고 말했다. "걷고 있는데 그 여자가 어느 집의 문 앞에 서 있었습니다. 나는 문으로 다가가 억지로 집 안으로 들어갔습니다. [나는] 그저 마구 약탈했고, 격렬한 분노에 사로잡혀 온 집을 돌아다니며 그녀를 내

던졌습니다. 그리고 그녀의 옷을 벗긴 다음 죽였습니다."

리틀은 워드립에게 분노를 설명해보라고 했다.

"가족들이 나를 증오한다고 생각했습니다. 나는 그들을 증오했습니다. 아내는 언제나 내 인생에 들락날락거렸죠. 상황이 좋으면 왔다가 다시 상황이 나빠지면 떠났습니다…… 모두가 날 괴롭히지 못해 안달이라고 생각했습니다. 약물은 날 편집증으로 만들었어요…… 나는 폭발해버릴 것 같았습니다. 하지만 정말 말도 안 되는 점은, 아내에게 화가 났지만 그녀에게 아무 짓도 하지 않았다는 겁니다. 나는 완전히 제정신이 아니었고 너무나 화가 났습니다."

워드립은 범죄는 거의 기억이 나지 않는다고, 자신이 테리를 성폭행했는지, 칼은 어디서 났는지 기억나지 않는다고 말했다. 확실히 아는 점은 자신이 그녀를 죽였다는 것밖에 없다고 했다.

스미스가 토니에 대해 물었다.

"예, 또다시 걷고 있었습니다, 밤새 걷고 있었죠. 어쨌든 저는 시내에 있었습니다…… 날이 밝아오고 있었고 저는 병원을 향해 걷고 있었습니다. 원래 저를 알던 토니가 태워주겠다고 하기에 나는 좋다고 했습니다.

우리는 차에 있었고 그녀가 나를 태워다 주고 있었는데, 어, 갑자기 시작되었습니다. 분노와 증오의 이미지가 보이기 시작하더니 그냥 갑자기 찰칵하고 시작되어서, 나는 그녀에게 저 바깥 도로로 차를 몰라고 말했습니다. 우리가 어느 방향으로 갔는지는 기억나지 않아요. 나는 그녀에게 운전을 하라고 했습니다."

워드립은 2월의 새벽이 추웠다고 회상했지만 토니를 죽인 곳에 버려진 노면 전차가 있었던 기억은 나지 않는다고 주장했다.

"그렇게 분노에 빠져 있을 때는 일시적으로 기억을 잃고 맙니다. 아무기억도 나지 않습니다. 그건 기억나지 않아요. 그냥 그녀를 붙잡고서는 차 안에서 그녀를 내던지려 하니까 그녀가 도로에서 벗어나더니…… 비포장도로로 들어섰는데, 여전히 그녀의 재킷을 움켜지고 마구 내던지고, 또 내던지고, 그녀에게 있는 힘껏 소리를 지르고 있었는데, 어, 차를 세우라고 하니까 그녀가 차를 세웠죠. 또 같은 짓을 했습니다. 그녀의 옷을 벗긴 다음 찔렀습니다."

"토니와 성관계를 했습니까?" 스미스가 물었다.

"정말 기억이 나지 않습니다. 소리를 지르고, 소리를 지르고, 증오한다고 소리를 질렀던 것은 기억납니다. 섹스를 했는지는 기억나지 않습니다. 내가 그녀를 얼마나 증오하는지, 또 모두를 얼마나 증오하는지 소리를 지르고 또 지르던 기억만 납니다."

리틀은 워드립에게 토니가 그를 안다고 말했던 것을 상기시키며 물었다. "토니가 당신을 어떻게 알았습니까?" 리틀이 물었다.

"병원에서요." 워드립이 대답했다. "그녀는 나와 아무런 상관이 없었습니다. 그냥 병원에서 알았을 뿐이죠. 사실 누구라도 상관없었습니다. 그녀는 단지 잘못된 시간에 잘못된 장소에 있었을 뿐입니다……. 나는 누구를 노린 적은 없었습니다. 그냥 정신이 나가면 걷고 또 걷는 거죠, 엄청난 분노를 느끼면서 말입니다. 그냥 하늘에다 대고 소리를 지르고, 나무에도 소리를 지르고, 신에게 소리를 지르곤 했지요.

그런 다음 한동안 누워서 자고 나면 뉴스를 보고서 뭔가 정말 안 좋은 일이 있었다는 것을 [깨닫습니다]. 내가 한 짓이 아니라고 스스로를 속였습니다……. 그냥 마음을 닫아버리고, 오래 오래 아주 오랫동안 그것에 대해서는 생각조차 하고 싶지 않았지요."

리틀은 엘렌 사건으로 대화를 이끌었다.

"마찬가집니다." 워드립이 말했다. "그냥 밖에서 걷고 있었습니다." 그는 블로가 가게 주차장으로 들어가는 것을 보고 그녀를 따라갔다. "그 여자한테 뭘 하고 있느냐고 물었습니다. 누군가를 찾고 있다고 했는데, 나는 그녀를 잡아서 다시 차 안으로 집어넣었습니다.

우리는 도로로 나갔습니다……. 그리고 나는 그녀를 잡고 소리를 지르기 시작했습니다, 널 증오해……. 나는 그녀를 차 밖으로 끌고 나가 들판으로 데려간 다음 옷을 벗겼습니다. 하지만 그녀가 어떻게 죽었는지는 기억나지 않아요. 그녀를 강간한 것 같지는 않습니다. 기억이 나지 않습니다. 분명 그녀를 마구 내던졌으니까 목이 부러져서 죽었을지도 모르지요. 나는 그저 정신이 나갔고 화가 나 있었습니다……."

워드립은 여자들을 공격할 때 아내의 얼굴을 보았다고 설명했다. "나는 그녀가 너무 미웠습니다. 티나 때와 마찬가지였죠. 나는 그녀에게 소리를 지르고 있었고, 팔로 목을 졸랐습니다. 나는 그녀를 피투성이로 죽이면서 소리를 질렀습니다. 티나의 얼굴이 보이지 않았고 아내의 얼굴이 보였습니다. 나는 증오에 사로잡혀 있었습니다. 하지만 결코 때리지는 않았습니다. 제가 생각해도 너무 이상하지요. 왜인지 저도 궁금하지만, 절대로 때리지 않았습니다. 아내도 마찬가지였지요. 저는 결코 아내를 때리지 않았습니다."

워드립의 이야기는 끝나지 않았다. 그가 리틀과 스미스에게 말했다. "하나 더 있습니다. 하지만 이곳에서는 아닙니다." 그는 자신이 용의선상에 오르지 않았던 다섯 번째 살인을 고백했다. 1985년 3월 25일 텍사스의 한 마을에서 벌어진 데브라 테일러 살해 사건이었다.

워드립은 테리 심스를 살해한 후 일을 찾으려고 텍사스의 포트 워스로 갔다고 했다. 어느 날 밤 그는 그 동네의 야한 싸구려 카페에서 테일러를 만났다.

"[그 여자가] 먼저 나한테 다가왔습니다." 그가 주장했다. "우리는 뒤쪽 주차장으로 나갔는데 내가 다가가자 그녀가 안 된다면서 내 얼굴을 때렸습니다. 뺨을 맞고 나자 저는 그녀를 잡아서 마구 내던지면서 그녀가 나에게 한 대로 해주었습니다. 그런 다음 그녀를 죽였습니다."

"어떻게 죽였습니까?" 리틀 형사가 물었다.

"목을 조른 것 같습니다. 바닥에 눕히고 팔로 목을 조른 것 같아요." 워드립이 말을 이었다. "그런 다음 그녀를 차에 태우고 주 경계로 가서 제일 처음 발견한 도로에 그냥, 어, 던졌습니다."

이 이야기에서 가장 놀라운 점은 범인의 신원도 밝혀지지 않은 채 15년이나 흐른 연쇄살인 사건이었는데도 순식간에 범인의 신원이 밝혀져 정의의 심판을 받았다는 점이다.

1999년 1월 초, 리틀이 미결 사건을 검토하기 시작했을 때, 매처에게는 테리와 토니 사건에서 범인의 DNA가 일치한다는 사실과 엘렌 역시 같은 범인에게 살해당했다는 나의 소견밖에 없었다. 그러나 2월 초에 리틀은 워드립의 DNA 샘플을 확보했다.

워드립은 네 번의 범행 사실을 11일 내에 자백했고, 테리와 엘렌 사건으로 위치타 카운티 대배심에게서 사형을 선고받았다. 테리 살인에 대한 재판 첫날 워드립은 유죄를 협상하여 치사 약물 주사에 의한 사형을 선고받았다. 그해 말, 워드립은 사형수 감방에 있었다. 다른 세 건의 살인에 대해서는 종신형을 선고받은 상태였다.

워드립의 경우 정의의 바퀴가 무척 천천히 굴러갔는지도 모르겠지만, 일단 굴러가기 시작하자 그 결과는 만족스럽고 신속하며 확실했다.

#12 연관성 분석

증인이나 증거가 없는 사건에서 연관성 분석은 유죄를 입증하는 중요한 요소이다.
연관성 분석은 때로 뛰어난 프로파일과 같은 가치가 있다.

위치타 폴스 검사에게 제출한 나의 보고서는 혼합 보고서로, 범인의 프로파일과 연관성 분석을 합친 보고서였다. 보고서는 신원이 확인되지 않은 범인의 초상을 그렸을 뿐 아니라 행동 단서를 바탕으로 세 건의 살인 사건을 분석하여 세 사건이 연관되어 있는지, 예컨대 세 사건의 범인이 같은 사람인지 분석했다.

나는 연관성 분석을 할 때 언제나 행동 증거의 기준을 높게 설정한다. 범행 수법과 의식적 행동의 독특한 조합을 이루고 있다는 증거를 댈 수 없다면 두 가지 이상의 살인 사건이 같은 범인에 의한 것이라고 법원에서 증언하지 않는다. 위치타 폴스에서 일어난 세 살인 사건의 경우 비슷한 행동이 무척 많았지만 엘렌 살인 사건의 법의학적 증거가 완전하지 않았기 때문에 결정적인 판단을 내릴 수 없었다.

워드립 사건을 맡았을 당시에도 이미 연관성 분석이 필요한 사건을 맡은 적이 많았다. 대부분 분석할 범죄가 최소한 세 건 이상이었으며 대개 지리적·시간적으로 같이 묶을 수 있는 사건들이었다. 그러나 늘 그런 것은 아니었다. 중서부 주에서 일어난 어느 사건은 무척 흥미로운 도전이었다.

몇 년 전에 한 변호사에게서 기이하고 끔찍한 살인 사건과 관련된 민사 책임 소송에서 연관성 분석을 해달라는 요청을 받았다. 살인 사건은 그 전에도 그 후에도 보지 못했던 이상한 특징을 가지고 있었다. 희생자의 치아 두 개가 빠져 있었던 것이다.

사건은 춥고 눈 오는 토요일 아침 6시 전에 시작되었다. 한 경찰관이 경찰서 앞에 차를 대려다가 경찰서 앞 잔디밭 안에 서 있는 스포츠카를 발견했다. 운전석 문은 열려 있었고 땅에는 한 여성이 발을 차에 걸친 채 똑바로 누워 있었다.

그녀는 줄리엣 크루즈*(31세)로 권총에 맞은 상태였다. 크루즈는 병원에 입원한 후에 자신이 어떻게 해서 총에 맞았으며 왜 토요일 아침에 경찰서 앞 차가운 바닥, 자기 차 옆에 누워 있었는지 관해 이야기 해주었다.

크루즈는 경찰관에게 발견되기 몇 분 전까지만 해도 병든 아버지를 만나기 위해서 고속도로를 달리고 있었다. 크루즈가 주간州間 고속도로에 막 들어서자 멀리 길가에 주차된 짙은 파란 색 소형차 운전석에서 한 남자가 내리는 모습이 보였다. 그는 고속도로를 건너서 비상등이 켜진 최신형 세단을 향해 가고 있었다.

그때 크루즈는 파란 차 조수석에서 한 여성이 뛰어내리는 것을 보았다. 그녀는 손을 흔들어 크루즈의 차를 세우더니 그대로 차에 올라탔다. 그러고는 끔찍한 이야기를 들려주었다.

그녀의 이름은 로즈 모리슨*이었다. 모리슨의 말에 따르면 두 시간 전에 주간 고속도로를 달리고 있었는데 갑자기 세단이 그녀의 자동차 왼쪽 앞 흙받이를 박아 차를 길가로 밀어냈다. 처음에 세단 운전자는 모리슨의 도움이 필요한 척 굴었다. 그러다가 갑자기 총을 꺼내더니 모리슨을 다른 장소로 데려가서, 그녀의 말에 따르면 두 시간 동안 강간했다. 크루즈의 나중 진술에 따르면 그는 "강간을 하면서 총을 들이댔다."

모리슨이 끔찍한 경험을 이야기하는 동안 크루즈는 조심스럽게 스포츠카를 몰아 눈 덮인 고속도로로 들어갔다. 그날 아침 크루즈의 최고 속도는 시속 64킬로미터 정도였다. 줄리엣 크루즈는 북쪽을 향했다. 그녀는 사이드미러를 통해 세단이 따라오는 것을 보고 깜짝 놀랐다.

세단 운전자는 크루즈의 차 옆을 나란히 달리면서 크루즈를 향해 권총을 쏘기 시작했다. 크루즈는 경찰을 찾아 고속도로 출구로 차를 몰았다. 이제 남자는 반대편 옆으로 차를 몰아 다시 크루즈의 차를 향해 총을 쏴댔다.

총알 한 발을 맞은 크루즈는 허리 아래가 마비되었다. 그 순간 그녀는 경찰서를 보았고 곧장 경찰서를 향해 차를 몰아 잔디밭으로 돌진했다.

세단은 바로 뒤에 있었다. 남자는 거리 한가운데에서 급정거를 해서 차를 멈추더니 크루즈의 자동차로 달려와 조수석 문을 열고 모리슨을 눈 속으로 끌어냈다. "이번에는 죽일 거야, 이 나쁜 년!" 그가 외쳤다.

그런 다음 그는 다시 한 번 차로 머리를 들이밀고 모리슨의 지갑을 움켜쥐더니 크루즈에게 한 마디라도 하면 죽이겠다고 경고했다. 그는 모리슨을 자신의 차에 태우고 사라졌다. 경찰관은 몇 분 후 현장에 도착했다.

믿기 힘든 이야기였지만 크루즈의 마비 증상과 경찰이 그녀의 차에서 발견한 여러 개의 총알 구멍이 증거였다. 범인과 그의 세단에 대한 크루즈의 증언에 따라 롤랜드 스미스*(29세)가 체포되었고, 나중에 크루즈는 일렬로 늘어선 용의자들 중에서 스미스를 범인으로 지목했다.

17일이 지나도록 모리슨이 어떻게 되었는지 밝혀지지 않았다. 그때 존존스*가 경찰서에서 약 32킬로미터 떨어진 곳 낮은 다리 아래에서 숨겨진 여성의 시체를 발견했다고 신고했다. 블라우스와 부츠도 발견되었다. 근처에는 커다란 피웅덩이가 있었고 시체 아래에서 총알이 발견되었다.

존스는 차를 몰고 지나가다가 여성용 흰색 슬립을 발견했다고 말했다. 그는 자세히 살펴보려고 차를 세웠다가 길가 땅바닥에서 여성용 가죽 코트를 발견했다. 그 근처에는 콘돔 한 상자가 있었다. 경찰은 나중에 같은 장소에서 콘돔 상자를 하나 더 찾았고 빈 담뱃갑도 두 개 발견했다.

모리슨은 구타를 당했고, 벌거벗은 시신은 조금 더 떨어진 다리 아래 숨겨져 있었다. 둔기로 전신을 끔찍할 정도로 맞은 상태였다. 코는 여러 번 골절되었고 얼굴뼈와 두개골도 마찬가지였다. 폭행은 주로 얼굴 왼쪽에 쏟아진 것 같았다. 왼쪽 얼굴은 구타로 변형된 상태였다.

모리슨의 사인은 둔기로 인한 손상이었지만 살인자는 그녀의 왼쪽 이마와 어깨에도 총을 쏘았다. 유산탄 파편이 모리슨의 왼쪽 엉덩이를 관통했다.

모리슨의 체내에서 약물이나 알코올은 검출되지 않았다. 시체에는 방어를 하다가 생긴 상처도 묶인 자국도 보이지 않았다. 정액도 검출되지 않았다. 질과 항문에서는 윤활제가 검출되었다. 모리슨은 사후에 항문 강간을 당한 것으로 보였다.

가장 이상하고도 소름끼치는 부분은 피해자의 위쪽 앞니 두 개(왼쪽 중앙과 왼쪽 측면)가 빠져 있었다는 점이다. 검시관은 잇몸에 구멍이 나 있고 피가 났다고 했다. 치아는 발견되지 않았다.

이 사건에서 내가 담당한 부분은 스미스가 4년 전에도 비슷한 범행을 저질렀는가 하는 핵심적인 문제였다. 두 범죄가 실제적으로 연관성이 있는지에 대한 전문적인 소견을 요청받은 나는 우선 사건에 대한 사실들을 검토하면서 일을 시작했다.

11월 어느 금요일 밤 마리아 로드리게즈*(21세)는 11시 45분쯤 나이트클럽을 나섰다. 그날 밤 영화를 보고 집으로 돌아가던 부부가 그곳에서 멀지 않은 교차로에서 그녀를 봤다고 진술했다. 부부는 남자 한 명이 타고 있는 흰 자동차와 파란 자동차가 그녀 바로 뒤에 있었다고 말했다. 흰차에 탄 남자는 무척 화가 난 것처럼 보였다.

조금 뒤 근처의 중산층 주택가 주민들은 무언가가 충돌하는 소리를 들었다. 그 후 약 10분 정도 동안 거리에서 흥분하여 고함을 지르는 소리가 들려왔다. 두세 명의 남자 목소리였다. 자동차 문이 열렸다가 닫히는 소리가 여러 번 났다.

나중에 로드리게즈의 차는 근방에서 발견되었다. 자동차는 잠겨 있었고 비상등이 켜져 있었다. 차량 왼쪽 앞부분에는 긁힌 자국이 있었지만 심하지는 않았고 왼쪽 방향지시등 렌즈가 깨져 있었다.

다음 날 로드리게즈의 차량이 발견된 곳에서 북서쪽으로 자동차로 한 시간 정도 걸리는 산지 고속도로에서 로드리게즈의 벌거벗은 시체가 심하게 구타당한 상태로 도로가 휴게소 옹벽 아래에서 발견되었다. 현장 증거로 미루어보아 자동차를 옹벽 가장자리까지 후진한 후 두 사람이 내려서 로드리게즈를 옹벽 너머로 던져진 것으로 보였다. 발자국은 제3의 인물이 차에서 내려 고속도로 쪽으로 걸어갔음을 보여주었다. 아마 망을 보기 위해서였을 것이다.

마리아의 피에 젖은 운동복 바지와 찢어진 속옷은 5킬로미터 떨어진 도로가에서 발견되었다. 자동차 열쇠는 시체가 버려진 곳에서 약 4.8킬로미터 정도 떨어진 곳에서 발견되었다. 경찰은 로드리게즈가 사건 당일 밤에 차고 있었던 목걸이와 시계, 운전면허증, 신용카드는 발견하지 못했다.

피해자의 사인은 "중앙 신경 계통 타박상 및 과다 출혈"이었다. 로드리게즈는 구타로 인해 사망한 후 목을 세 번 베였다. 전신이 둔기 외상으로 인한 상처 투성이였다. 코는 여러 번 부러졌으며 얼굴 왼쪽에서 커다란 타박상도 하나 발견되었다.

정액은 검출되지 않았으며 마리아의 생식기에도 직접적인 상처는 없었다. 부검 결과 방어하면서 생긴 상처나 묶인 자국도 발견되지 않았다. 검시관은 성기 부근과 가슴이 넓게 멍들어 있었다고 밝혔다. 하지만 가장 놀라운 것은 그녀의 입에 난 상처였다.

로드리게즈의 위 오른쪽 가운데 앞니 두 개와 왼쪽 중앙 앞니, 총 세 개가 빠져 있었다.

연관성 분석을 할 때는 범죄의 유사성뿐 아니라 차이점도 신중하게 살펴보아야 한다. 모리슨과 로드리게즈 사건의 차이점은 피해자가 한 사람은 백인이고, 한 사람은 라틴아메리칸계라는 사실에서 시작된다. 또한 모리슨을 살해할 때는 총이 사용되었지만 로드리게즈 살인범은 칼을 사용했다.

모리슨은 강도를 당하지 않았지만 로드리게즈는 강도를 당했다. 모리슨을 공격한 사람은 한 명이었지만 로드리게즈는 여러 명의 남성에 의해 납치되었다고 생각된다.

윤활제가 검출되었고 사후에 항문 열상이 생겼다는 증거는 모리슨이 사망 후 성폭행을 당했음을 시사한다. 그러나 로드리게즈가 강간당했다는 의학적 증거는 없었다.

그렇지만 차이점이 있다고 해서 같은 남성이 두 살인 사건에 가담했으리라는 가능성을 배제할 수는 없다. 나는 성공적인 범죄자들이 흔히 그러듯 살인자가 점점 더 많은 것을 배워가기 때문에 몇 가지 차이점이 생겼으리라고 판단했다. 연쇄살인범이 최초에는 공범과 함께 한 번 혹은 여러 번의 범죄를 저지른 후 점차 혼자 범죄를 저지르는 경우는 드물지 않다. 사촌 안젤로 부오노와 함께 언덕의 교살자라고 알려진 케네스 비안치는 이처럼 발전하는 범죄자의 유명한 예다.

연쇄 범죄자가 단독 범행을 선호하는 데는 몇 가지 이유가 있다. 로드리게즈 살인범은 아마도 공범은 자신에게 불리한 증인이 될 가능성이 있기 때문에 공범이 없는 편이 더 안전하다는 사실을 깨달았을 것이다. 범인은 로드리게즈를 납치한 교외 동네에서는 다른 사람에게 목격되어 신원이 밝혀질 위험이 있다는 사실도 깨달았을 것이다. 주간州間 고속도로는 범행을 저지르기에 더욱 안전한 장소였다. 마찬가지로 칼보다는 총이 더 유용한 무기다.

또한 범인은 두 번째 희생자인 모리슨의 시체를 더 잘 숨겼다. 로드리게즈는 24시간 내에 발견되었지만 모리슨의 유해는 17일이 지나서야 발견되었다. 마지막으로 로드리게즈에게 범행을 저지를 당시 범인은 피해자의 개인 소지품을 훔침으로써 살인 사건에 연루될 위험을 더욱 높였다. 하지만 모리슨의 경우에는 치아 두 개 말고는 아무것도 없어지지 않았다.

수사관들은 같은 범인이 저질렀다 해도 두 가지 범죄에는 차이가 있다는 점을 항상 염두에 두어야 한다. 이러한 차이점을 낳는 변수로는 환경, 피해자의 행동, 범인의 시간적 여유, 범인의 기분 등이 있다.

다음으로 나는 유사성에 초점을 맞추었다. 두 희생자 모두 20대 초반의 여성으로 토요일 이른 시각에 자동차에 혼자 타고 있었으며, 차량의 왼쪽 앞부분에 경미한 손상을 입은 사고를 당한 후에 납치되었다. 두 충돌 사고 모두 목격자가 없었다.

차량은 납치 장소에 남겨졌고, 두 여성 모두 최종적으로는 범인의 차량을 타고 다른 곳으로 옮겨졌다.

두 사건의 범죄 현장이 여러 곳이며 희생자의 소지품이 여러 군데에 흩어진 채 발견되었다는 점도 비슷했다. 게다가 두 희생자는 시골 지역의 도로가에서 알몸으로 발견되었으며, 희생자가 입고 있던 옷은 시체가 버려진 장소 가까이에서 발견되지 않았다.

두 살인 사건은 분노로 인한 범행이자 과잉 살인에 해당된다. 희생자는 전신을 심하게 구타당했으며 부상은 죽음에 필요한 정도보다 훨씬 많았다.

워드립의 텍사스 살인 사건은 유혈이 낭자하긴 했지만 과잉 살인 기준에 맞지 않았던 점을 떠올려보자. 하지만 모리슨과 로드리게즈 살인 사건은 과도함의 기준을 넘었다.

두 여성 모두 특히 안면 왼쪽에 둔기 외상을 입었고, 두 사람 모두 적어도 두 시간 이상 범인에게 잡혀 있었다.

두 사건 모두 정액 분비물은 발견되지 않았다.

두 시체 어디에도 방어를 하다가 생긴 상처나 묶인 자국이 없었다.

두 희생자 모두 코가 골절되었다.

그리고 살인자는 두 희생자의 위쪽 앞니를 뽑아서 가져갔다.

두 범행 사이에는 4년이라는 간격이 있었지만 동일한 살인자가 두 범행을 모두 저질렀다는 결론을 내리는 데는 아무 문제가 없었다. 물론 치아가 뽑혔다는 것이 가장 강력한 증거였다. 하지만 내가 겪어보지 못한 범행 특징이었기 때문에 의뢰인에게 또 다른 전문가의 의견을 꼭 들어보라고 충고했다.

나는 저명한 법의학 치과 의학자이자 뉴욕 주 경찰 법의검시 수사팀장 로월 레바인 박사를 추천했다. 레바인 박사는 두 사건에서 치아가 의도적으로 뽑혔다는 소견을 밝혔으며, 의도적으로 윗니를 뽑아낸 다른 사건은 생각나지 않는다고 했다.

스미스는 크루즈의 용기와 순발력 있는 재치 덕분에 모리슨 살인 사건으로 징역형을 선고받았다.

연관성 분석은 한 사람이 여러 가지 사건에 연루되어 있을 가능성을 밝히는 데 유용한 도구다. 믿을 만한 증인이나 물리적인 증거가 없는 사건에서 연관성 분석은 무죄나 유죄를 입증하는 무척 중요한 요소가 될 수 있다. 워드립 사건에서처럼 연관성 분석은 때로 뛰어난 프로파일과 같은 가치가 있다. 연관성 분석은 경찰이 수사에 초점을 맞추도록 도와주어 가능성 없는 생각은 배제하고 이전에는 고려되지 않았지만 중요한 가능성이 있는 생각을 뒤쫓도록 한다.

모리슨과 로드리게즈 사건에서는 내가 한 연관성 분석이 생존자들에게 정의가 실현되었다는 느낌을 갖게 해주었다. 스미스가 실제로 두 여인을 살해한 것은 분명해 보이며, 그는 범죄를 저지른 대가를 분명히 치르고 있다.

#13   의문사 분석

**목매달기는 자기성애를 추구하는 사람이 저산소증을 유도하기 위해 흔히 사용하는 방법이다.
도관 테이프로 눈과 입을 막는 것은 성적 본디지의 일종이다.**

때때로 나는 미해결 범죄를 저지른 사람의 유형을 밝혀내는 것 외에도 어떤 사람의 사망의 종류가 불분명하거나 논란의 여지가 있을 때 무슨 일이 있었는지 추정하는 일을 맡기도 한다. 이것이 바로 의문사 분석이다.

의문사 분석은 지금까지 경험상 가장 힘든 일이다. 신원이 밝혀지지 않은 범인을 눈앞에 보고 있는 듯이 설명하는 프로파일링과 달리 의문사 분석에서 찾는 것은 '누구'가 아니라 '무엇'이다. 사망의 종류가 살인인가, 자살인가, 사고인가? 의문사 분석가는 살인과 자살, 사고에 대한 광범위한 경험 외에도 피해자와 그의 죽음을 둘러싼 배경에 관한 상세한 정보가 있어야 소견을 낼 수 있다.

고인에게 무슨 일이 있었는지 알아내는 것은 피해자를 사랑하는 사람들에게는 무척 중요한 일이다. 또한 자살이냐 사고냐 하는 문제는 종교적으로 중요할 수도 있다. 보험과 관련해서도 마찬가지이고 말이다.

어떤 죽음에는 불명예가 꼬리표처럼 붙기도 한다. 나는 위험한 자기성애로 인해 사망한 소년의 부모가 곤혹을 피하려고 사망 증명서의 내용을 바꾸는 경우를 두 번 보았는데, 사망 원인을 한쪽은 사고로, 다른 한쪽은 살인으로 바꾸었다.

이 장에서는 의문사 분석을 준비하는 사람이 마주칠 많은 장애물 몇 가지를 보여주는 세 가지 사건을 살펴본다.

의문의 시계

패트릭 메이헌*(18세)은 유별난 장소에서 유별난 자세로, 유별난 방법으로 죽었다. 메이헌은 집에서 모습을 감춘 지 3일 후, 플라스틱을 입힌 자전거 체인에 묶여 수직 하수관 내부의 철제 사다리에 매달린 채 발견되었다.

목에 건 묵주와 팔목에 찬 십자가 달린 팔찌를 제외하고는 완전한 알몸이었다. 하나로 이어진 도관 테이프가 입과 눈을 감고 있었기 때문에 메이헌은 보거나 말할 수 없었겠지만 코로 숨은 쉴 수 있었을 것이다.

홈이 파인 맨홀 뚜껑 사이로 메이헌의 시체 일부가 보였다. 하지만 메이헌은 약 7.6미터 아래의 수평 하수본관을 통해서 발견된 장소까지 간 것으로 보였다. 메이헌의 옷은 수평 하수관 입구에서 발견되었다. 일부 사용된 흔적이 있는 도관 테이프는 옷이 발견된 장소에서 약 4.5미터 떨어진 곳에서 발견되었다.

자전거 체인은 금속 사다리의 위에서 세 번째 단과 메이헌의 왼쪽 팔

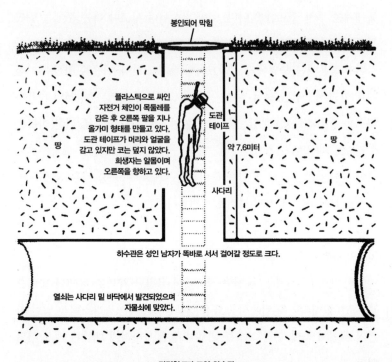

봉인되어 막힘

플라스틱으로 싸인
자전거 체인이 목둘레를
감은 후 오른쪽 팔을 지나
올가미 형태를 만들고 있다.
도관 테이프가 머리와 얼굴을
감고 있지만 코는 덮지 않았다.
희생자는 알몸이며
오른쪽을 향하고 있다.

도관
테이프

약 7.6미터

땅

땅

사다리

하수관은 성인 남자가 똑바로 서서 걸어갈 정도로 크다.

열쇠는 사다리 밑 바닥에서 발견되었으며
자물쇠에 맞았다.

뒤집힌 T자 모양 하수관

아래를 지나 메이헌의 목을 두르는 무척 특이한 형태의 올가미가 되어
있었다. 자물쇠가 체인 양 끝을 이어주고 있었다. 열쇠 구멍은 위쪽 메이
헌을 향해 있었고, 열쇠는 나중에 피해자 아래쪽 수평 하수관의 13센티
미터 깊이 하수 속에서 발견되었다.

메이헌의 손발에는 사다리의 먼지가 묻어 있었지만 손발이 묶여 있지
는 않았고 아무 자국도 없었다. 시체에는 자전거 체인으로 인한 상처 외
에는 다른 상처가 없었다. 제일 이상한 것은 메이헌이 가장 아끼던 할아
버지의 회중시계가 입 속에서 발견되었다는 점이었다.

지역 경찰은 1년 동안 메이헌 사망 사건을 수사했다. 수사관들이 이 사건을 뭐라고 해야 하는지, 살인인지 자살인지 사고인지 논쟁을 벌이다가 지방 검찰이 행동과학부에 연락을 취해 의문사 분석을 요청했다.

피해자의 성격과 행동 정보는 의문사 분석에서 중요하다. 메이헌 사건의 경우 피해자의 가족, 친구, 지인 등 그를 아는 대표적인 사람들이라고 할 만한 정보원이 무척 많았다. 이들 모두 경찰의 체계적인 인터뷰에 응해주었다. 경찰관은 내가 알려준 몇 가지 질문을, 내가 제시한 순서대로 증인들에게 물었다. 내가 준비한 절차는 메이헌이 "정말 훌륭한 아이였다"는 일반적인 이야기만이 아니라 메이헌이 어떤 사람이었는지 균형 잡히고 객관적인 그림을 그리도록 도와주었다.

주관적인 증언은 범죄 수사관들이 흔히 부딪히는 문제다. 예를 들어서 여러분이 우리 어머니에게 내가 어떤 사람인지 물어본다면 어머니는 분명 하나님이 몸소 나를 자신의 아들로 선택해주셨다고 대답할 것이다. 나의 세 아들들도 각자 다른 말을 할 것이다. 나의 첫 아내가 무슨 말을 할지는 굳이 생각해보고 싶지 않다. 또 이웃이나 사업상 동료, 같은 교회 신자들 모두 서로 다른 시각을 가지고 있을 것이다. 각각의 생각이 다를지라도 이들의 생각을 합치면 꽤 공정하고 정확한 평가가 나올 수 있다.

몇몇 의문사 분석의 경우 나는 경찰에게 첫 인터뷰를 한 다음 3개월에서 6개월 후에 다시 인터뷰를 해달라고 요청한다. 그러면 같은 사람이 죽은 이에 대해서 상반되는 이야기를 하는 경우가 많다. 처음에는 고인의 좋은 면만 기억하는 경향이 있다. "아, 그는 정말 멋진 남편이자 이웃이었죠"는 전형적인 말이다. 그러나 6개월이 지나면 같은 사람이 이렇게 말할 수도 있다. "전에는 정말 멋진 사람이었다고 말씀드렸지만, 사실 그 사람은 가끔 무척 오만하게 굴었습니다. 상대방을 정말 화나게 만들기도 했죠."

메이헌 사건에서 경찰은 다양한 경로를 통해 메이헌을 아는 많은 사람들과 인터뷰를 진행했고, 이 최상의 인터뷰를 통해 피해자에 대한 균형 잡힌 설명을 얻어내주었다.

메이헌은 북동쪽의 작은 마을에 살았으며 직업 고등학교에 다녔다. 교사들은 메이헌이 학업에 열심이었다고 말했다. 메이헌은 죽기 직전까지 수업도 잘 들었다. 그는 어머니와 단 둘이 살고 있었는데 어머니는 메이헌의 양아버지인 남편과 별거 중이었다. 메이헌 부인은 경찰에게 자기 아들이 탐구적이며 무엇이든 판에 박힌 일에는 쉽게 질려했다고 말했다. 그녀는 또한 메이헌이 상당히 엄격한 가톨릭 신자였다고 말했다.

체격이 좋고 늘씬한 메이헌은 키가 168센티미터 정도였고 운동을 잘했다. 그는 수영, 가라데, 축구, 역도에서 미식축구와 야구까지 다양한 스포츠를 즐겼다. 메이헌은 절친한 몇몇 친구들과 그룹을 이루어 자주 어울렸다. 여기 속하는 남녀 친구들은 메이헌이 데이트를 많이 하지는 않았지만 그러고 싶어 했다고 말했다. 또 메이헌에게 숨겨진 아이가 있다는 소문도 있었지만 경찰은 진상을 밝히지 못했다.

메이헌은 장식용 칼을 수집하고 있었는데, 사건 전 칼로 고양이의 목을 자른 후에는 모두 파기하거나 버렸다고 한다. 그러나 더 자세한 설명은 없었다. 또한 그는 할아버지의 회중시계를 포함해 자신이 소중히 여기는 물건들을 자물쇠 달린 트렁크에 넣어 자기 방에 보관했다.

의문사 분석의 목적은 사망의 종류를 증명하는 것이 아니라 정보를 바탕으로 살인, 자살, 사고 중 어느 것일 확률이 가장 높은지 의견을 도출하는 것이다. 나는 최대한 편견을 갖지 않기 위해서 살인, 자살, 사고와 일치하거나 일치하지 않는 자료와 행동을 규명하여 목록을 만들었다. 그 결과 일종의 증거 점수표, 즉 모든 관련 정보를 기록한 3단짜리 표가 만들어졌다.

우선 살인 가능성에 초점을 맞추었다. 살인이라는 가정과 일치하는 요소를 네 가지 발견했다. 첫째, 두 증인은 경찰에게 메이헌이 마약상에게 빚을 지고 있을지도 모른다고 말했다. 소문에 따르면 빚은 2,000달러에서 20만 달러 정도라고 했다. 그러나 경찰은 계속된 수사에도 불구하고 메이헌이 마약과 관련이 있음을 입증하지 못했다. 어쨌거나 우리는 증인의 이야기를 살인과 일치하는 요소로 간주해야 했다.

둘째, 피해자의 친구 중 한 명은 메이헌이 죽기 얼마 전에 색유리를 끼운 흰 자동차에 탄 사람과 이야기를 나누는 장면을 목격했다고 말했다. 그녀가 바로 옆을 지나갔지만 메이헌은 그녀를 모르는 척했다. 이러한 가능성은 메이헌이 마약 판매와 관련이 있을 것이라는 추측에 힘을 실어주었다.

셋째, 경찰은 피해자 메이헌이 남창 그룹의 일원이라는 제보를 받았다. 메이헌이 사라진 날 저녁에 남창 그룹 포주 소유의 차를 타고 있는 모습이 목격되었다고 했다. 정말로 남창 그룹 포주가 존재하는지는 모르겠지만, 있다고 해도 신원은 밝혀지지 않았다.

범죄를 수사하다 보면 과도한 이야기가 나오게 마련이다. 보통 과도한 이야기의 근거는 풍문에 지나지 않는다. 그러나 제보자들은 풍문이 사실이라고 굳게 믿는 경우가 많으며 따라서 확신을 가지고 제보한다. 수사관은 이러한 실마리를 모두 수사해야 한다.

경찰은 메이헌 사건에서 피해자가 남창이었다거나 남창 그룹이 존재한다는 증거를 찾지 못했다. 더욱이 메이헌을 부검한 검시관은 그가 동성 성행위를 했다는 의학적 증거를 발견하지 못했다.

또 한 가지 흥미로운 증거는 피해자의 목 주변에 발견된 붉은 자국이었다. 자국은 자전거 체인보다 더 넓었다. 처음 붉은 자국을 발견했을 때는 다른 가능성을 생각했지만 결국에는 사망 후 피해자의 피가 침전하면서 흔히 나타나는 조직 변색, 즉 시반 때문이라는 결론이 났다. 붉은 자국은 자전거 체인이 정상적인 사후 증상, 즉 피가 몸 아래쪽으로 흐르는 것을 방해하여 피가 고였다는 해석과 일치했다.

반대로 사건의 일곱 가지 요소는 살인과 일치하지 않았다.

우선 피해자는 완전히 벌거벗은 상태로 발견되었는데, 이것은 메이헌의 죽음에 성적인 요소가 있음을 시사한다. 피해자의 입을 막기 위해서, 혹은 다른 개인적인 이유로 일어나는 살인에서는 피해자가 알몸인 경우가 거의 없다. 그러나 부검 결과 항문에서 상처가 발견되지 않았고 성기에서도 외부 물질이 발견되지 않았다. 그렇다고 해서 살인 가능성을 배제할 수 있는 것은 아니지만, 부검 결과 시체의 자세와 위치, 목을 매단 장치가 복잡하고 피해자가 나체였다는 점을 함께 고려했을 때 살인일리는 없었다.

둘째, 메이헌의 시체가 발견된 지역 부근은 10대들이 자주 찾는 곳이었다. 이것은 하수관 입구 근처에서 발견된 메이헌의 옷과 도관 테이프가 금방 발견될 확률이 높았다는 뜻이다. 그리고 메이헌이 실종된 후 즉시 수색이 시작되었기 때문에 실제로도 곧 발견되었다. 다양한 살인 사건을 겪어본 경험에 비춰보았을 때, 메이헌을 그가 발견된 장소에서 특이한 방법으로 살해할 필요가 있었던 사람이라면 가는 길에 우연히 옷을 버려두어 시체가 있는 장소로 사람들의 주목을 끌지는 않았을 것이다.

셋째, 나는 이처럼 복잡한 장치를 이용한 교살 사건을 본 적도, 들은 적도, 읽은 적도 없었다. 목뿐 아니라 팔까지 같이 감으면 피해자는 쉽게 죽지 않는다. 이 장치는 오히려 죽음이라는 목적을 방해할 뿐이다.

넷째, 살인자가 약 7.6미터 길이의 좁은 수직 하수관 꼭대기까지 피해자를 운반한 다음 그의 목을 매단다는 것은 가능성이 거의 없는 일이라고 판단했다. 그를 죽이는 것이 목적이었다면 메이헌이 어떤 상태였든 하수관 꼭대기까지 운반하는 것은 불필요할 뿐 아니라 무척 어려웠을 것이다.

나는 내 논리에서 허점을 찾으려고 애쓰면서 이 수수께끼를 오랫동안 생각해보았다. 메이헌이 의식이 있었다면, 방어 상처, 즉 자신을 방어하기 위해 애썼다는 흔적인 긁힌 자국과 멍 등이 왜 없을까? 만약 의식이 없었다면, 시체에 하수관을 통해 끌려갔거나 운반된 흔적이 왜 없을까? 시체에는 자전거 체인으로 인한 자국 외에는 묶인 흔적이 없었다. 또 머리를 강타당한 상처나 의식을 잃게 할 만한 다른 상처도 없었다. 독극물 검사 결과 약물이나 음주로 인한 무력한 상태였음을 보여주는 증거도 나오지 않았다.

만약 메이헌 사건이 살인 사건이라면 피해자는 스스로 옷을 벗었거나 살인자가 옷을 벗기도록 놔두었으며, 그런 다음 체인을 목에 감고 자물쇠로 잠그고, 하수관을 통해 끌려가거나 운반될 때도 반항하지 않았다는 뜻이다. 나에게는 이 모두가 점점 더 불가능해 보였다.

다섯째, 우리는 피해자의 어머니를 통해서 자전거 체인과 자물쇠가 메이헌이 집 차고에 보관하던 물건임을 알았다. 메이헌이 살해되었다면 살인자는 체인과 자물쇠라는 두 가지의 무척 특이한 '무기'를 그를 죽이는 데 쓸 목적으로 하수관까지 가져왔다는 뜻이다. 다시 한 번 마음속에서 조각이 맞춰지지 않았다.

여섯째, 피해자 가족은 남창 집단과 연관되어 죽임을 당했다고 생각했다. 내 경험상 동성애 관련 살인은 개인적이며 폭력적인 범죄다. 동성애 관련 살인 사건이라면 수사관은 당연히 피해자의 얼굴, 목, 심장, 성기에서 상처가 여러 개 발견되리라 예상한다. 그러나 메이헌은 상처 하나 없었다.

마지막으로 피해자가 소중히 여기던 할아버지의 회중시계가 테이프로 봉인된 피해자의 입 속에서 발견되었다. 이 사건에서 독특한, 그리고 처음 겪어본 특징인 시계의 위치는 살인과 일치하지 않았다. 나는 오히려 살인범이라면 메이헌이 소중히 여기는 물건을 보존하기보다는 파괴했을 거라고 추론했다.

따라서 나는 패트릭 메이헌의 사망 원인에서 살인을 제외해야 했다.

다음으로 자살과 일치하는 증거와 일치하지 않는 증거를 조사했다.

사람이 스스로 목숨을 끊겠다고 결심하고 나면 보통 자신이 무척 아끼는 물건을 포함한 자기 물건을 다른 사람에게 주거나 없앤다. 메이헌이 고양이의 머리를 자른 후 수집해온 칼을 부수거나 버렸다는 사실을 기억하자. 우리는 메이헌이 귀한 동전도 수집했다는 사실을 알게 되었다. 그러나 자물쇠가 채워진 메이헌의 트렁크에 동전은 없었다. 즉, 메이헌이 동전을 다른 사람에게 주었거나 다른 방법으로 처리했을 가능성이 있었다.

자살과 일치하는 두 번째 요소는 피해자의 사고방식이다. 메이헌의 어머니와 몇몇 사람들은 메이헌이 우울하고 불안한 미래관을 가지고 있었다고 말했다. 메이헌 부인은 아들이 제3차 세계대전, 혹은 아무도 살아남을 수 없는 핵전쟁을 두려워했다고 말했다. 그는 생물학적 아버지와 교류가 없어 불행해 했으며 알려진 바에 따르면 술도 마시고 마약도 했다. 사건이 일어날 즈음 학교 성적도 떨어졌다.

셋째, 자살을 하려는 사람은 종종 목숨을 끊기에 앞서 친한 친구나 가족들에게 거리를 둔다. 메이헌은 최근 사람들에게 "친형제와 같다"고 말하던 다른 소년과 관계를 끊었고 여자친구와도 헤어졌다.

넷째, 그의 어머니와 몇몇 친구들이 메이헌과 자살에 대한 이야기를 나누었다고 말했다.

다섯째, 메이헌은 고립된 외딴 장소에서 죽었다. 진심으로 자살을 하고자 하는 사람은 보통 방해 받지 않고 죽기 위해서 고립된 장소를 택한다.

그러므로 메이헌이 자살을 했다는 의견도 그럴 듯했다. 그러나 내가 발견한 일곱 가지 요소는 자살이 아니라는 쪽에 힘을 실어 주었다.

첫째, 가장 중요한 점은 피해자가 가톨릭 신자였다는 사실이다. 어머니의 말에 따르면 메이헌은 신앙에 무척 진지한 자세를 가지고 있었다. 가톨릭 교리는 자살한 자의 시신을 땅에 묻지 못하게 하는데, 이것은 메이헌에게 자살에 대한 심한 거부감을 주었을 것이다.

둘째, 알몸과 자살은 일치하지 않는다. 교도소나 구치소, 정신병원, 청소년 기관이 아닌 곳에서는 알몸으로 목을 매어 자살하는 경우가 매우 드물다. 인간 정신의 묘한 습성 정도로 생각할 수 있겠다. 경험상 특정 시설이 아닌 곳에서 알몸으로 목을 매어 죽는 경우는 모두 자기성애를 추구하다가 비극을 맞이한 경우였다. 게다가 그의 어머니는 메이헌이 복장이나 단정한 외모에 신경을 썼다고 말했다. 메이헌이 자살을 할 생각이었다면 아마 미리 샤워를 하고 수염을 깎고 옷을 입었을 것이다.

넷째, 사다리 위쪽에서 세 번째 단에 목을 맸다는 사실은 자살과 일치하지 않았다. 훨씬 낮은 단도 자살이라는 목적을 충족시키기에 충분했을 것이다.

다섯째, 자전거 체인의 올가미 형태는 살인뿐 아니라 자살에도 부적절했다. 앞서 지적했듯이 복잡한 올가미 모양은 사실상 메이헌의 죽음을 늦추었을 것이다.

여섯째, 도관 테이프와 시계 역시 자살과 일치하지 않는다. 메이헌의 눈과 입을 가린 테이프는 성적 본디지의 형태였다. 자살이라면 이에 대한 합당한 설명이 불가능하다. 마찬가지로 메이헌이 자살할 의도였다면 시계를 입 속에 넣는 것 역시 아무 쓸모없는 행동이다.

일곱째, 피해자가 여러 상황에서 자살에 대해 이야기를 하긴 했지만 증인들에 의하면 그가 먼저 자살이라는 화제를 꺼낸 적은 없었다. 또 친구들의 증언에 따르면 메이헌은 자살이 "멍청한 짓"이라고 신랄하게 비난했다. 게다가 메이헌은 몇몇 아이들과 이야기를 하다가 "내가 만약 자살을 한다면 목을 매지는 않을 거야. 그냥 머리를 날려버리겠어"라고 말했다.

증거는 무척 확실했다. 패트릭 메이헌의 죽음은 자살이 아니었다.

나는 단순히 살인과 자살이 모두 아닐 것 같다는 이유만으로 메이헌의 죽음이 위험한 자기성애의 결과라고 확신할 수는 없었다. 증거가 그의 죽음이 위험한 자기성애라는 확신을 주어야 했다. 나는 20년간 위험한 자기성애를 연구하고 이에 대한 글을 써왔기 때문에 그것이 얼마나 복잡한지 잘 알고 있었다. 패트릭 메이헌의 죽음이 위험한 자기성애로 인한 것인지 아닌지 검토하면서 나는 11가지 요소를 살펴보았다.

첫 번째는 자기성애로 인한 죽음의 통계적인 프로파일이었다. 위험한 자기성애로 목숨을 잃는 희생자는 보통 평균이나 그 이상의 지능을 가지고 있다. 이들은 상상력이 뛰어나고 쉽게 싫증을 내지만, 성적·정신적 장애 병력은 없다. 절대 다수가 백인 남성이며 상당한 숫자가 대략 메이헌과 비슷한 나이다. 또한 경찰이 알아낸 메이헌의 성격과 메이헌이 스릴을 추구했다는 점은 그가 자기성애를 시도해보았을 것이라는 가능성을 시사했다. 이 모든 사실을 종합해 생각할 때 메이헌은 위험한 자기성애 행위 중 사고로 죽는 사람의 프로파일과 일치했다.

둘째, 나는 자기성애로 인한 죽음으로 의심되는 사망 현장에서는 항상 피해자가 탈출이나 완화 수단을 마련했는지 증거를 찾는다. 대부분의 경우에는 탈출 수단이 있었다. 메이헌 사건에서도 최소한 세 가지 수단을 찾을 수 있다.

1. 사다리 단은 메이헌의 발에서 불과 몇 센티미터 높이였다. 메이헌이 사다리 단에 발을 올리고 서기만 하면 목에 두른 자전거 체인의 압력에서 벗어날 수 있었다.
2. 메이헌의 팔에까지 감긴 기이한 자전거 체인 올가미 형태가

목을 매어 죽을 때는 불필요하지만 압력에서 벗어나기는 무척 편리한 장치였을 것이다. 단지 팔을 움직이기만 하면 되기 때문이다.

3. 메이헌은 위급한 상황에서 자물쇠를 쉽게 열기 위해서 일부러 자물쇠의 열쇠 구멍이 자신을 향하도록 놓았을 것이다. 메이헌은 열쇠를 쥐고 있었지만 의식을 잃으면서 아래의 하수로 떨어뜨렸을 것이다.

그러면 의문은 이렇게 바뀐다. 이 모든 안전장치를 이용할 수 있었다면 메이헌은 왜 안전장치를 쓰지 않았을까?

해답은 그의 행위 자체에 있다. 목에 압박을 가하는 위험한 자기성애에서 가장 중요한 요소는 뇌로 올라가는 혈류와 뇌에서 내려오는 혈류를 제한하는 것이다. 저산소증, 혹은 산소 결핍증은 한 가지 바람직한 효과, 즉 행복감을 가져온다. 동시에 저산소증은 성감을 강화하기도 한다. 문제는 판단능력을 저해할 수 있다는 점이다.

저산소증은 자기성애를 추구하는 사람을 무력하고 위험한 상태에 빠뜨릴 수 있다. 피해자들이 남긴 쪽지나 일기를 보고 이들이 저산소증을 겪으면서 그것이 무엇이든 자신이 갖고 있는 환상을 강하게 경험한다는 사실도 알게 되었다. 그러다가 결국 의식을 잃고 완전히 공중에 매달려서 다른 사람이 구해주지 않는 한 질식사하고 만다.

셋째, 메이헌은 알몸이었다. 이것은 자기성애와는 일치하지만 살인이나 자살과는 일치하지 않는다. 파크 디츠, 앤 버지스와 함께 『자기성애로 인한 사망』이라는 교과서를 쓰면서 조사한 희생자의 3분의 1이 알몸으로 발견되었다.

넷째, 숨겨진 외딴 장소 역시 자기성애를 추구하는 사람들이 찾는 장소와 일치한다. 메이헌의 경우에는 나이가 어리고 이동 수단이 비교적 많지 않았다는 점도 고려해야 한다. 메이헌이 발견된 장소는 걸어서 갈 수 있는 곳이었다. 게다가 피해자는 그 주변 지역에 무척 익숙했다.

다섯째, 목매달기는 자기성애를 추구하는 사람이 저산소증을 유도하기 위해 가장 흔히 사용하는 방법이다.

여섯째, 나는 메이헌이 도관 테이프로 눈과 입을 막은 것은 자기성애에 흔히 적용되는 감각 박탈을 위한 성적 본디지의 일종이었다고 생각한다.

일곱째, 이 슬픈 사건에서 가장 놀라운 부분은 패트릭 메이헌의 입에서 발견된 시계다.

이에 대해서는 다음과 같은 세 가지 설명이 가능하다.

1. 소중한 물건을 잃어버리거나 망가뜨리지 않도록 입 안에 안전하게 넣어두었다.
2. 시간의 경과를 알기 위해 사용했다. 즉 입 내부의 예민한 조직으로 똑딱거리는 시계바늘을 느낌으로써 시간을 가늠하려고 한 것이다. 자기성애 사건에서 피해자들은 요리용 시계나 스톱워치, 혹은 알람을 사용해서 시간의 경과를 가늠한다.
3. 째깍거리는 시계가 자기성애의 전율을 한층 더 높여 자기 목숨이 말 그대로 "째깍거리며 사라지고" 있다는 위험한 상상을 하게 해주었을 것이다.

나는 두 번째 이유와 세 번째 이유가 가장 가능성이 높다고 생각했다. 시계는 어쩌면 전혀 다른 목적, 패트릭 메이헌의 죽음과 함께 사라진 비밀을 가지고 있을지도 모른다.

여덟째, 피해자의 손발에서 발견된 먼지는 패트릭이 하수관 사다리를 스스로 올라갔음을 강하게 시사하는데, 이 역시 자기성애와 일치한다.

아홉째, 사다리의 높은 단에 목을 맨 것이 살인이나 자살과는 일치하지 않지만 단독 성행위에서는 전율 넘치는 위험 요소를 하나 더해줄 수 있다. 사다리 단 선택에는 다른 요소들뿐 아니라 패트릭의 환상이 다시 한 번 중요한 역할을 한다.

열째, 정교한 준비와 장치, 위치, 소품, 속박도구는 시간이 지남에 따라 메이헌의 기술이 점점 더 발전했음을 보여준다. 메이헌은 분명히 사건이 발생하기 전에도 자기성애를 시도한 적이 있었을 것이다.

마지막으로 내가 이 사건을 받아들이기 얼마 전에 영국에서 메이헌 사건과 비슷한 자기성애로 인한 사망 사건이 있었다. 한 백인 남성이 패트릭 메이헌처럼 하수관을 기어가서 하수관에서 올라가는 사다리에 목을 맨 것이다. 메이헌 사건과 마찬가지로 수평 하수본관이 있는 뒤집힌 T자 모양 하수관이었다. 두 사건은 놀랄 만큼 유사했기에 무시할 수 없었다.

나는 자살, 살인, 사고와 일치하거나 일치하지 않는 증거를 면밀히 살펴본 후 패트릭 메이헌이 위험한 자기성애 행위 도중에 사망했다는 소견을 경찰당국에 제출했다. 그리고 메이헌이 죽음에 이르게 된 사건 경위를 재구성해서 제출했다.

그의 어머니는 메이헌이 밤 10시쯤 집에서 나갔다고 말했다. 메이헌은 익숙한 목적지를 택했을 것이다. 숨겨진 지하 하수관은 은밀할 뿐 아니라 자기성애에서 추구하던 스릴도 느낄 수 있었기 때문이다. 메이헌은 하수관을 흐르는 더러운 물에 옷이 젖지 않도록 수평 하수본관 밖에서 옷을 벗어 두었을 것이다. 메이헌이 깔끔한 청년이었음을 기억하자. 그는 곧 돌아와서 옷을 입을 계획이었기 때문에 굳이 옷을 숨기지 않았을 것이다.

메이헌은 테이프를 적당한 길이로 자른 다음 할아버지의 시계와 자전거 체인, 자물쇠를 가지고 하수관으로 걸어 들어갔다. 모두 그가 하려는 일에 필요한 소품들이었다.

그런 다음 메이헌은 약 7.6미터 높이의 수직 하수관을 거의 꼭대기까지 올라간 다음 입에 시계를 넣고 테이프로 안전하게 막은 후 눈도 가렸다.

그러고는 플라스틱이 입혀진 체인을 팔과 목에 감고 잠근 후 열쇠구멍이 자신을 향하는지 촉각으로 확인했을 것이다.

모든 준비를 끝냈으니 이제 환상을 실현할 시간이었다. 나는 메이헌이 조심스레 사다리에서 발을 떼고 곧 자기만의 환상 속으로 들어갔다고 생각한다. 그러나 결국 메이헌은 의식을 잃어 열쇠를 떨어뜨리고 공중에 매달린 채 사망했다.

의문사 분석에서 도달한 결론 덕분에 경찰은 1년 동안이나 미해결로 남아 있던 당혹스러운 사건을 종결할 수 있었다. 메이헌 사건을 위험한 자기성애로 인한 비극적인 사건으로 분류함으로써 무고한 사람이 살인으로 잘못 기소될 가능성도 사라졌다. 또 메이헌의 가족 역시 가족의 자살을 겪은 사람들이 흔히 경험하는 정신적인 짐을 벗었다. 패트릭은 독실한 가톨릭 신자였으므로 사고사라는 결론이 남에 따라 가톨릭교회가 허가하는 시설에 매장될 수 있었다. 패트릭의 죽음은 분명 비통하지만, 사고사 분석은 관련된 사람들 모두가 사건을 매듭짓게 해주었다.

관심을 끌기 위한 죽음

흔히 위험한 자기성애 행위는 남성만의 행동이라고 여겨진다. 그러나 의문사 분석을 준비할 때는 유용한 수사 방법이라면 무엇이든 간과하지 않는 것이 중요하다. 매기 토머스*라는 젊은 여성의 사망 사건을 수사하는 과정에서도 자기성애를 위한 질식의 가능성이 크게 대두되었다.

매기의 삶은 고통스러웠고 즐거움도 전혀 없었다. 사생아로 태어난 매기는 열세 살 때까지 홀어머니 아래에서 자라다가 한 남성에게 속아 매춘부가 되었다. 그 후 3년 동안 매기는 범법 행위로 계속 문제를 일으켰으며 세 번 임신했다. 처음 두 번의 임신은 낙태로 끝났다. 매기는 열여섯 살이던 1984년 2월에 청소년 범죄자를 교육, 훈련, 치료하는 벤추라의 캘리포니아 청소년 시설(CYA)에 입소한 후 세 번째 아이를 유산했다.

10개월 뒤인 12월 13일, 매기는 CYA 별채에 있는 자기 방에서 의식이 없는 상태로 발견되었다. 황급히 병원으로 이송되었지만 결국 매기는 병원에서 숨을 거두었다.

나는 매기가 자살을 했는지 위험한 자기성애를 하다가 사고로 죽었는지 의견이 분분할 때 이 사건을 알게 되었다.

늘 그렇듯이 수사 보고서, 독극물 검사 결과, 병원 기록, 사망 현장 사진 그리고 내가 직접 준비해 매기를 알던 CYA 사람들에게 배포한 질문지 등 사건의 모든 정보를 분석했다.

특히 흥미로웠던 것은 1983년 7월 날짜의 정신분석 보고서였다. 매기는 히스테리성 인격 장애라는 진단을 받았다.『정신 장애의 진단 및 통계 편람 제4판』에 따르면 히스테리성 인격은 "지나친 정서성(정감성)과 관심을 끄는 행동"을 특징으로 한다.

『정신 장애의 진단 및 통계 편람 제4판』은 다음과 같은 행동이 히스테리성 인격에 흔히 나타난다고 말한다.

> 끊임없이 관심의 초점이 되려 하며 관심을 끌기 위해 극적인 행동을 하고, 감정 표현은 깊이가 얕고 쉽게 변한다. 상황에 어울리지 않게 성적으로 도발적이거나 유혹적일 때가 많고 신기한 자극과 흥분을 갈망하며, 작은 일에 지나치게 반응하고 심한 분노 발작을 일으킨다.

히스테리성 인격 장애를 겪는 사람은 겉보기에 따뜻하고 매력적으로 보일 수 있지만 상대방은 이들의 행동이 얄팍하고 꾸며낸 것이라고 간주하는 경향이 있다.『정신 장애의 진단 및 통계 편람 제4판』에는 다음과 같이 설명되어 있다.

> 임상 경험에 따르면 히스테리성 인격 장애를 가진 사람들은 관심을 끌기 위한, 또는 더 나은 보살핌을 요구하기 위한 겁주기식 자살 시늉과 자살 위협이 빈번하다.

증언에 따르면 매기 토머스는 CYA에서 두 여성과 레즈비언 관계에 있었으며 남자아이들의 기숙사에서 잡힌 적도 한 번 있었다. 또 그녀는 시설 안에서도 마약을 했다고 알려져 있으며 과거에도 자살을 하겠다고 여러 차례 위협한 적이 있었다.

매기는 변덕스럽고 자신감이 부족했다. 그녀는 행동에 문제가 많은 수감자였기 때문에 결과적으로 같은 동에 있는 다른 소녀들보다 훨씬 더 많은 관심을 직원들로부터 받았다.

매기의 할머니에 따르면 매기는 1984년 봄에 손목을 그어 자살을 시도했다. 할머니는 자살 시도가 관심을 끌려는 작전이라고 말했다.

10월에 매기는 정신과의사에게 "스스로 아무것도 아닌 것처럼 느껴질 때는 자살 또는 자학을 하고 싶은 기분"이라고 말했다. 그러나 몇몇 증인에 따르면 11월에 매기는 살아갈 이유가 많기 때문에 생명을 위협하는 행동이나 자살 시도가 이해될 수 없다고 말했다.

매기는 죽기 2주 전에 다시 한 번 손목을 그었다. 그녀는 한 동료 수감자에게 어머니와 사이가 좋지 않고 최근에 여자 애인과 헤어져서 우울하다고 말했다. 정신과 기록에 따르면 12월 초에 매기는 "모든 것을 포기해 버렸고 더 이상 고통을 겪고 싶지 않았다"고 말했다.

며칠 후 매기는 외부에 나가서 관리받고 싶지 않다며 12월 16일로 예정된 출소일을 1985년 7월로 연기해달라고 요청했다. 그러나 당국은 매기의 연인 레미 바스토우* 역시 7월 출소 예정이라는 사실을 알고 매기의 요청을 거절했다.

12월 13일 오후 바스토우가 매기에게 쪽지를 보내 두 사람의 관계가 끝났음을 알렸다. 매기는 바스토우가 자신을 버린다면 자살을 하겠다고 위협한 적이 있었다. 그날 오후 3시가 지나서 매기는 규칙을 위반한 벌로 자기 방으로 보내졌다.

그 후 한 시간이 못 되었을 때 디드레 레인*이 매기를 찾아왔다. 한때 매기의 연인이었던 그녀는 매기가 어머니와 관계가 소원해서 우울하다는 사실을 알고 있었다. 매기는 상처를 주는 사람들에게 지쳤다며 레인에게 "사랑해" 그리고 "안녕"이라고 말했다. 그러나 레인은 매기가 실제로 스스로를 해치리라고 생각지는 않았다고 한다.

약 30분 후에 매기 토머스는 매듭을 지은 침대보를 옷장 안쪽 옷을 거는 봉에 매달아 목을 맨 채 발견되었다. 방문은 닫혀 있었지만 잠겨 있지는 않았고 옷장 문은 열려 있었다.

매기는 옷을 모두 입고 있었지만 바지의 단추가 끌러져 있었다. 턱은 그녀가 침대보를 묶어서 만든 느슨한 올가미에 얹혀져 있었다. 매기는 무릎을 약간 굽히고 있었고 발은 바닥에 끌렸다. 팔은 옆으로 똑바로 내려져 있었다.

매기는 바로 병원으로 옮겨졌지만 다음 날 사망했다.

현장에서 발견된 몇 가지 증거는 피해자가 위험한 자기성애 행위 도중 사고로 죽었음을 시사했지만, 나는 자기성애로 인한 죽음이 아니라고 생각했다. 세 가지 중요한 요소가 자기성애와 일치하지 않았다.

첫째, 매기는 방해받지 않거나 발견되지 않으려는 노력을 전혀 기울이지 않았다. 그녀는 누구나 들어올 수 있으며, 사실상 종종 아무나 들어오는 방에 있었다. 위험한 자기성애를 하는 사람은 늘 은밀하고 외딴 장소를 찾는다.

둘째, 매기는 오랫동안 우울증에 시달렸으며 죽은 날에도 우울했다. 위험한 자기성애로 인한 희생자들은 보통 죽기 전에 기분 상태가 좋으며 우울증 병력이 없다.

셋째, 위험한 자기성애의 희생자들은 성적·정신적 문제가 없다. 매기는 어린 나이에 매춘부가 되었고 적어도 두 명과 레즈비언 관계를 가지고 있었다. 그 후 매기는 히스테리성 인격 장애 진단을 받았다.

미약하게나마 자기성애와 일치하는 요소들은 매기가 완전히 목을 매지 않았다는 점, 두께가 넓고 부드러운 끈을 사용했다는 점, 바지 단추가 끌러져 있었다는 점이다. 그러나 대부분의 증거는 매기 사건이 위험한 자기성애로 인한 사고가 아님을 가리키고 있었다.

매기 토머스의 죽음은 의도된 것인가, 아니면 사고인가? 나는 매기의 죽음이 사고이긴 하지만 자기성애와는 관계가 없다고 생각한다. 왜인지 살펴보자.

첫째, 시설에 있는 청소년들이 시설 당국과 동료들의 관심을 끌고 동정을 받고 싶어서 자살을 하겠다고 위협하거나 거짓으로 자살을 시도하는 경우는 그리 드물지 않다.

둘째, 매기의 할머니는 매기가 지난봄에 자살을 시도했다는 이야기를 하면서, 정말 죽으려는 것이 아니라 동정을 사려는 것이었다고 진술했다. 만약 그렇다면 12월 14일에 매기가 죽은 것도 의도적인 것이 아니라 사고일지도 모른다.

셋째, 히스테리성 인격 장애는 "자기 연극화, 연극조, 과장된 감정 표현"을 불러온다. 매기의 상담자가 제공한 다음 정보는 히스테리성 인격 장애라는 진단이 옳다는 사실을 증명해준다.

1. 증인들은 매기가 분노를 쉽게 발작적으로 일으켰고 자신이

바라는 바가 충족되지 않으면 "발을 쿵쿵 구르면서" 방에서 나갔다고 말했다.

2. 매기는 소리를 지르거나 우는 등 히스테리성 반응을 자주 보였다. 시설 직원이나 다른 여자 아이들이 자신의 의견에 동의하지 않으면 매기는 "더 이상 신경 쓰지 않는다"며 무시했다.

3. 시설 직원들은 매기가 성가시고 방어적이고 요구가 많았다고 말했다. 매기의 이러한 행동은 시설 내 다른 사람들과의 관계에서 긴장을 일으켰다.

4. 매기는 무척 자기중심적이고, 지나치게 요구가 많고, 시설에서 지내는 다른 아이들의 두목 노릇을 하려 하면서 종종 자기 일을 대신하라고 명령했다.

5. 위에서 말한 행동 때문에 직원들은 매기에게 다른 아이들보다 열 배쯤 되는 관심을 쏟아야 했고, 그로 인해 매기는 더 많은 원한을 샀다.

6. 『정신 장애의 진단 및 통계 편람 제4판』은 히스테리성 인격을 "관심을 끌기 위한 겁주기식 자살 시늉과 자살 위협이 빈번하다"고 설명하는데, 증인들은 매기가 죽기 전에 적어도 두 번은 자살 시늉과 위협을 했다고 말했다.

넷째, 선택한 끈이 자살과 일치하지 않는다. 경험상 정말로 목을 매어 자살을 하려는 사람들은 목 주변에 끈을 확실히 두르고 매듭을 짓는다. 매기는 허리띠, 신발끈, 밧줄을 구할 수 있었다.

내 생각에 매기는 느슨하게 매듭을 지으면 의식을 잃었을 때 머리가 미끄러져서 바닥으로 떨어져서 죽지 않을 것이라고 생각한 것 같다.

다섯째, 매기는 과거에도 여러 번 자살을 하겠다고 협박했지만 아무도 진지하게 받아들이지 않았다. 매기가 극적인 시늉을 자주 보였기 때문에 사람들은 그녀의 위협을 진지하게 받아들이지 않았다.

여섯째, 매기가 선택한 시간과 장소 역시 그녀의 의도를 의심하게 한다. 매기가 지내는 별채 관리자는 15분에서 20분마다 방을 점검했다. 매기는 자신이 곧 발견될 거라고 예상했을 것이다.

일곱째, 매기는 레인에게 "안녕"이라고 말한 뒤 대략 30분 후 옷장에서 발견되었다. 매기는 레인이 자신과 나누었던 대화 내용을 알릴 것이고 그러면 곧 누군가가 매기가 괜찮은지 보러 올 것이라고 생각했을 것이다. 실제로도 그녀의 예상이 맞았지만 불행히도 너무 늦었다.

매기는 목을 매어 자살 시늉을 하는 것이 얼마나 위험한지 분명히 깨닫지 못했다. 매기는 발이 땅에 닿아 있고 부드럽고 느슨하게 묶은 올가미를 사용하면 위험하지 않으리라 생각했을 것이다. 그러나 2킬로그램 정도의 압력만 있어도 뇌로 가는 산소의 흐름은 차단되며, 일단 뇌로 가는 산소가 차단되면 금방 의식을 잃는다.

의식을 잃으면서 전신의 체중이 완전히 올가미에 매달리게 되어 매기는 사고로 사망하고 말았다. 매기는 위험한 자기성애의 희생자가 아니었다. 그러나 이 사건에서 자기성애를 고려해볼 가치는 있었다. 슬프게도 자기성애 행위는 나이, 성별, 사회적 지위를 막론하고 많은 희생자를 내고 있다.

부적응자

사랑하는 사람의 죽음을 견디기란 무척 힘들다. 그러나 때로는 죽음의 동기를 받아들이기가 더 힘들 때도 있다. 위험한 자기성애와 자살에는 사회적 오명이 뒤따르기 때문에 희생자의 가족은 사실을 직시하지 않으려고 애를 쓰곤 한다. 아이러니하게도 사람들은 대부분 사랑하는 사람의 죽음에 대한 다른 설명을 받아들이기보다는 타인이 그를 의도적으로 죽였다고 믿고 싶어 한다.

나는 아들이 살인당했다고 주장하는 사건 수사에 참여한 적이 있다. 우연히도 이 사건의 의문사 분석과 판결은 법의 역사에 작은 흔적을 남겼다.

나는 1992년 4월 중순에 디트로이트와 강을 사이에 두고 마주보고 있는 캐나다 온타리오 윈저 대학에서 열린 폭력 범죄 컨퍼런스에 참석했다가 제임스 스탠리 해리슨 사망 사건을 알게 되었다. 컨퍼런스에 참석한 다른 연사들 중에는 온타리오 지방 경찰 케이트 라인스 경사와 캐나다 기마 경찰대 강력 범죄 분석부의 론 맥케이 경위도 있었는데, 두 사람은 FBI에서 훈련받은 유일한 캐나다 프로파일러들이었다. 나는 두 사람의 훈련을 도왔다는 사실을 자랑스럽게 생각한다.

케이트는 론과 나에게 전문적인 도움을 요청했다. 16개월 전에 토론토 근처의 겔프 대학 2학년생인 제이미 해리슨이 기숙사 계단에서 떨어져 죽었다. 경찰이 초동 수사에서 제이미가 비관 자살했다고 쉽게 결론을 내렸지만 가족들이 강력하게 반발했다. 논란의 결과 4월 30일에 검시 배심을 열기로 했다. 케이트는 나에게 론과 함께 의문사 분석을 해보지 않겠냐고 제안했다.

사건 관련 자료는 방대했다. 행간 여백 없이 작성된 보고서와 인터뷰가 400쪽에 달했고 사진도 있었다. 나는 이렇게 짧은 시간 안에 상세사항 모두를 파악하는 것이 가장 어려운 일이라는 걸 곧바로 알아차렸다. 나는 그 어느 때보다 열심히 사건을 분석했다. 증인석에 앉기 전까지 우리 세 사람은 총 150시간을 사건에 바쳤다. 30쪽짜리 보고서를 배심원 다섯 명에게 발표하는 데만도 세 시간이나 걸렸다.

우선 제이미에 대해 일반적으로 알려진 사실을 발표했다. 제이미는 키 185센티미터에 몸무게 88킬로그램이었으며 안경을 썼다. 제이미와 여동생 마니는 어렸을 때 온타리오 피터브로에 사는 해리슨 가족에게 입양되었다. 할머니는 제이미가 무척 신중한 아이였다고 설명했다. 예를 들어, 운전면허증을 딴 10대 때에는 다른 운전자들의 실수에 민감했고 습관적으로 실수를 지적했다고 한다. 또 제이미는 할머니에게 자기 생부가 독일인인 것 같으니 독일어를 배울 생각이라고 말했다.

여동생 마니는 제이미가 물리적 대립을 피했다고 말했다. "오빠는 말싸움을 힘으로 해결하려고 하지 않고 그냥 자기 방으로 들어가 버렸어요."

제이미가 짝사랑하던 겔프 대학 여학생 엘리자베스 데이비스는 제이미와 같은 컬리지 게임 클럽회원이었다. 엘리자베스는 제이미가 클럽 회원들 중 가장 친절하고 외향적이었다고 설명했다. 그러나 데이비스는 폴 가스터라는 다른 학생과 사귀고 있었기 때문에 제이미를 남자친구가 아닌 오빠처럼 좋아했다.

한 남학생은 제이미가 여자 아이들은 물론이고 남자 아이들과도 대화를 잘 나누지 못했다고 회상했다. 그는 이렇게 말했다. "마치 사람들에게 어떻게 이야기를 할지 모르는 것 같았습니다. 제이미가 입양되었다는 이야기를 제게 했을 때 저는 제이미가 왜 그렇게 자신이 없는지 이해할 수 있을 것 같은 느낌이 들었지요." 대학 1학년 때 제이미와 같은 방을 썼던 두 학생은 제이미가 남과 잘 사귀지 않았으며, 매우 영리했지만 자신이 똑똑하다고 거드름을 피웠다고 했다. 그들의 말에 따르면 제이미는 게임 클럽 친구들 외에는 친구가 없었다.

두 룸메이트는 제이미를 싫어했고 괴롭혔다. 두 사람은 제이미의 침대에 디저트용 젤리 가루를 넣기도 했고 제이미가 들어오지 못하게 방문을 잠그기도 했다. 제이미는 1학년 크리스마스 직전에 급작스럽게 기숙사 독방으로 옮겼다.

몇몇 학생은 제이미가 방에서 식사를 할 때든 밤 늦게든 텔레비전을 볼 때든, 많은 시간을 혼자 보냈다고 회상했다. 제이미는 「스타트렉」의 팬이었고 타로 카드 점을 칠 줄 알았다. 또 제이미가 죽음 카드에 매혹되었다고 말하는 학생도 많았다.

동료 학생 허민다 필링 – 다이크맨은 제이미가 친절하고 잘 웃었으며 1989년 그녀가 게임 클럽에 가입했을 때도 환영해주었다고 말했다. "하지만 제이미는 게임 클럽 학생들 대부분과 마찬가지로 내향적이었어요. 다른 사람과 함께하는 것이 힘든 일인 것 같았어요."

또 다른 지인은 이렇게 말했다. "제이미는 소위 융통성 없는 사람, 괴짜라고 할 만한 학생이었습니다."

나는 다음으로 제이미가 죽기 전 며칠 동안 상태를 알려주는 증인들의 말을 발표했다.

피오나 비틀스톤은 제이미가 죽기 사흘 전에 눈싸움을 했다고 회상했다. "보통 제이미는 그런 것을 같이 하지 않았기 때문에 이상했어요."

토머스 쿡은 이렇게 말했다. "제이미는 기분이 금방금방 달라졌습니다. 게임 클럽 방에 있을 때면 정말 명랑했어요. 하지만 일단 밖으로 나가면 금방 주눅이 들었습니다. 제이미가 죽기 일주일 전에 저는 제이미의 감정 기복이 훨씬 더 심해졌다는 느낌을 받았지요. 제이미가 죽기 전 날 오후에 저는 제이미와 다른 애들 몇 명과 함께 클럽 방에 있었습니다. 제이미는 기분이 무척 좋았어요. 우리는 원반을 던지고 받으며 놀았습니다."

데이비스는 제이미가 죽던 날 밤 게임 클럽 방에서 그를 보았다. 데이비스는 제이미와 우노(Uno) 게임을 해서 이겼다. "제이미는 내가 이겨서 화가 난 것 같았어요. 아이들은 저를 '지옥에서 온 골칫덩이'라는 별명으로 불렀는데, 제이미가 저를 이 별명으로 불렀을 때는 정말 화가 난 것 같았어요." 제이미는 또한 데이비스에게 시험에서 낙제할까 봐 두렵다고 털어놓았다. "내가 우노를 이겨서 제이미는 더욱 기분이 나빠진 것 같았어요."

제이미는 그날 밤 데이비스를 포함한 다른 학생들과 함께 저녁을 먹고 영화를 보러 갔다. 마이클 포터는, 영화를 보던 중 데이비스가 가스터와 키스를 했다고 회상했다. 포터는 이렇게 말했다. "제이미도 거기서 두 사람이 키스하는 모습을 봤습니다. 그때 이제 더 이상 데이비스와는 가망이 없다는 걸 깨달았을지도 모르죠."

영화를 보고 기숙사에 돌아온 후 제이미는 데이비스와 가스터와 다른 방향으로 걸어가면서 이렇게 말했다. "너네가 뭘 원하는지 알 것 같은데." 데이비스가 "잠깐"이라고 말했지만 제이미는 그냥 가버렸다. 데이비스와 가스터가 그를 본 것은 그것이 마지막이었다.

조금 뒤에 학생 라운지에 혼자 나타난 제이미는 탁자에 발을 올린채 소파에 앉아서 15분에서 20분 정도 말없이 있었다. 그런 다음 자리에서 일어나 자기 방을 향해 걸어갔다.

다음으로 우리는 제이미가 그날 이후 앞으로 어떤 기대나 계획을 가지고 있었는지 결론을 발표했다. 사람은 미래를 긍정적으로 생각할수록 일시적인 절망에 굴복하지 않을 확률이 더 높다. 우리는 네 가지 기대나 계획만을 증명할 수 있었다. 할머니 말에 따르면 제이미는 어머니와 함께할 크리스마스 쇼핑을 기대하고 있었다. 또 게임 클럽의 동료들은 제이미가 다음 해 3월에 열릴 그리프콘이라는 게임 토너먼트 대회를 열심히 준비하고 있었다고 말했다. 제이미는 다음 날 아침 게임 데이트를 할 예정이었고, 다음 학기 수강료도 다 지불한 상태였다.

나는 의문사 분석을 준비할 때 보통 고인을 죽일 만한 동기를 가진 사람이 있는지 살펴보는데, 해리슨과 동료 학생들 사이에 심각한 악의는 분명히 없었다고 배심원들에게 발표했다. 토머스 클라크는 이렇게 말했다. "제이미를 미워하는 사람은 전혀 생각이 나지 않습니다."

기숙사 학생들은 한 가지 중요한 사실, 즉 제이미가 고소공포증을 가지고 있다고 한결같이 말했다. 인터뷰에 응해준 14명 학생 모두 그의 고소공포증에 대해 들어보았거나 알고 있었다고 대답했다. 그러나 제이미의 할머니와 여동생은 그 사실을 부인했다.

그런 다음 제이미의 사망이 사고가 아닌 것처럼 보이는 여러 가지 이유를 법정에서 상세히 설명했다.

첫 번째는 고소공포증이다. 제이미는 계단, 특히 사건이 일어난 장소처럼 난간이 낮은 계단 맨 위에 서 있을 때면 걸려 넘어지거나 발을 헛디디지 않으려고 무척 조심했을 것이다.

둘째, 제이미의 안경은 계단 맨 꼭대기 층계참에 거꾸로 놓인 채 발견되었다. 실험실 조사에 의하면 안경에는 긁힌 자국이 없었다. 안경은 발견된 곳에 조심스럽게 놓인 것 같았다. 안경은 떨어뜨린 것이 아니었고 계단 아래로 떨어지지도 않았다. 높은 곳에서 뛰어내려 자살하는 경우에는 안경이나 지갑, 시계와 같은 소지품을 뛰어내리는 장소에 두는 경우가 많다.

그날 밤은 추웠고 콘크리트로 된 기숙사 계단은 막혀 있기는 했지만 난방이 되지는 않았다. 그날 계단 위 층계참에 있을 이유가 하나도 없었던 제이미 해리슨은 추위에 대비해 옷을 두껍게 입고 있지도 않았다.

조명은 흐리긴 했지만 적당했고 제이미는 운동화를 신고 있었다. 그러므로 그가 콘크리트 바닥에서 미끄러진 것 같지는 않았다. 음주나 약물 복용, 혹은 질병으로 인한 정신적 손상의 징후도 보이지 않았다.

계단에서 가까운 방에 사는 학생은 여섯 명이었는데 해리슨이 그날 밤 소리를 냈다면 충분히 들을 수 있을 만큼 가까웠다. 그러나 여섯 명 모두 아무런 소리도 듣지 못했다고 말했다.

제이미가 벽을 잡거나 잡으려고 애씀으로써 균형을 잡으려 했다는 법의학적 증거도 없었다. 손톱이 부러진 곳도 없었고 손톱 밑에서 콘크리트 가루가 발견되지도 않았다.

자살이나 살인임을 증명할 결정적인 증인이나 법의학적 증거가 없다는 사실도 사고사와 일치하는 요소였다. 계단 난간은 낮았고 제이미는 크리스마스나 시험 등 다른 일에 열중하고 있던 것으로 알려졌다. 그가 평소만큼 깊이 주의를 기울이지 못했을 수도 있다. 그의 사망 원인이 된 부상은 어떤 원인으로든 실수로 떨어졌을 때와 일치했다.

우리는 제이미의 죽음이 과연 살인의 결과인지 의심할 만한 인상적인 이유도 몇 가지 발견했다.

앞에서 말했듯 피해자 제이미에게는 친한 친구가 많지 않았지만 그를 죽일 만큼 싫어한 사람도 없는 듯했다. 훔쳐간 물건도 없었다. 제이미가 범죄자와 연루되어 있었다거나 도박, 약물, 혹은 성적인 문제가 있었다는 사실도 알려진 바가 없었다.

그의 방에서도 계단에서도 몸싸움의 흔적은 찾아볼 수 없었다. 시체에는 방어를 하다가 생긴 것으로 보이는 상처도 없었다. 제이미의 부상은 모두 추락과 일치했으며, 목숨을 건지기 위해 무언가를 잡으려하거나 떨어지지 않으려고 애쓰지도 않았다.

같은 시간에 계단에 다른 사람이 있었음을 증명하는 증거도 없었고 어떤 무기를 사용한 흔적도 발견되지 않았다. 그러나 수사관들은 똑같이 생긴 다른 계단 아래에서 커다란 벽돌을 발견했다. 벽돌을 발견함에 따라 제이미의 죽음에 책임이 있는 누군가가 희생자 대신 벽돌로 미리 실험을 해보았거나 떨어지는 소리가 사람들의 관심을 끌지는 않을지 시험해보았다는 추측이 가능했다.

누군가 제이미를 계단에서 밀었다면 그는 분명 비명을 질렀을 것이다. 게다가 계단은 소리를 울리는 반향실(反響室)과 같은 역할을 하기에 소리는 증폭되었을 것이다. 그러나 무슨 소리를 들은 사람은 아무도 없었다.

제이미를 계단에서 밀려고 했던 사람이 있었다면, 범인은 다른 사람에게 발견될지도 모른다는 큰 위험을 무릅쓴 셈이었다. 사고 당시는 시험

기간이어서 밤늦게까지 깨어 있는 학생이 많았다. 범인이 다른 사람의 눈에 띄지 않고 빠져나가기는 어려웠을 것이다.

마지막으로 제이미는 추락하고 나서 바로 죽지 않았다. 그의 죽음이 살인의 결과였다면 살인자는 제이미가 죽었는지 확실히 확인했을 것이다. 다른 이유는 다 제쳐두더라도 최소한 자기의 신원을 들키지 않기 위해서라도 말이다.

나는 검시 배심원들에게 살인과 일치하는 요소는 두 가지밖에 없다고 말했다. 하나는 피해자의 고소공포증이다. 제이미는 절대 스스로 계단 위에 올라가지는 않았을 테니 강제로 올라갔을 것이라고 주장할 수도 있다. 두 번째는 사망 방식이다. 그는 추락사했다. 추락사는 자살이나 살인, 사고 중 어느 것으로든 보일 수 있기 때문에 잘못 해석되는 경우가 많다.

자살과 일치하지 않는 요소 중에는 제이미의 미래 계획이 있다. 우리는 제이미가 크리스마스와 봄에 열릴 게임 토너먼트를 고대하고 있었음을 안다. 그는 다음 날 아침 게임을 할 약속까지 있었다. 또한 수표로 다음 학기 수강료를 지불했다.

우리가 아는 한 제이미는 자살을 시도한 적도 없었고 죽기 전에 소중한 물건을 나눠주지도 않았다. 수사관들이 컴퓨터에서 삭제된 메시지를 발견하긴 했지만, 그 외에는 유서도 없었다. 삭제된 메시지는 "이 수수께끼를 풀어봐"라는 말로 시작하는 불가사의하고 불분명한 내용이었고, 처음부터 끝까지 죽음에 대한 내용이었다.

흔히 자살 사건에서 드러나는 스트레스 요소도 전혀 없었다. 알려진 바에 따르면 제이미에게는 건강 문제도 없었다. 친밀한 관계가 갑작스레 변하지도 않았다. 해리슨은 잠을 잘 못 잔다거나 구토를 한다거나 하는 스트레스 억압 증상도 보이지 않았다. 또한 시급한 금전 문제도 없었다.

제이미의 죽음은 몇 가지 해석이 가능했다. 그러나 모든 해석을 살펴본 뒤 동료들과 나는 제이미가 자살했다는 결론을 내렸다. 우리가 자살이라는 결론을 내린 이유는 다음과 같다.

1. 제이미는 사교성이 부족하고 내향적인 사람으로 많은 시간을 혼자 보냈다.

2. 따라서 제이미에게는 친한 친구가 거의 없었다. 우리가 인터뷰한 그의 기숙사 동료들 중에서 자신이 제이미와 절친하다고 생각하는 사람은 아무도 없었다. 그는 감정적으로 필요할 때 기댈 사람이 아무도 없었다.

3. 제이미는 대학이라는 사회적 환경에 적응하는 데 어려움을 겪고 있었다. 첫해에는 룸메이트들과 잘 지내지 못해서 방을 나와 독방에서 지냈다. 그는 또한 신입생 시절 학생 임원에 세 번이나 출마했지만 모두 실패했고, 2학년 때 기숙사 학생 감에 지원했지만 거부당했다. 그는 데이트도 하지 않았고, 관심을 보였던 유일한 여학생 데이비스는 확실히 다른 사람을 좋아했다.

4. 제이미의 불안정한 자아상은 학업 성취 기록에서도 찾아볼 수 있다. 겔프 대학에 입학한 이후로 그의 성적은 꾸준히 떨어지고 있었다. 첫 학기 평균은 79.4였지만 2학기에는 평균이 65로 떨어져 장학금을 취소당했다. 제이미는 2학년 때 화학 중

간고사에서 53점을 받았고 두 번째 시험에서는 50점을 받았다. 반 친구들은 그의 학습 습관이 형편없었으며 흔들리는 성적에 대한 불안을 드러냈다고 말했다. 같은 학생인 파멜라 리빙스턴은 이렇게 말했다. "학업은 제이미가 우월감을 느낄 수 있는 유일한 분야였는데, 이제는 그마저도 사라졌어요. 이제 수업을 듣는 것만으로는 해낼 수 없었죠."

5. 제이미는 죽음에 대해 무척 많이 생각했다. 그를 알던 한 여학생은 그가 때때로 자신에게 타로점을 봐주었다고 회상했다. "나에게 해주는 말은 정말 낙관적이었어요. 하지만 자기 타로점을 볼 때는 죽음을 보는 것 같았고 늘 여기서 죽을 것이라고 말했어요." 또 다른 학생은 제이미가 죽음 카드가 나타날 때마다 늘 "재빨리 뒤집었다"고 회상했다.

죽음은 제이미의 컴퓨터에 남겨진 모호한 글의 주제였다.

파멜라는 이렇게 말했다. "제이미는 아무도 대답할 수 없는, 뒤틀리고 냉소적인 말을 잘 했어요. 그러면서 우월감을 느꼈나봐요. 신비하게 보이기를 좋아했죠."

예를 들어 그는 때로 일반 포커 카드를 타로 카드로 이용했다. 포커 카드에서는 조커가 타로 카드의 바보 카드를 의미한다. 제이미는 지인들에게 바보는 절벽에 등을 돌리고 서서 앞으로 갈지 뒤로 갈지를 가늠하는 사람으로 생각할 수 있다고 말했다.

그의 기숙사 침대에서 조커 카드가 발견되었다. 공식적인 입장은 아니지만 나는 그가 바보 카드의 상황을 행동에 옮겼다고 생각한다. 또한 "이 수수께끼를 풀어봐"라는 메시지가 친구들과 게임을 하려는, 즉 친구들을 놀리려는 마지막 시도였다고 생각한다.

마찬가지로 제이미는 지인에게 하트 에이스는 타로 카드의 컵 카드와 같으며 희망과 사랑을 상징한다고 설명한 적이 있는데 제이미의 카드에서 하트 에이스는 찢겨 있었다.

제이미가 평소 얼마나 큰 소외감을 느꼈는지, 또 다른 학생들에게 거부당해 얼마나 상처를 받았는지 정확히는 알 수 없다. 그러나 학생들과의 인터뷰를 미루어보면 그가 겔프 대학에서 힘든 시기를 보내고 있었던 것은 분명하다.

여학생들은 특히 제이미의 두 룸메이트가 제이미가 독방을 얻어서 나갈 때까지 괴롭혔던 점을 강조했다.

파멜라는 때때로 이상한 말을 하는 제이미의 버릇도 그를 고립시켰다고 생각했다. "사람들은 그가 이상하다고 생각했어요. 그래서 그는 아무 말도 하지 않는 법을 배웠죠."

그러나 제이미는 때로 부정적인 관심이라도 받고 싶어 했던 것 같다. 예를 들어 그가 수염을 기르기 시작했을 때 주변에서는 수염이 없는 편이 더 나아 보인다고 말했지만 그는 계속 수염을 길렀다. 마침내 제이미가 수염을 깎았을 때 사람들이 훨씬 낫다고 말하자 그는 곧바로 수염을 기르기 시작했다.

결과적으로 증인들이 제시한 증거는 분명 제이미가 자살을 했다는 결론을 뒷받침한다. 나는 이러한 내용을 검시 배심원들에 보고했고, 그들도 동의했다.

케이트와 론 그리고 내가 힘들게 준비한 의문사 분석은 예상치 못한 보상을 가져왔다. 캐나다 법정은 제이미 사건 이전에는 행동 증거를 증거로 인정한 적이 없었다. 제이미가 자살을 했다고 생각하는 근거를 설명하는 슬픈 일이, 내가 행동과학부에 몸담고 있던 시절 몇 년 동안이나 선도했던 수사 기법이 공식적으로 법적 인가를 받는 계기가 되었다.

우리는 이번 일이 역사적으로 중요한 사건이 된 것에 감사하며, 수사 당국이나 가족들이 설명되지 않은 죽음의 수수께끼를 풀어 원하던 답을 찾는 데 도움을 주는 선례가 되기를 바란다.

보복 살인 후 범인은 종종 안정감을 느낀다. 임무를 완수했기 때문이다.
범인은 범행 현장에 남아 있는 등 자신의 정체를 숨기려 하지 않는다.

비 오는 화요일 밤 오전 2시 10분, 보즈먼에 위치한 몬태나 주립대학 캠퍼스의 기숙사 랭포드 홀은 고요했다. 때는 1990년 5월 15일이었다. 갑자기 우레와 같은 산탄총 총성 네 발이 고요를 가르더니 기숙사 130호에서 비명이 들렸다. 학생들은 급히 현장으로 달려갔다. 제일 처음 도착한 기숙사 학생감 래리 포트는 복도에서 아랫배를 움켜잡고 서 있는 제임스 클레빈저를 발견했다. 검은 핏자국이 클레빈저의 방까지 연결되어 있었다.

130호로 들어간 리처드 미켈슨은 한쪽 팔을 편 채 방 한가운데 누워 있는 브라이언 보더를 발견했다. 보더는 오른쪽 팔과 허벅지 위쪽, 엉덩이에 부상을 입은 상태였다. 클레빈저와 보더를 쏜 산탄총은 베개와 파란색 담요로 살짝 덮인 채 근처 바닥에 놓여 있었다. 미켈슨은 바닥에서 산탄총 탄피를 발견했다.

클레빈저와 보더는 치명적인 부상을 입긴 했지만 구급차를 기다리는 동안 의식을 잃지 않았다. 두 사람은 몬태나 주립대학 캠퍼스 경찰 마이클 머피와 렉스 던컨에게 두 사람이 보더의 방에서 조용히 이야기를 나누고 있는데 문을 두드리는 소리가 났다고 말했다.

"들어와." 보더가 아무렇지도 않게 말했다.

성큼성큼 걸어 들어온 사람은 빨강머리에 주근깨가 있는 젊은이로 클레빈저와 보더는 그의 얼굴은 알았지만 이름은 몰랐다. 그는 아무 말도 없이 총신을 자른 멀린 산탄총을 들어 두 사람에게 겨누고 네 발을 쏘았다. 클레빈저와 보더가 침입자에게 달려들자 그가 무기를 떨어뜨렸다. 침입자는 문 밖으로 도망쳤다.

얼마 후, 기숙사 학생감 팀 클루스너는 자기 방인 113호에서 나오다가 103호에 사는 빨강머리의 2학년생 브렛 바이어스와 마주쳤다.

마크 백스터가 문 밖으로 두 사람이 마주치는 모습을 목격했다.

바이어스는 복도를 날쌔게 달려가며 이렇게 말했다. "경찰에 전화를 해야 할 거야, 팀. 살인이야."

나중에 클루스너는 바이어스가 격앙되고 흥분한 듯했지만 겁을 먹은 것 같지는 않았다고 회상했다.

다시 범죄 현장으로 돌아가보자. 두 피해자는 경관들에게 공격자를 설명했다. 던컨 경관은 빨강머리라는 말을 듣자마자 원래 알고 있던 브렛을 바로 떠올렸다.

최근 몇 달간 브렛은 던컨에게 무척 아끼는 픽업트럭을 누가 자꾸 부순다며 계속 호소했다. 그래서 던컨은 브렛의 차를 잘 알았다. 게다가 던컨은 그날 저녁 주차장에서 브렛의 차를 보았다. 그러나 창가로 다가가 밖을 내다보자 트럭은 사라지고 없었다.

던컨 형사는 클루스너와 이야기를 나눈 후 브렛을 체포하기 위해 전국 지명수배를 내릴 준비를 했다.

그동안 구급대원들이 클레빈저와 보더를 구급차로 옮겼다.

두 사람 중 한 명이 이렇게 말했다. "우리가 살 수 있을까?"

다른 한 명이 대답했다. "아니."

보더는 오전 4시 45분에 사망했다. 30분 후, 클레빈저도 결국 부상에 굴복하고 말았다.

살인범은 그레이트 폴스의 집을 향해서 북서쪽으로 달아나고 있었다. 브렛은 가는 길에 287번 고속도로의 타운젠드라는 작은 마을에 들러 상점 유리를 깨고 코카콜라와 캔디바를 훔쳤다. 그러나 타운젠드 북부에서 루이스 앤드 클라크 카운티의 보안관 대리인 에버라드 크릭에게 잡혔다.

보안관 대리 크릭은 바이어스의 픽업트럭에 바짝 따라붙었을 때 바이어스가 시속 88킬로미터 정도로 운전하고 있었다고 증언했다. 그의 말에 따르면 픽업트럭은 시속 72킬로미터 정도로 속도를 줄였지만 크릭이 경광등을 켜고 사이렌을 울리자 다시 속도를 높였다.

동 헬레나 북부 고속도로는 노상 장애물로 막혀 있었다. 보안관 대리 크릭은 브렛이 경광등을 켠 경찰차들을 보았을 때 시속 130킬로미터 정도로 달렸다고 추정했다. 범인은 즉시 고속도로에서 쇠사슬 울타리가 쳐진 도랑 쪽으로 픽업트럭의 방향을 틀더니 써클K 편의점 겸 주유소의 휘발유 주유기로 향했다. 브렛은 일부러 트럭을 곧장 주유기에 박은 것으로 보였다. 픽업트럭은 완전히 서기도 전에 뒤집어져 다른 차에 부딪혔다.

브렛이 클레빈저와 보더를 살해했다는 사실에는 의문의 여지가 없었다. 1991년, 배심원단은 브렛의 살인 유죄를 확정했고 브렛은 165년 징역형을 선고받았다. 그러나 사망한 클레빈저와 보더의 가족이 대학 당국에 소송을 제기하자 살인 사건을 미리 예상하여 막을 수 있었는가라는 문제를 둘러싸고 별도의 민사 소송이 진행되었다.

내가 1994년 3월에 받은 편지는 바로 그 문제를 묻고 있었다. 편지는 민사 소송에서 몬태나 주립대학의 대리를 맡은 커티스 드레이크 변호사에게서 온 것이었다. 드레이크가 랭포드 홀의 평면도부터 바이어스에 대한 정신 심리 감정 평가서까지 필요한 배경 자료를 모두 보내주었다.

나로서는 브렛의 태도와 행동을 그려볼 수 있도록 그의 환경에 대해 가능한 한 많이 알아내는 일이 가장 중요했다. 재판에서 증언을 했던 브렛의 친누나 슬로언이 많은 사실을 알려주었다. 법정에서 슬로언은 그가 어린 시절부터 감정적인 문제가 있었다고 말했다. 바이어스는 네댓 살때부터 풀밭에 불을 지르기 시작했으며, 4학년 때는 쫓기다가 살해당하는 악몽을 꾸곤 했다.

슬로언의 말에 따르면 어린 시절 두 사람은 다른 남매들보다 더 친했다. 그러나 중학교 때부터 두 사람은 멀어지기 시작했다. 그즈음 브렛은 초등학교 선생님인 어머니와도 문제를 일으키기 시작했다. 브렛은 어머니가 너무 많은 것을 요구한다고 불평했다.

슬로언의 증언에 따르면 시간이 지나면서 브렛은 가능한 한 어머니를 피하게 되었다. 브렛은 아버지와도 그다지 가깝지 않았다. 브렛은 크리스마스를 보내기 위해 보즈먼에서 그레이트 폴스로 돌아왔을 때도 부모님께는 알리지도 않고 친구 집에서 이틀 밤을 보냈다.

고등학교 때 브렛은 도박과 음주를 시작했다. 그가 몬태나 주립대학(슬로언도 같은 대학에서 공부했다)에 진학할 때쯤에는 도박과 음주 습관이 제어할 수 없는 지경에 이르렀다. 브렛의 성격도 변했다. 슬로언은 브렛이 몬태나 주립대학에서 심각하고 갑작스러운 조울증세를 보이기 시작했음을 눈치챘다. 브렛은 감정을 잘 제어하지 못했고 때로는 울음을 터뜨리기도 했다.

브렛은 운전을 할 때도 약간 이상해졌다. 슬로언의 말에 따르면 브렛은 언제나 무모하게 운전을 했지만 대학에 온 뒤로는 무시무시할 정도가 되었다. 슬로언은 브렛이 아끼는 픽업트럭에 타는 것이 가끔 무서웠다고 말했다. 슬로언만 그런 걱정을 한 것은 아니었다. 여러 친구와 지인들은 브렛이 무모하게 운전을 했다고 증언했다. 몇몇은 브렛이 총신이 짧은 산탄총을 트럭에 싣고 다녔다고 말했다.

그들의 말에 의하면 브렛은 트럭만큼이나 총에 집착했으며 마찬가지로 경솔하고 무모하게 다루었다. 1989년 가을에 브렛이 야외 파티에서 총을 꺼내 나무를 쏘자 가지가 부러지면서 불이 붙어 몇몇 학생들이 화를 낸 적이 있었다.

브렛은 책임감 있는 젊은이가 아니었다.

슬로언은 브렛이 몬태나 주립대학에서 사람들과 어울리지 않았다고 말했다. 그는 식당에서 일했는데 일이 없을 때는 늘 자기 방에 있었다. 수업은 물론이고 학생식당에 가는 일도 드물었다. 또한 다른 기숙사생들을 피하려고 사람이 없는 시간에 샤워를 했다.

셰인 탠버그는 1학년 때부터 브렛을 알았다고 법정에서 증언했다. 두 사람 모두 대여섯 명의 친한 친구 무리에 속해 있었다. 탠버그 역시 브렛이 고등학교 때 변했다고 말했다. 친구들은 브렛이 성가시고 지나치게 까분다고 생각하기 시작했다. 탠버그가 보기에 브렛은 다른 친구들처럼 나이가 들면서 성숙해지지 못했고 따라서 친구들과 멀어졌다.

탠버그의 말에 따르면 브렛의 부모는 언제나 그를 어린아이처럼 대했다. 브렛의 아버지는 브렛을 "브레티 보이"라고 불렀다.

탠버그는 브렛이 부모님을 두려워했고 나중에는 부모님, 특히 어머니를 무척 싫어하게 되었다고 말했다. 탠버그의 설명에 따르면 브렛은 귀가 시간이 늦어지면 겁에 질렸다. 그는 이렇게 말하곤 했다. "우리 엄마가 소리를 지를 거야. 엄청 화낼 거라고."

한번은 브렛이 트럭 뒤쪽의 열고 닫는 후미판에 작은 흠집을 낸 적이 있었다. 브렛은 어머니가 화를 낼까봐 아예 후미판을 떼어 강에 던지고 나서 어머니에게 탠버그와 함께 영화를 보는 사이에 도둑맞았다고 말했다.

탠버그는 또한 브렛이 감정기복이 심했고 우울증이 있었는데 대학에 가면서 더욱 심해졌고 술도 많이 마셨다고 진술했다.

브렛을 인터뷰한 정신과 의사와 심리학자는 그가 충동적이고 미숙하며 불안정하다고 설명했다. 그러나 두 사람 모두 브렛이 정신 질환이나 결함이 있다고 생각지는 않았다.

브렛은 1989년 가을 학기 초에 중요한 영향을 미친 한 가지 불행한 사건을 저질렀다. 랭포드 홀 기숙생들이 모인 자리에서 남자들이랑 사는 게 좋아서 랭포드 홀을 택했다는 농담을 한 것이다. 웃기려고 한 말이었지만 아무도 반응을 보이지 않았다. 기숙생들은 웃지는 않고 그가 한 말의 진의가 뭘까 궁금해했고, 몇몇은 그를 놀렸다.

브렛을 아는 친구들은 브렛이 그때 한 말 때문에 사람들이 자기를 동성애자라고 생각할지도 모른다는 두려움에 시달렸다고 증언했다. 법정에서 탠버그가 한 말에 따르면 기숙생 모임으로부터 2주가 지난 후 브렛이 전날 밤에 자살을 하려고 총을 장전해서 머리에 겨누었다고 그에게 털어놓았다. 탠버그가 왜 그랬느냐고 묻자 브렛은 이렇게 대답했다. "말할 수 없어. 날 놀릴 거야."

탠버그는 이렇게 말했다. "브렛은 그저 사람들을 웃기려고 했을 뿐이었기 때문에 농담이 그렇게 되었다는 사실에 괴로워했습니다. 게다가 이제 사람들은 모두 브렛을 싫어했습니다." 적어도 브렛의 생각에는 그랬다.

브렛은 다른 학생에게도 비슷한 이야기를 했다.

성적도 문제였다. 가을 학기에 브렛은 대수와 컴퓨터 교양 과목에서 낙제를 했고 경제학에서는 D를 받았다. 겨울 학기에 받은 최고 점수는 "하늘의 신비"라는 과목에서 받은 C였다.

또 도박 문제도 있었다. 브렛은 가을 학기 동안 도박으로 4,000달러를 잃었고, 돈이 다 떨어져서 등록금과 기숙사비를 낼 때 부모님에게 손을 벌려야 했다.

그러나 브렛의 점점 깊어지는 감정 문제에서 제일 중요한 부분은 픽업트럭이었다. 브렛이 이 픽업트럭을 얼마나 소중히 여겼는지, 헬레나 외곽 주유소에서 거의 죽을 뻔하고 나서 살인죄로 체포되는 상황에서도 뒤집힌 트럭 안에 앉아 있던 그가 크릭 보안관 대리에게 한 첫 마디는 "내 트럭은 괜찮아요?"였다.

나는 특히 이 부분을 읽을 때 무척 놀랐던 기억이 난다. 브렛은 자기가 살해한 두 학생보다 트럭을 더 걱정했던 것이다.

브렛은 형편없는 성적과 점점 쌓여가는 교통 법규 위반 소환장 때문에 어머니가 트럭을 빼앗을까 봐 걱정했다. 어머니가 빼앗지 않더라도 무모한 운전과 그 결과로 뗀 딱지 때문에 자동차 보험이 위험했다.

그러나 그는 무엇보다도 괘씸한 파괴 행위에 대해 불평했다. 1989년과 1990년 내내 바이어스의 트럭은 계속해서 부서졌다. 범인은 트럭에 흠집을 내거나 거울과 라이트를 깨뜨리고, 앞유리 와이퍼와 보닛 장식을 부러뜨리고, 타이어에 몇 번이나 구멍을 냈다. 확실히 그즈음에 몬태나 주립대학 캠퍼스에서는 많은 차량이 파괴되었다. 범인이 브렛을 일부러 노린 것인지, 아니면 계속해서 그의 트럭을 파괴한 것이 순전히 우연이며 다른 학생들도 모두 겪는 문제였는지는 확실치 않다.

어찌되었든 계속된 차량 파괴는 브렛을 미치게 만들었다. 탠버그는 이렇게 말했다. "차를 부수는 것은 브렛을 두들겨 패는 것이나 마찬가지였습니다. 트럭이 파괴될 때마다 브렛의 일부가 사라졌습니다."

바이어스는 차를 그 모양으로 만든 사람 혹은 사람들을 죽여버리겠다고 몇 번이나 말했다. 그러나 아무도 그 말을 심각하게 받아들이지는 않았다. 레슬리 버스비는 브렛을 잘 몰랐지만 그가 외톨이에 때때로 우울해 보이는 학생이었다고 설명했다. 그러나 버스비는 그가 화를 내거나 싸움을 걸거나 그 밖에 잠재된 폭력성을 보여주는 행동을 하는 모습은 한 번도 본 적이 없다고 말했다. 브렛이 산탄총 살인으로 체포되었다는 말을 처음 들었을 때 버스비는 뭔가 오해가 있다고 생각했다.

마찬가지로 그해 초에 브렛을 알게 된 제프 나이가드도 깜짝 놀랐다. 나이가드는 브렛이 성미가 급하고 과민하며 우정에 굶주려 있고 종종 고약하게 군다고 알고 있었다. 그러나 살인은 아니었다. 나이가드는 이렇게 말했다. "그는 여러 가지를 할 수 있었지만 그건 아니었습니다."

브렛은 트럭을 보호하기 위해서 사람이 제일 많이 다니고 불빛도 밝은 곳을 찾아 주차하곤 했다. 밤이면 트럭에서 잠을 자기도 했다. 한번은 차를 파괴한 범인을 체포할 수 있도록 정보를 제공하는 사람에게 상금을 주겠다는 제안도 했다.

감정적으로 무척 격앙되었던 그즈음 브렛은 130호에 사는 보더가 주범이라는, 위험하면서도 사실과 전혀 다른 생각을 품게 되었다. 두 사람이 적이기는커녕 서로 거의 알지도 못했다는 사실은 말할 필요도 없다. 브렛의 생각은 순전히 망상에 지나지 않았다.

브렛은 보더를 의심하고 있다는 말을 거의 아무에게도 하지 않았다. 그러나 브렛의 마음속 깊이 숨겨진 곳에서는 잘못된 생각이 소용돌이치며 분출되기만을 기다리고 있었다.

브렛이 몬태나 주립대학에서 알고 지내던 학생들 중에는 헤지스 홀에서 같은 방을 쓰는 마크 웨이리치와 댄 에번스가 있었다. 두 사람 모두 가을학기가 시작할 때 그를 알게 되었고, 또 그가 총기와 무기류에 관심이 있다는 사실도 알았다. 웨이리치는 총신이 짧은 멀린 총을 본 적이 있었다.

브렛이 트렌치코트 안에 총을 숨기고 헤지스 홀에 온 적이 있었다.

브렛은 트럭을 부순 사람에게 복수하려고 만든 폭탄도 에번스에게 보여주었다. 그는 창문으로 폭탄을 던져 넣겠다고 말했다. 에번스의 증언에 따르면 결국에는 그가 폭탄을 빼앗아서 없앴다.

그때가 1989년 가을이었다. 그로부터 얼마 지나지 않았을 때 에번스는 브렛과 다른 학생 두어 명과 함께 몰리 브라운즈라는 근처 술집에 술을 마시러 갔다. 그들이 술집에서 어울리는 사이, 트럭이 또 파괴되었다. 후미등이 부서졌고 바퀴 축이 안으로 밀려들어가 바퀴에 바람이 빠져 있었다.

며칠 후 브렛은 보더를 패주기 위해서 작은 자경단을 이끌고 보더의 방으로 향했다. 문을 두드려도 대답이 없자 브렛이 방 안으로 들어가 복수 삼아 300달러짜리 오디오를 훔쳤다.

랭포드 홀 기숙사 학생감 중 한 명인 브라이언 괴츠는 브렛의 오랜 친구였다. 괴츠는 브렛이 오디오를 훔쳤다는 사실을 알고 깜짝 놀랐다고 증언했다. 그는 브렛이 그런 행동을 할 수 있다고 생각하지 않았다. 괴츠의 법정 증언에 따르면, 브렛은 오디오를 훔친 것에 대해 죄책감을 느꼈지만 이미 팔아버렸기 때문에 돌려줄 수 없다고 말했다.

살인이 일어난 밤, 브렛은 일이 끝난 후 2리터들이 독일 산 포도주 한 병을 들고 기숙사로 돌아왔다. 그는 밤 9시에 포도주를 가지고 친구 제임스 헤스터버그와 나이가드의 방인 327호로 갔다. 브렛이 포도주를 권했지만 헤스터버그와 나이가드 그리고 그 방에 있던 또 한 학생 스콧 스트로벨은 그날 밤에 술을 마시지 않았다. 그래서 그는 혼자 술을 마셨다.

친구들은 음악을 들으면서 컴퓨터 게임도 하고 텔레비전도 봤다. 스트로벨의 말에 따르면 자정쯤 이들은 그의 방으로 자리를 옮겼다. 한 시쯤 헤스터버그와 나이가드가 돌아갔다. 포도주를 다 마신 브렛은 딱 보기에도 취한 상태였다.

브렛과 스트로벨은 판돈이 적은 블랙잭을 했다. 한 시간 동안 바이어스는 3달러 정도를 잃었다. 두 시 가까이 되었을 때 브렛이 갑자기 1페니에 트럭을 걸겠다고 했다. 스트로벨은 그런 내기를 하고 싶지 않았다.

스트로벨은 이렇게 증언했다. "저는 내키지 않았습니다. 그 상태로는 바이어스가 저에게 자동차 열쇠를 주겠지만 저는 받고 싶지 않았습니다." 그 대신 스트로벨은 바이어스에게 숙제를 해야 하니 이제 그만 가라고 말했다. 브렛은 자리에서 일어나 "잘 자"라고 말한 다음 방에서 나갔다.

스트로벨은 법정에서 이렇게 말했다. "그는 무척 순순했습니다. 방에서 나갈 때는 취해 있었고 약간 비틀거렸습니다."

스트로벨은 브렛이 자러 갔다고 생각했다.

그러나 브렛은 잠자리에 드는 대신 주차장으로 가서 제한 구역에 주차해 두었던 트럭을 다른 곳으로 옮겼다. 딱지를 끊지 않기 위해서였다. 그는 나중에 윌리엄 스트랫포드 의사와 이야기를 나눌 때 픽업트럭 속력을 높이자 뒷바퀴가 미끄러져서 근처에 주차해 있던 검은색 트럭을 박았다고 말했다.

이 사고로 브렛은 정신이 나가버렸다.

스트랫포드 박사가 증언했듯이 브렛은 트럭에서 총신을 자른 멀린 총을 꺼내들고 검은색 트럭을 향해 걸어가 운전석 창문을 부수었다. 그런 다음 랭포드 홀을 향해 걸어갔다. 그는 기숙사로 가는 길에 산탄총으로 어느 흰색 트럭 조수석 창문도 부수었다. 브렛은 기숙사 130호로 향했고 보더와 클레빈저를 살해했다.

나는 브렛의 살인을 예상하거나 예방할 수 있었던 실제적인 방법이 있었다고 생각하지 않는다.

나는 보고서와 증언에서 그의 범죄를 내가 공동으로 저술한 『범죄 분류 편람』에서 정의한 보복 살인으로 분류했다. 보복 살인은 자기 자신이나 가까운 사람에게 행해진 행동에 대한 복수의 방법으로 살인을 택한다. 오해일 수도 있고 실제일 수도 있으며 상상일 수도 있다. 이들은 몇 년 동안이나 피해자를 스토킹할 수도 있고 즉흥적으로 범행을 저지를 수도 있는데, 나는 브렛이 즉흥적으로 살인을 저질렀다고 생각한다.

다음은 보복 살인에서 공통적으로 찾아 볼 수 있는 요소들로, 『범죄 분류 편람』에 실린 내용을 보더 - 클레빈저 살인 사건과 비교한 것이다.

- 범인과 희생자를 연결하는 중요한 사건이 있다.
  → 브렛의 트럭은 누군가에 의해 계속해서 파괴되었다. 브렛은 브라이언 보더가 범인이라고 잘못 생각했다. 브렛은 보더의 방에 가서 오디오를 훔치기도 했다.

- 중요한 사건에서 자라난 복수심을 피해자나 피해자의 가족 및 친구는 알지 못할 수도 있다.

→ 보더와 클레빈저는 산탄총 소리를 듣고 달려온 학생과 경찰들에게 공격자가 어떤 사람인지 설명했지만 자신들이 공격당한 이유는 알지 못했다.

보복 살인을 예방하기 힘든 주된 이유는 복수를 하겠다는 범인의 생각을 알 수 없기 때문이다. 피해자는 자신에게 닥칠지도 모를 위험을 인식하지 못하기 때문에 위험을 피하거나 스스로를 보호할 수 없다.

• 피해자가 여러 명 연루될 가능성이 있다.

→ 브렛은 보더의 방에 갈 때 클레빈저가 있을 줄 몰랐다. 보복 살인의 경우 목표 대상이 공격을 받을 때 함께 있는 무고한 사람까지 죽임을 당하는 경우가 드물지 않다. 따라서 가정에서 살인이 일어날 경우 아이들이나 친척, 혹은 손님이 함께 죽임을 당하는 경우가 많다.

• 원인이 된 사건과 그로 인한 보복 살인은 별개의 장소에서 일어나는 경우가 많다.

→ 이 사건의 경우 원인이 된 사건(트럭 파괴 행위)은 캠퍼스 주차장에서 일어났지만 보복 살인은 랭포드 홀 130호에서 일어났다.

• 소위 말하는 "사명감을 가진" 살인자는 이전에 범죄를 저지른 기록이 없을 수도 있다.

→ 브렛은 확실히 범죄를 저지른 기록이 없었다.

• 범인은 살인 당시 감정적으로 무척 고조된 경우가 많다.

   → 브렛은 매우 동요한 상태였다. 그의 트럭은 여러 번 파괴되었으며, 그는 범인이 누구인지 안다고 생각했으며, 교통 위반 딱지와 형편없는 성적 때문에 트럭을 더 이상 몰지 못할지도 모른다고 두려워했다. 그는 만성적으로 도박에서 돈을 잃었고, 범행 당일 밤에는 술에 취해 1페니에 자기 트럭을 걸겠다고 제안하기까지 했다. 브렛은 빗속을 뚫고 나가서 픽업트럭을 주차 허용 지역으로 옮겼다. 그 과정에서 그는 가장 아끼던 소유물인 트럭에 손상을 입혔다.

   브렛이 이성을 잃은 상태였음을 보여주는 다른 증거로는 그의 범행이 발각될 위험이 무척 높았다는 점과 그가 범죄 현장에 자신과 관련된 증거(산탄총과 탄피)를 남겼다는 점이 있다.

• 범행에서 조직적 행동에서 비조직적 행동으로의 전환이 확실히 드러날 수 있다. 예를 들어 범죄 현장에 능숙하게 접근해서 맹공격을 한 다음 황급히 떠나는 식이다.

   → 브렛은 기숙사에 거주하는 학생들이 거의 모두 잠을 자거나 공부를 하느라 방에 있는 시간에 기숙사로 들어갔다. 그가 '적'을 죽이려 한다는 사실을 아무도 알지 못했다. 브렛은 들어오라는 말을 듣자 산탄총을 쏘면서 방으로 들어갔다. 즉, 그의 행동은 조직적이지 않았다. 그는 치명적인 무기로 무장

을 했지만 피해자를 제어하지 못했으며, 피해자들은 그를 공격했다. 브렛은 현장에 물리적 증거를 남겼고 트럭으로 가는 길에 아는 사람과 마주쳤다.

- 보복 동기 살인의 초점은 복수를 하는 것에 있기 때문에 범인은 탈출 계획을 생각하지 않는 경우가 많다.

  → 브렛은 확실히 피해자를 죽인 다음은 생각하지 않았다. 그는 달아날 교통수단을 그날 밤 도박으로 다른 사람에게 넘길 뻔했으며, 살인을 한 후 숨거나 추적을 피할 뚜렷한 계획도 없이 트럭을 타고 몬태나 주립대학을 떠났다. 그는 집으로 가는 길에 발견되어 추적당하고 체포되었다.

- 살인 무기는 대부분 범인이 범죄 현장에 들고 온 무기이며 현장에 두고 떠난다.

  → 모든 상황을 고려해보면 총신이 짧은 산탄총은 브렛이 트럭 다음으로 소중히 여기던 물건이었다. 그러나 그는 피해자들이 그의 손에 들려 있던 총을 떨어뜨리자 범행 현장에 두고 떠났다. 이는 비조직적 행동을 나타낸다.

- 보복 동기 살인은 기회적이고 우발적인 경우가 많다.

  → 내가 보기에 이 사건이 충동적인 범죄라는 사실에는 의심의 여지가 없다. 그날 저녁 브렛의 행동은 평소와 다른 점이 하나도 없었다. 모두 그가 평소와 마찬가지라고 생각했다. 보

더를 죽여야겠다는 생각은 브렛이 트럭을 망가뜨린 후에 떠오른 것이 분명해 보인다. 무언가가 번쩍한 것이다.

사전에 범죄를 계획했다는 증거도 없다. 브렛이 생각했던 것은 보복 대상, 장소, 수단이 다였고 모두 미리 생각할 필요가 없었다. 탈주 경로나 범죄 후 "숨어 지낼" 장소에 대한 계획도 없었다. 또한 그는 무기를 범행 현장에 버렸고 범죄 현장 근방을 떠나면서 적어도 두 명의 지인에게 목격되었다.

- 살인은 보통 근거리에서 이루어지며, 피해자는 저항한다.
  → 브렛은 방으로 들어가 총을 겨누고 총을 쏘기 시작했다.

- 범인은 "정의"를 실현하는 데서 만족을 얻는다.
  → 범행 이후 브렛은 적어도 두 명의 기숙사생에게 목격되었다. 그는 두 목격자 중 한 명에게 이렇게 말했다. "팀, 경찰을 불러. 살인이야." 두 목격자 모두 그가 동요했던 것 같다고 말하지 않았다. 나는 브렛이 마땅히 보였어야 할 우려를 보이지 않았다는 것은 두 피해자를 정당하게 죽였다는 그의 생각을 보여준다고 믿는다. 브렛은 체포될 때 클레빈저와 보더의 상태보다 트럭이 괜찮은지를 먼저 물었다.

- 살인 사건 후 범인은 종종 안정감을 느낀다. 임무를 완수했기 때문이다. 범인은 범행 현장에 남거나 자신의 정체를 숨기려 하지 않는다.

→ 브렛이 범행 현장에 남아 있지는 않았지만 목격당하지 않으려는 별다른 노력을 하지 않았다. 두 목격자가 복도에서 그를 확실히 알아보았고, 브렛은 그중 한 명에게 말을 걸기까지 했다.

• 원인이 되는 사건은 보복 동기 살인을 이해하는 주요 열쇠다. 그러나 사건은 범인에게만 중요할 수도 있다.
  → 앞서 말했듯 두 피해자 모두 왜 공격을 받았는지 이해하지 못했다. 브렛의 친구들과 지인들은 그가 살인을 저질렀다는 사실을 믿지 못했다.

아카데미 그룹의 오랜 친구이자 파트너인 켄 베이커는 법정 증언에서 전문가가 아니라면 브렛이 살인을 저지르리라는 행동 징후를 알아보지 못했을 것이라는 소견을 밝혔다. 실제로 행동 징후를 눈치 챘다고 주장하는 사람도 없었다. 또 켄의 의견에 따르면 브렛 자신도 실제 살인을 저지르기 직전까지는 자신이 살인을 저지르리라고 생각하지 못했을 것이다.

나는 무장 경비원과 금속 탐지기를 하루 24시간 내내 기숙사 입구에 설치하지 않는 한 보안 조치가 더욱 엄중했다고 해서 살인 사건을 막을 수 없었을 것이라는 견해를 증언대에서 밝혔다.

브렛은 랭포드 홀 기숙사의 적법한 거주자였고 건물에 들어갈 권리가 있었다. 사건 당일 기숙사 문이 잠겨 있었거나 "카드 출입"만 가능했다 하더라도 그는 건물 안으로 들어갈 수 있었을 것이다. 건물에 경비원이 있었다 해도 브렛을 들여보내 주었을 것이 틀림없다. 살인 무기는 작았기 때문에 쉽게 숨길 수 있었고, 다른 방법으로도 쉽게 검문을 통과했을 것이다. 금속 탐지기가 있었어도 소용없었을 것이다. 브렛의 방은 1층이었기 때문에 창문으로 산탄총을 던져 넣을 수 있었다. 창문으로 사제 폭탄을 던지겠다고 말했던 것처럼 말이다.

캠퍼스 내에 무기 소지가 허가되지 않았더라도(캠퍼스 내 무기 소지는 허가되어 있었다) 브렛은 트럭에 무기를 숨겨둘 수 있었을 것이고, 실제로도 그는 트럭에 무기를 보관했다.

심리 검사를 했다면 바이어스가 다른 사람에게 위험한 존재가 될 가능성이 있다고 밝혀질 수도 있었을 것이다. 그러나 바이어스는 폭행을 저지른 적이 없었기 때문에 검사 결과만으로는 바이어스가 몬태나 주립대학에 등록하지 못하도록 거부할 수 없었을 것이며, 어쨌거나 위헌이었을 것이다.

유가족이 제기한 소송은 1995년 6월 일주일 내내 헬레나 배심원들 앞에서 진행되었다. 배심원단은 열 시간 동안 심사숙고한 끝에 몬태나 주립대학은 살인 사건에 책임이 없다고 만장일치의 평결을 내렸다.

나중에 원고 측 변호사 한 명이 법정 밖에서 나에게 다가와 악수를 청하면서 평결은 실망스럽지만 켄 베이커와 내가 정직한 증언을 했다고 생각하며 우리의 견해를 존중한다고 말했다. 나는 그의 행동에 무척 감동받았고 그에게도 그렇게 말했다.

완전한 살인자 #15

"무슨 성취 말입니까?"
"크리스틴을 살해하고 증거를 파괴해서 자신이 경찰보다 한발 앞섰다는 거요."

크리스틴 버저호프는 비밀이 많은 젊은 여성이었다. 그녀의 부모는 결혼을 한 딸이 청각 장애인 학교의 접수계원이라고 믿었다. 1996년 4월 초 크리스틴이 잔인하게 살해당하고 나서야 그녀가 마사지 숍에서 일했다는 사실을 깨달았고, 딸의 갑작스럽고 끔찍한 죽음으로 인한 고통은 더욱 커졌다.

헨리와 도나 네그베스키 부부는 벼락을 맞은 것 같았다. 크리스틴은 2년 전에 결혼했는데, 네그베스키 부부는 수사관들에게 자신의 딸이 그런 곳에서 일하도록 사위가 허락했다는 사실을 믿을 수 없다고 말했다. 그러나 크리스틴이 매춘부였다는 사실은 이 사건이 크리스틴의 가족과 수사관들, 또 나에게 안겨준 놀라움의 시작일 뿐이었다.

크리스틴의 시체는 1996년 4월 6일 토요일 오전 늦게 펜실베이니아 주 스크랜튼 창고 주차장에서 발견되었다. 시체는 창고 뒤편 FBZ 컴퍼니 트랙터 트레일러와 빨간색 쓰레기통 사이에 똑바로 누운 자세였다. 머리 는 왼쪽 쓰레기통을 마주보고 있었고 발은 트럭 뒤쪽을 향해 있었다.

크리스틴은 금으로 된 링 귀걸이와 왼쪽 팔에 찬 금시계를 제외하면 아무것도 걸치지 않은 상태였다. 양손은 손바닥을 아래로 향한 채 몸 양 옆에 놓여 있었고 다리는 약간 벌려져 있었다. 고동색 머리카락은 군데 군데 패인 아스팔트 위로 꼼꼼히 부채처럼 펼쳐져 있었다.

누군지 몰라도 크리스틴을 죽인 범인의 동기는 분노였다.

사체 부검 전문가 게리 로스 박사는 부검 결과 피해자의 목 부근에서 공격 흔적이 여러 개 발견되었다고 보고했다. 얼굴에도 심하게 구타당한 흔적이 있었다. 왼쪽 눈은 멍들었고 뺨은 부푼 상태였다. 그리고 전신에 서 수많은 찰과상과 타박상이 발견되었다.

로스 박사는 사인이 손과 끈을 이용한 교살에 의한 질식이라고 감정했 다. 그러나 뚜렷한 방어흔은 찾을 수 없었다. 크리스틴은 생리 중이었지 만 탐폰은 그대로 있었다. 항문 근처에서 찢어진 외상이 여러 개 발견되 었지만 실험 결과 정액 분비물의 흔적은 어디에서도 발견되지 않았다.

그때까지는 수사를 진척시킬 만한 실마리가 거의 없었다.

형사들은 곧 크리스틴의 직장을 수사했다. 크리스틴이 일하던 마사지 숍 리플렉스 센터는 살인범이 시체를 유기한 주차장에서 8킬로미터 정 도 떨어진 작은 도시 클라크 서미트에 있는 방 네 개짜리 가게였다. 살 인이 일어난 후 24시간도 채 지나지 않아 크리스틴의 동료와 고객들은 피해자와 그녀가 선택한 직업에 대해 자신들이 아는 바를 경찰에 진술했다.

리플렉스 센터의 기본 마사지 대금은 50달러였다. 40달러를 더 내면 여성들은 상의를 벗고 고객의 자위를 도와주었다. 60달러를 더 내면 옷을 모두 벗고 고객이 자신을 만지도록 해주었다.

크리스틴은 리플렉스 센터의 정규 직원 가운데서도 인기가 많은 편이었고, 기록에 의하면 살해되기 전 한 달 동안 그녀는 36명의 고객에게 서비스를 제공했다. 크리스틴은 고객의 집으로 가기도 했고, 때로 근처 윌크스 - 바러에서도 일했는데, 그곳 고객들에게는 크리스털이라고 알려져 있었다. 수입은 꽤 좋았다. 크리스틴은 리플렉스 센터에서 2년간 일하면서 약 10만 달러를 벌었다.

정기 고객 중 한 명인 론*은 크리스틴의 성姓은 몰랐지만 "부끄럼 많고 순진하며 헤프지 않은" 사람이었다고 설명했다. 론의 말에 따르면 두 사람은 곧 친구가 되었고 가끔 크리스틴이 그의 집에 와서 서비스를 해주기도 했다. 론은 크리스틴과의 관계를 발전시키려 했지만 그녀가 거절했으며, 두 사람이 성관계를 한 적은 없다고 말했다. 수사관들은 크리스틴은 돈을 지불한 두 고객 하고만 완전한 성적 접촉을 했다고 판단했는데, 두 사람 모두 살인 혐의는 없었다.

동료인 수전은 크리스틴이 담배를 피우거나 술을 마시지 않았으며, 매우 조심스럽고 회피적인 사람이라서 잘 지내기 어려웠다고 말했다. 수전은 크리스틴이 "머리를 잘 굴렸"으며 "피해망상증"이 있었다고 설명했다. 또 다른 동료는 크리스틴이 자신을 질투한 나머지 살을 찌게 하려고 일부러 리플렉스 센터에 쿠키나 초콜릿을 놔두곤 했다고 말했다.

수전의 말에 따르면, 크리스틴은 살해되기 전 몇 주 동안 스토킹에 시달렸다. 크리스틴은 누군가가 가게나 집, 혹은 그녀의 지프차에 꽃을 갖다 둔다고 말했다. 크리스틴이 가게에 꽃을 가져와 장식하기도 했기 때문에 수전은 스토킹 이야기는 크리스틴이 꾸며내는 또 다른 이야기가 아닐까 의심했다. 수전이 이렇게 말하자 크리스틴은 화를 냈다고 한다.

크리스틴은 살해당하던 날인 4월 5일 금요일 밤에 혼자 리플렉스 센터에서 일하고 있었다. 그녀는 진홍색 짧은 소매의 헐렁한 셔츠와 파란색 청바지, 검은색 망사 타이츠를 신고 있었다. 크리스틴은 신원이 확인된 손님을 적어도 한 명 받았는데, 그는 경찰에게 자신이 밤 11시 45분에 가게를 나설 때 크리스틴은 멀쩡하게 살아 있었다고 말했다.

크리스틴의 남편은 새벽 4시 45분에 깨어 아내가 집에 돌아오지 않았음을 깨달았다. 크리스틴은 론처럼 가끔 일이 끝난 후 식사를 대접하는 고객과 함께 시간을 보내지 않는 한 보통 자정쯤 집에 들어왔다. 8시가 되자 밥 버저호프는 차를 몰고 리플렉스 센터로 갔다가 크리스틴의 지프가 텅 빈 채 건물 뒤 폐쇄된 구역에 주차되어 있는 것을 보았다. 판자로 된 마사지 가게 문은 열려 있었고 욕실 불이 켜져 있었다.

약 3시간 뒤 밥은 리플렉스 센터 주인에게 전화를 걸어 크리스틴이 없어졌으며 가게 문이 열려 있다고 말했다. 가게 주인이 경찰에 알리는 것이 좋겠다고 하자 밥이 경찰에 신고했다.

경찰은 리플렉스 센터에서 흥미롭고도 이치에 맞지 않는 사실을 발견했다. 가게에 강제로 침입한 흔적이나 몸싸움을 한 흔적은 없었지만 옷장 안 선반에 있던 회사 금고가 마사지 테이블 위에 거꾸로 놓여 있었고 드라이버와 망치로 서툴게 연 흔적이 남아 있었다. 누군가 옷걸이와 드라이버를 이용해서 금고에 든 고객 기록을 빼낸 것 같았다. 고객 전표는 발신번호가 표시되는 기기와 현금과 함께 현장에서 사라지고 없었다.

수사 초기 며칠 동안 형사들은 여러 증인을 찾아다녔는데 그중 한 명은 대학 시절에 크리스틴의 룸메이트였던 캐서린 비아소토였다. 비아소토는 스크랜튼에서 멀지 않은 펜실베이니아 댈러스의 작은 남녀공학 가톨릭 문과 전문대학인 컬리지 미저리코디아 교양 과정에 다니던 1991년에 크리스틴을 만났다고 말했다.

비아소토는 인터뷰 내내 눈물을 흘리면서 크리스틴은 사람을 믿지 않는 냉담한 사람이었다고 말했다. 크리스틴은 남자든 여자든 친구가 많지 않았다. 또 비아소토는 자신이 아는 한 크리스틴이 꾸준히 사귀던 남자는 1994년 크리스틴과 결혼한 밥밖에 없다고 말했다. 비아소토는 결혼식에서 신부 들러리였다.

비아소토는 "머리가 희끗희끗한 노인"이 때때로 룸메이트인 크리스틴을 찾아왔다고 회상했다. 크리스틴은 캐서린에게 그가 "윌크스–바러에 있는 무슨 정신병원"의 옛 상사라고 말했다. 비아소토는 이렇게 회상했다. "그 사람은 크리스틴을 좋아했습니다. 나는 크리스틴에게 7월에 결혼할 건데 왜 그 사람이 찾아오는 거냐고 묻곤 했어요. 그러면 크리스틴은 그가 힘든 이혼 과정을 겪고 있기 때문에 안쓰럽다고 말했습니다." 비아소토는 그 남자가 찾아오는 것이 불편했기 때문에 그가 나타날 때마다 방을 비우곤 했다고 말했다. 1994년 7월 밥과 결혼할 때 크리스틴의 이 특별한 남자친구는 비싼 결혼 선물을 주었다.

인터뷰를 하던 도중 비아소토는 크리스틴이 살해당했으며 그 후에 어떻게 되었는지를 크리스토퍼 디스테파노에게서 들었다는 이야기를 꺼냈다. 디스테파노(27세)는 비아소토와 크리스틴의 친구였고, 크리스틴과 데이트를 한 적도 있었다. 살인 사건 당시 버지니아 주에 살고 있던 비아소토의 말에 따르면 디스테파노는 살인범이 크리스틴을 아는 사람으로 지난 몇 주간 스토킹을 해왔다고 말했다.

경찰은 이미 디스테파노라는 이름을 알고 있었다. 디스테파노는 크리스틴 살인 사건을 열심히 쫓아다니고 있었다. 디스테파노는 4월 6일 밤에 클라크 서미트 경찰서에서 처음으로 취조받았다. 사건 기록에 의하면 다음 날인 일요일 아침 디스테파노는 1990년식 흰색 지오 스톰을 몰고 크리스틴의 시체가 발견된 주차장을 지나갔다. 범죄 현장에 있던 순찰 경찰 마이클 카라칠로가 디스테파노를 불러 무슨 일이냐고 물었다.

짙은 검은 머리의 젊은이 디스테파노는 자신이 피해자를 잘 아는데 그녀가 발견된 곳을 봐야 할 것 같다고 대답했다. 카라칠로는 안 된다며 신분증을 요구했다. 디스테파노는 코팅한 사설탐정 면허증을 제시했다. 경관이 운전면허증을 보여 달라고 하자 디스테파노는 그렇게 했다. 카라칠로가 그의 이름을 기록하고 나자 디스테파노는 천천히 지오 스톰을 주차장으로 몰고 들어와 멈추더니 차를 돌려 떠났다.

수사관들은 디스테파노에게 점점 더 관심을 기울이기 시작했다. 이들은 스크랜튼에서 96킬로미터 정도 떨어진 펜실베이니아 이스트 스트로즈버그 대학에서 디스테파노의 룸메이트인 라이언 오프차스키를 만나 인터뷰했다. 크리스틴의 옛 남자친구인 디스테파노는 교원자격증을 따기 위해 이스트 스트로즈버그 대학에서 수업을 듣고 있었다.

오프차스키에 따르면 디스테파노는 다른 사람과 이야기를 나눌 의지나 능력이 없는 내향적인 사람이었다. 오프차스키는 이렇게 말했다. "저 혼자 말하는 것도 이제 질렸어요. 디스테파노는 듣기만 하고 어떤 반응도 보이지 않거든요."

살인 사건이 일어난 다음 월요일에 오프차스키는 디스테파노가 어떤 여자와 다양한 포즈로 찍은 25장 이상의 사진으로 벽을 꾸며놓았다고 말했다. 사진 속 두 사람 모두 정장을 입고 있었다.

오프차스키는 이렇게 말했다. "그건 좀 이상했습니다. 하지만 디스테파노야 원래 이상하니까 저는 옛날 여자친구랑 다시 잘 돼서 나한테 그걸 알려주고 싶었나 보다 생각했죠."

사실 사진은 크리스토퍼와 크리스틴이 1990년 대학 댄스파티에서 찍은 것들이었다. 살인범들은 종종 피해자들을 위한 "기념관"을 만드는데, 디스테파노는 실제로 오프차스키에게 "내가 만든 기념관 봤어? 살해당한 여자애야."라고 말했다. 디스테파노는 오프차스키에게 카라칠로 경관을 만난 이야기를 하며 자신이 살인 사건 용의자라는 걸 안다고 말했다.

보통 매춘부가 살해당했을 때에는 고객부터 시작해서 잠정적인 용의자가 무척 많다. 그러나 버저호프 사건에서는 크리스토퍼 디스테파노가 맨 처음부터 여러 가지 방법으로 일부러 주의를 끌어 자신을 주요 용의자로 만들었다. 수사에 끼어드는 것은 여러 행동 중 하나에 불과했다.

디스테파노는 범행 전후에 보인 여러 가지 행동 때문에 사건에 더욱 깊이 연루되었다. 2년 후 검찰이 수사 협조를 의뢰했을 때 나는 그가 범행 전후에 어떤 행동을 보였는지 알게 되었다. 이상 성범죄자들은 보통 프로파일러가 특정 범죄 유형에서 찾으려 하는 몇 가지 행동을 보이지만, 모든 행동을 다 보이지는 않는다. 그러나 디스테파노는 내가 만난 범인들 중에서도 우리가 찾는 행동을 가장 많이 보여준 인물이었다. 그의 행동과 비정상적인 관심이 시사하는 바가 너무나 많았기 때문에 그는 마치 프로파일러 교과서에서 걸어나온 사람 같았다.

디스테파노는 지능적이고 깊은 문제를 안고 있었으며, 나중에 살펴보겠지만 전형적인 나르시시스트였다. 그의 추정 아이큐는 170 정도였다. 디스테파노는 스크랜튼 사립 중등학교를 다녔고, 1986년에는 반에서 5등으로 졸업했다. 크리스틴 살인 사건 당시 클라크 서미트 경찰관이던 그의 남동생 마이크 디스테파노는 그가 사람들과의 의사소통에 문제가 있으며 고등학교에서 놀림과 괴롭힘을 당했다고 말했다.

마이크는 또한 그의 형이 일기를 무척 세세하게 썼다고 보고했다. 나중에 발견된 일기는 무척 특이한 자료였다.

스크랜튼 대학에서 전기 공학을 전공할 때 디스테파노의 평점은 3.48이었다. 또 물리학 석사를 딴 펜실베이니아 주립대학에서는 평점 3.38의 우수한 학생이었다.

디스테파노는 인터넷으로 많은 시간을 보내면서 경찰 관련 물품 주제를 조사하거나 사이버상의 친구를 만들었다.

피츠버그에 사는 스테파니라는 젊은 여성 역시 디스테파노의 사이버 친구였다. 1994년에 디스테파노는 스테파니와 가까워지려고 피츠버그로 이사했다. 그러나 두 사람의 관계가 잘 진행되지 않자 디스테파노는 울면서 집으로 전화를 했다. 디스테파노는 공황 발작을 비롯해서 여러 가지 감정적 문제를 겪고 있었다. 피츠버그의 정신과 의사는 그가 우울증에 시달린다고 판단해 항우울제 팍실을 처방해주었다.

크리스틴이 살해당한 후 1996년 4월 9일에 디스테파노가 크리스틴의 어머니를 방문했다. 그는 비아소토에게 보낸 이메일에서 크리스틴의 어머니에게 다녀왔다며 이렇게 썼다. "전화를 하거나 찾아가서 격려와 위로의 뜻을 전하지 않는다면 내가 도대체 어떤 사람이 되겠어! 내가 네그베스키 부부를 찾아봬야겠다고 하니까 우리 엄마는 내가 용의자일 수도 있고 남들에게 좋아 보이지 않을 테니 별로 좋은 생각이 아닌 것 같다고 말해서 나를 엄청 열 받게 했어."

4월 10일에 크리스토퍼는 다시 한 번 비아소토에게 이메일을 보냈다. "어젯밤에 약 네 시간 동안……, 크리스네 어머니 집에 있었어. 내가 찾아가서 두 분이 좋아하셨던 것 같아."

도나 네그베스키는 집으로 찾아온 딸의 옛 남자친구가 오랫동안 머물렀는데 그는 "침착"하고 "계산적"으로 보였다고 법정에서 증언했다. 디스테파노는 네그베스키 부인에게 위로의 카드를 건넸지만 망연자실해 있는 그녀를 안으려고 하지는 않았다. 크리스틴의 어머니는 법정에서 이렇게 말했다. "동정심도 위로도 없었습니다."

4월 10일 수요일 이른 아침 펜실베이니아 주 경찰관 조지프 파시피코는 이스트 스트로즈버그 기숙사로 디스테파노에게 전화를 걸었다.

파시피코는 디스테파노에게 그날 저녁 인터뷰를 하고 싶은데 스크랜튼 근처 던모어의 주 경찰서로 차를 몰고 와 줄 수 있겠느냐고 물었다. 용의자는 그러겠다고 대답했다. 파시피코의 메모에 따르면 디스테파노는 저녁 7시 8분에 약속 장소에 도착했다. 그는 겉보기에 예의바르고 협조적이었으며 자신과 피해자의 사진으로 가득한 앨범까지 가지고 왔다.

파시피코가 두 사람이 무슨 관계였는지 묻자 디스테파노는 시간 순으로 일일이 적어주겠다고 제안했다. 이것은 강박신경증의 특징이다. 그는 작은 일까지 모두 기록했기 때문에 두 사람의 관계를 단계별로 놀랄 만큼 세세하게 회상할 수 있었다.

크리스틴 네그베스키는 공립 고등학교를 졸업한 후 키스톤 주니어 칼리지에 등록했다가 미저리코디아로 학교를 옮겨 1993년에 심리학 학사를 땄다. 디스테파노는 파시피코 경찰관에게 1988년에(그는 열아홉 살, 그녀는 열여섯 살이었다) 네그베스키 가족이 살고 있던 테일러 근교 스크랜튼 롤러스케이트 링크에서 그녀를 만났다고 말했다. 그의 이야기에 따르면 먼저 다가온 사람은 크리스틴이었다. 두 사람은 "커플끼리만" 타는 스케이트를 한두 번 탄 후 각자 스케이트장을 떠났고, 다음 날 크리스틴이 디스테파노에게 전화를 걸었다.

파시피코 경찰관은 나중에 보고서에 이렇게 썼다. "다음 몇 달 동안 관계는 더욱 진지해졌고 주중에 한 번, 주말에 한 번 만났다(영화 관람, 롤러스케이트, 포켓볼, 댄스, 공연)."

디스테파노의 말에 따르면 여름 동안 그와 크리스틴은 일주일에 세 번 데이트를 했다. 디스테파노는 파시피코 경찰관이 건넨 종이에 "재밌고 즐거운 여름"이었다고 적었다. 이때가 크리스틴과 그의 관계에서 가장 좋았던 때였다.

그러나 두 사람의 로맨스가 정점이었을 때조차 서로에게 열렬했다고 말하기는 힘들었다. 디스테파노는 크리스틴이 "불감증"이라고 설명하면서 키스와 옷 속으로 하는 애무 정도만 허락했다고 말했다. 그러나 디스테파노는 그렇다고 해서 실망하지는 않았다고 주장했다. 그의 말에 따르면 자신은 성관계가 결혼한 사이에만 허락되며 아이를 낳기 위한 목적으로만 이루어져야 한다고 믿었다.

디스테파노는 1988년 9월에 어떤 문제로 크리스틴과 말다툼을 했고 그 이후 두 사람의 관계는 결코 완전히 회복되지 않았다고 회상했다. 둘은 점점 멀어졌고 크리스틴은 다른 남자아이들을 만나기 시작했다. 그는 흥미롭다는 듯이 크리스틴이 프렌치 키스를 배웠다고 말했다. 디스테파노는 이렇게 적었다. "하지만 우리 관계는 결코 예전과 같지 않았다."

1990년 5월 디스테파노가 크리스틴을 댄스파티에 데리고 갔을 때 "크리스틴은 매우 차가웠다. 로맨스는 확실히 끝이었다." 일주일 후, 크리스틴은 디스테파노에게 댄스파티 때 찍은 사진을 모두 돌려주었다. 바로 6년 후 크리스틴이 죽고 나서 디스테파노가 기숙사 방 "기념관"에 붙여놓은 사진들이었다.

디스테파노가 작성한 연대기에 따르면 그는 1990년부터 1996년까지 간헐적으로 크리스틴을 만났다. 디스테파노는 크리스틴이 자기가 필요할 때, 특히 미저리코디아의 학교 숙제에 도움이 필요할 때 전화를 했다고 적었다. 그 결과 디스테파노는 크리스틴의 룸메이트인 비아소토와 친구가 되었고, 밥과 크리스틴의 결혼식에 참석하기까지 했다. 결혼식 날 같이 간 데이트 상대는 피츠버그의 스테파니였다.

디스테파노는 1995년 크리스마스 즈음에 크리스틴을 만난 것이 마지막이었다고 주장했다. 또 크리스틴과 마지막으로 연락한 것은 그녀가 살해되기 전 일요일이었으며, 전화로 최근 크리스틴이 자동차 사고로 생긴 멍에 대해 이야기를 나누었다고 했다.

디스테파노는 오후 8시 45분쯤 두 사람의 연대기를 다 적은 후 파시피코가 콜라를 주겠다고 하자 좋다고 말했다. 그런 다음 그는 몇 가지 궁금한 점을 물어보았다. 디스테파노는 크리스틴을 살해한 범인에 대한 FBI 프로파일이 완성되었는지, 또 경찰이 법의학적 증거를 찾았는지 알고 싶어 했다. 파시피코는 나중에 이렇게 보고했다. "프로파일이 이제 막 시작되었으며 물리적 증거에 대해서는 이야기할 수 없다고 말했다."

경찰관은 디스테파노에게 범죄가 어떻게 일어났다고 생각하는지 물었다. 용의자 디스테파노는 살인범이 그날 크리스틴과 약속을 한 고객일 거라는 "추측"을 내놓았다. 디스테파노는 이렇게 가정했다. "남자가 크리스틴의 은밀한 부분을 만졌지만, 크리스틴은 남자를 만지려고 하지 않았겠죠."

디스테파노는 살인범이 그런 다음 가게를 떠났다가 문을 닫을 시간에 돌아와 데이트를 청했을 것이고, 크리스틴은 리플렉스 센터 안으로 그 사람을 들였지만 데이트 요청은 계속 거절했을 거라고 말했다.

파시피코는 이렇게 적었다. "디스테파노는 남자가 크리스틴에게 데이트를 하지 않겠느냐고 더욱 강력하게 요청했지만 거절당하자 사랑과 열정이 분노로 바뀌었다고 생각했다. 그리고 남자가 크리스틴을 밀자 그녀가 바닥에 넘어졌고 아마 금고에 머리나 등을 부딪쳤을 것이라고 말했다. 크리스틴이 바닥에 쓰러져 의식을 잃자 남자는 옆에 무릎을 꿇고 앉아 그녀를 소생시키려고 했지만, 겁에 질려 어떻게 해야 할지 몰랐을 것이라는 추측까지 내놓았다." 디스테파노는 살인범이 크리스틴을 병원으로 데려가야겠다는 생각도 했지만 곧 "그녀를 병원으로 데리고 가면, 사람들이 그가 그녀를 죽였다고 의심하리라는 데에 생각이 미쳤을 것이다.”고 말했다. 그리고 살인범이 “적당한 방법으로 시체를 숨기고 자기도 숨기로” 결심한 것이 아니겠냐는 결론을 내놓았다..

스크랜튼 주차장이 범인의 주의를 끌었다. “디스테파노는 남자가 쓰레기통을 발견했지만 희생자를 존중하는 마음에서 쓰레기통에 버리지는 않았으리라고 추측했다. 또 범인이 크리스틴을 사랑했으며 그녀를 존중했기 때문에 바닥이나 쓰레기통에 버릴 수가 없었다고 말했다. 그는 아마 남자가 피해자를 땅에 눕히고 손가락으로 머리를 빗기며 얼굴로 흘러내린 머리카락을 넘겨주었을 것이라고 말했다. 그런 다음 디스테파노는 미소를 짓더니, 차를 타고 그곳을 떠난 범인이 술집을 발견하고 마음을 진정시키기 위해 맥주를 마셨을 것이라고 재빨리 마무리했다.”

디스테파노는 크리스틴이 살해된 날 자신의 행적을 파시피코 형사에게 설명한 다음 그날 경비원 일을 끝낸 후 오전 12시 15분에는 집에 있었다고 말했다. 그는 자기 차를 수색해도 좋다는 서류에 서명했다. 나중에 경찰은 디스테파노의 이스트 스트로즈버그 대학 기숙사 방과 집 침실 수색 영장도 받았다.

디스테파노는 라커와나 카운티 지방 검찰청의 월터 “피트” 칼슨 형사와 두 번째 인터뷰를 할 때도 제3자의 입장에서 재구성한 범행을 다시 한 번 설명했다. 피트 칼슨은 파시피코와 마찬가지로 디스테파노의 설명을 주의 깊게 들은 다음 파시피코의 메모와 비교해보았다. 두 사람은 용의자 디스테파노와 조금 더 직접적으로 대결해보기로 결정했다.

파시피코 형사는 이렇게 기록했다. “칼슨 형사와 나는 디스테파노에게 그가 말하는 시나리오 안의 ‘남자’가 바로 당신이 아니냐고 말했다. 그는 아니라고 부인하더니 우리에게 물리적 증거나 바퀴 자국 같은 것이 있느냐고 물었다. 우리는 물리적 증거가 있으며 검사가 진행 중이라고 말했지만 자세한 이야기는 해주지 않았다."

파시피코의 노트에 따르면 디스테파노는 특히 DNA 증거가 "누군가 피해자에게 인공호흡과 심폐소생술을 했음"을 보여줄 수 있는지 알고 싶어 했다. "우리는 DNA 증거로 그것을 증명할 수 있으며 부검할 때 피해자의 입에서 DNA를 채취했다고 말했다."

용의자는 이 말에 무척 놀랐다. 파시피코 형사의 말에 따르면 오전 3시 50분에 "디스테파노는 우리에게 무슨 일이 있었는지 말하겠다고 했다." 용의자는 칼슨 형사와 파시피코 경찰관 외에 제3자가 출석해줄 것을 요구했고, 이에 따라 주 경찰관이 방으로 들어왔다.

인터뷰를 녹음하거나 녹화한 기록은 없다. 그 대신 파시피코가 네 사람의 대화를 기록했고, 디스테파노는 나중에 조서를 작성하고 자필로 자백서에 서명을 했다. 또 각 페이지에 비공식 승인의 뜻으로 자신의 머리글자도 써넣었다. 재판에서 피고 측 변호인은 심문할 때 디스테파노에게 미란다 원칙을 모두 말해주지 않았으며 변호사를 대동할 권리를 포기하겠다는 각서에 서명을 받지 않았다고 반박했다.

디스테파노는 가끔 크리스틴을 만나기 위해서 리플렉스 센터에 들르기는 했지만 돈을 내는 고객은 아니었다고 강조했다. 그는 살인이 일어난 날 밤 자정이 막 지난 후 가게에 들렀다고 적었다. 크리스틴이 뒷문으로 그를 들여보내 주었다. 그는 크리스틴에게 같이 미스터 도넛에 가자고 했다. "그녀는 싫다고 했다. 집에 가야 한다고 했다. 나는 왜 그녀가 그렇게 간단한 요청을 거절하는지 이해가 안 되서 다시 한 번 그녀에게 가

자고 했다. 그녀가 다시 싫다고 말했다."

말다툼이 일어났다. "그날 무척 피곤했기 때문에 기분이 나빠진 나는 고함을 질렀다. 그녀가 삿대질을 하며 같이 소리를 질렀다. 나는 한 걸음 다가가 그녀의 손을 밀었다. 그러자 그녀가 나를 밀었고, 그때 이성을 잃은 나는 양손으로 그녀의 목을 잡았고 그녀도 내 목을 잡았다. 우리는 몸싸움을 했다. 서로 붙잡은 상태에서 그녀가 바닥에 똑바로 넘어졌다. 그녀가 내 목을 잡은 손을 놓아서 나도 그녀를 놔주었다. 그녀는 잠들어 있었다. 나는 그녀의 어깨를 흔들었다. 얼굴도 만져보았지만 아무 반응이 없었다. 나는 더 가까이 몸을 숙여서 그녀가 숨을 쉬는지 확인하려고 자세히 들여다보고 소리도 들어보고 만져도 보았다. 아무것도 없었다. 나는 그녀의 입으로 숨을 불어넣으면서 인공호흡을 했다. 하지만 반응이 없었다."

디스테파노의 말에 따르면 그는 크리스틴을 소생시키려고 했지만 아무 소용이 없었다. 그는 가족이 사는 집으로 가기로 결심했다. 디스테파노는 오전 1시 30분에 집에 도착하여 30분 정도 침대에 누워 있다가 다시 일어나 범행 현장으로 돌아왔다. 이번에는 크리스틴을 자기 차에 태우고 옷을 벗긴 다음 "시체를 눕힐 괜찮은 장소"를 찾아 차를 몰았다.

그는 경관들에게 자신이 마침내 "제일 처음 발견한 괜찮은 장소에 시체를 떨어뜨렸다"고 말했다. 바로 스크랜튼 주차장이었다. 그는 크리스틴의 긴 머리를 빗어 넘겨주었다고 회상했다. 디스테파노는 크리스틴이 머리를 폈을 때가 가장 육감적이라고 말했다. "나는 그녀를 눕히고 옆에 무릎을 꿇고 앉아 미안하다고 잘 가라고 말한 후 떠났다."

디스테파노는 다음 날 아침 크리스틴의 옷을 싸서 자신의 차 뒤에 실어두었다가 나중에 기숙사 방으로 옮겼다고 말했다. 수사관들이 나중에 기숙사 방을 수색했지만 옷을 찾지 못했다. 그러자 디스테파노는 웃음을 터뜨리며 일부러 몇 가지 사실을 말하지 않았다고 했는데, 옷 역시 빠진 사실들 가운데 하나였다.

디스테파노는 심문을 받을 때 특히 끈을 사용하지 않았다고 강하게 부인했지만 이는 검시 보고서와 일치하지 않았다. 그는 또 없어진 돈과 발신 번호 표시기, 영수증에 대해서 아무것도 모른다고 주장했다.

수사관들은 디스테파노의 진술에 따라 그가 살인 유죄라는 데는 아무런 의문도 없다고 생각했다. 디스테파노는 오전 6시 7분에 체포되었다. 지역 경찰 당국은 확실한 사건이 되리라 생각했지만, 그날 오전 늦게 디스테파노가 범죄 인정 여부 절차와 라커와나 카운티 구치소 이송을 기다리고 있던 1층 유치장으로 파시피코 경관을 부르면서 경찰 당국의 소망은 모두 물거품처럼 사라졌다.

디스테파노와 5분간 대화를 나눈 파시피코는 이렇게 썼다. "디스테파노는 자기 진술서만으로 기소할 수 있는지 물었다. 나는 우리에게 진술서만이 아니라 검사 결과와 목격자 및 그 밖에 다른 증거가 있다고 말했다. 그는 자신이 범행을 저지르지 않았으며 피해자의 옷이 어디 있는지도 모른다고 말했다. 디스테파노는 진술서에 허점이 있다고 말했다. 그래서 나는 우리도 허점이 있다는 사실은 알고 있지만 그가 범인만이 알수 있는 몇 가지 사실을 이야기했다고 했다. 그는 그런 뜻이 아니라며 자신이 이미 진술에 고의적으로 구멍을 만들어놓았으며, 이미 한 가지 사실을 안다고 했다. 그는 검사에서 아무 결과도 나오지 않을 것이라고 말했다. 나는 디스테파노에게 진술에 어떤 허점을 만들어놓았느냐고 물었지만 그가 아무 말도 하고 싶지 않다고 대답해 그냥 방을 나왔다."

사실 검사 결과에 관해서는 디스테파노의 말이 맞았다. 검찰은 재판에서 디스테파노가 크리스틴을 죽였다고 증명할 법의학적 증거가 없었고, 그에게 불리한 직접 목격자나 확실한 정황 증거도 없었다. 검찰이 가진 것이라고는 논란의 여지가 있는 자백과 자백에 포함된 논란의 여지가 큰 몇 가지 사실이 다였다.

검찰 측은 범인만이 크리스틴의 머리카락이 세심하게 정리되어 있었다는 사실과 머리카락을 정리한 방법을 알 수 있다고 강력히 주장했다. 디스테파노는 분명 그 사실을 알고 있었다. 그러나 피고 측 변호인들은 머리카락이 가지런히 정리되어 있었다는 사실이 엄밀한 비밀로 지켜지지 않았으며, 디스테파노가 열한 시간 동안 경찰과 인터뷰를 하면서 범행을 자백하고 범행의 자세한 내용을 말하기 전에 다른 방법을 통해 그 사실을 알 수도 있었다고 반박했다.

자백과 범행 후 그가 보인 흥미로운 행동 외에 피고의 생각과 행동을 들여다볼 수 있는 유일한 창은 방과 자동차를 수색하여 찾아낸 특이한 수집품들밖에 없었다. 수사관들은 편지와 전 여자친구가 발가벗은 채 묶여 있는 사진(그리고 그녀의 생리 주기를 기록한 여러 달의 달력), 수갑 하나, 동성애를 다룬 에로 소설, 맹꽁이자물쇠, 이상 성행위에 대한 의학 교과서, 다양한 종류의 접착테이프(사용된 것과 새 것), 긴 밧줄, 방독면, 결박에 대한 글과 그림들(손목을 등 뒤로 묶은 남자와 여자를 그린 프린스 밸리언트 만화도 있었다)을 발견했고, 심지어는 디스테파노가 "피해자"가 숨은 쉴 수 있게 하면서 소리는 줄이는 입막음 방법을 인터넷에 문의한 것도 찾았다. 수사관들은 또한 폴린 레아주의 1965년 소설『O 이야기』도 발견했다.『O 이야기』는 오O라는 이름의 젊은 여인이 사디즘적인 연인이자 성공한 패션 사진작가인 르네에게 성적으로 완전히 복종하게 되는 이야기를 시간의 흐름에 따라 그린 소설이다.

디스테파노의 편지는 대부분 여성에게 쓴 것으로 무척 솔직했다. 그는 1985년 어떤 여자친구 앞으로 쓴 편지에 이렇게 말했다. "나는 섹스가 싫어. 흥분하는 게 싫어. 너 역시 내가 섹스를 좋아한다고는 말 못할 거야. 너는 날 바꿀 수 없어." 그러나 몇 주 후 다른 여자에게 쓴 편지에서는 이렇게 말하고 있다. "나는 너를 사랑하고 싶고 너랑 하고 싶어. 나는 정말 너의 침대에 가서 내 바나나를 너에게 단단히 밀어 넣고 싶어……. 난 네 위에서 널 완전히 지배할 거고 넌 내 밑에 무력하게 갇힌 채 달아날 수 없을 거야."

형사들은 디스테파노의 이스트 스트로즈버그 대학 기숙사방을 수색하면서 크리스틴의 옷을 찾지는 못했지만 그녀에게 과도하게 집착한 증거는 무척 많이 찾았다. 그의 침대 위쪽 벽에서 수사관들은 디스테파노와 크리스틴이 함께 찍은 컬러 사진을 24장(1990년 댄스파티 때 찍은 사진을 붙인 "기념관"도 있었다) 찾았고 책상에서 12장을 더 찾았다. 침대 시트 사이에서는 아주 크게 복사한 사진을 한 장 더 발견했다. 또 디스테파노의 자동차에서 피해자의 얼굴을 확대한 사진도 발견했다.

아마도 경찰 당국이 압수한 물품 중 가장 놀라운 것은 그의 집 침실에서 발견한 2,450쪽에 달하는 방대한 양의 비밀일기일 것이다. 디스테파노는 열다섯 살이던 1984년 12월에 일기를 쓰기 시작했다. 작고 답답한

필체로 적힌 일기는 일상생활을 상세하게 적어놓은 기록이었다. 예를 들어 그는 1984년 12월 21일 아침 6시 45분에 샤워를 했다고 정확히 기록했다. 디스테파노는 자신이 참석했던 모든 댄스 파티 날짜와 스케이트를 타러 간 날짜 등을 목록으로 만들었다. 그는 심지어 필기구까지 간직했는데, 필기구는 다발로 묶여 각각 그 필기구로 일기를 적은 날짜를 알려주는 꼬리표가 붙어 있었다. 디스테파노는 단조로운 일상을 적은 특이한 기록과 함께 자신의 성생활과 환상도 세세히 기록했다.

1988년 5월 28일에 그는 밤늦게 집 앞에서 스스로를 묶고 자위를 하는 꿈을 꾸었다고 적었다. 누군가가 그를 발견하여 흠씬 두들겨 팬다. 그가 도망간다. 아이들이 쫓아온다. 악몽은 아침에 잠에서 깨면서 끝났다.

또 다른 날짜에는 이렇게 적었다. "1월 7일 앞뒤 5일 언젠가에 여자 아이를 추행하는 꿈을 꾸었다."

그는 자위를 할 때마다 기록을 했고 (때로는 NOT라는 암호를 썼다), 방독면 일기에는 GM이라고 표시)을 썼을 때와 재갈("gged"로 표시)을 물었을 때, 도관 테이프(DT)를 사용했을 때, 어떤 형태든 감각 박탈(SD) 장치를 썼을 때를 모두 기록했다.

예를 들면 일기 내용은 다음과 같았다.

NOT 10월 26일 - 일찍 - GM을 쓰고 테이프로 막음 - 너무 오래 걸림!

NOT 12월 10일 - 늦게 - gged, 새 GM을 쓰고 테이프로 막음 - 편안함.

6:20에 출발. GM을 쓰기에는 너무 붐빔. 귀마개. 워싱턴에 들름. 호텔 $28.

NOT SD. 귀마개 / GM / 눈가리개. 잠깐 잠듦.

오늘은 집에서 안 함. 테일러즈 호텔. $25. *NOT* 침대에 쭉 뻗음.

gged / GM. GM이 계속 침대 가장자리에 부딪힘. 옷 입고 잠.

본디지는 계속해서 등장하는 주제다. 그는 사람의 손을 묶는 열두 가지 방법과 발을 묶는 세 가지 방법, 두 사람이 필요한 매듭 네 가지, 사람의 입을 막는 여섯 가지 방법, 사람을 질식시키는 다섯 가지 방법 등을 적어 놓았다. "묶인 사람에게 할 일"이라는 제목 아래에는 질식, 키스, 간질이기, 눈 가리기, 입 막기(일방적인 대화), 부드럽게 때리거나 얼굴 만지기, 셔츠 단추 풀기, 바지 지퍼 내리기, 브래지어 풀기, 머리카락 흩뜨리기, 옷 흩뜨리기, 몸에 글씨 쓰기, 사탕 먹이기, 음식으로 약 올리기 등을 적어두었다.

　디스테파노는 각종 개인 기록을 강박적으로 적어두기도 했는데, 그중에는 가장 높은 볼링 점수 185점, "한 번에 데이트 한 최대 여자 수: 네 명" 등이 있었다.

　그는 마조히즘에 대한 관심도 기록했다.

　　가죽 벨트로 발을 하나로 묶고 침대에서 버틴 최장 시간 : 8시간

　　입에 테이프를 붙이고 버틴 최장 시간 : 1시간 30분

　　머리 위로 손을 묶고 버틴 최장 시간 : 1시간, 1992년 3월 7일

　　가스 마스크를 쓰고 버틴 최장 시간 : 2시간, 1994년 8월 12일

라커와나 카운티의 지방 검사 보조 앤디 자볼라는 디스테파노 기소 문제로 나에게 연락하여 가능한 모든 자료를 분석한 후 세 가지 문제에 대한 의견을 말해달라고 했다. 세 가지 문제란 피고의 성적 일탈 행동, 살인 후의 행동 그리고 리플렉스 센터의 범행 현장이 꾸며졌는지 여부였다.

나는 분석 보고서를 각각 세 가지로 나누어서 따로 제출해야 한다고 조언했다. 판사가 한 가지 분석을 각하하더라도 나머지 두 가지에는 영향을 끼치지 않게 하기 위해서였다. 공판 전 청문회의 반대 심문에서 디스테파노의 변호사가 바로 그 점을 지적하자 나는 "물론입니다!"라고 대답했다. 이 부분에서는 판사마저 웃음을 지었을 것이다. 결국 변호사는 다음 질문으로 넘어갔다.

나중에 디스테파노가 판사 거부를 청원해서 담당 판사가 바뀌어 칼론 오맬리가 재판을 이끌고 판결도 내리게 되었다.

1998년 11월 10일, 라커와나 카운티 법원 2번 법정에서 오맬리 판사가 판사석에 앉았고 앤디 자볼라가 증인석에 앉은 나에게 질문을 던졌다.

나는 범행 동기 문제를 먼저 꺼내어 크리스틴 살인 사건이 분노 동기의 성범죄라는 의견을 말했다. 나는 강도나 가택 침입 강도가 살인자의 원래 의도였다면 크리스틴을 살해할 필요가 없었을 것이라고 설명했다.

또 나는 피고 측 변호인의 반대 심문을 예상하면서 범인이 피해자가 자신의 신원을 밝힐 것이 두려워서 그녀를 죽였다면 시체를 옮길 필요는 없었다고 설명했다. 시체를 옮기면 잡힐 위험이 훨씬 더 높아질 뿐이기 때문이다. 피해자를 죽이는 것만이 범인의 목적이었다면 시체를 없앨 필요가 없었다. 또 시체의 발견을 늦추는 것이 목적이었다면 옷을 벗길 필요는 없었다. 마지막으로, 범인이 섬유나 체모 분석을 통해 자신의 신원이 밝혀질 확률을 줄이기 위해서 피해자의 옷을 벗겼다면, 시체가 특정 자세를 취하게 하는 것은 불필요했다.

나는 살인자가 피해자의 시신을 범죄 현장에서 다른 곳으로 옮긴다는 것은 시신이 발견될 장소, 혹은 시신의 발견 여부뿐 아니라 얼마나 빨리,

어떤 상태에서 발견될 지까지 자신이 통제하려는 것이라고 설명했다. 크리스틴이 알몸이었다는 사실은 "확실히 성범죄와 일치한다"고 말했다. 또 범인이 주차장에서 시체를 놔둔 위치를 지적했다. 트랙터 트레일러와 쓰레기통이 있었기 때문이다. 크리스틴을 살해한 범인은 짧은 거리지만 그녀를 발견된 곳까지 옮겨야 했다. 즉 범인은 크리스틴을 그냥 두고 떠나지 않았다. 하지만 왜 그랬을까?

대답은 바로 의식이다. 강간 살해범은 범죄를 완성하는 데 꼭 필요하지 않은 어떤 행동을 종종 한다. 의식적 행동에 대한 한 가지 가능한 설명은 범죄를 저지르는 것만으로는 범인의 목적인 성심리적 만족을 얻기에 부족했다는 것이다.

범인은 자신만의 특별한 무언가를 더해야 했을 것이다. 죽은 크리스틴은 벌거벗은 채 똑바로 누워 있었고 머리카락은 꼼꼼히 부채처럼 펼쳐져 있었으며 팔과 손, 다리 역시 특정 자세를 취하고 있었다. 다른 사람에게는 아무 의미가 없을지 몰라도 그녀를 죽인 살인범에게는 큰 의미가 있는 것이었다.

그런 다음 자볼라는 나에게 분노가 살인 동기라고 생각하는 이유가 무엇인지 물었다. 나는 그런 결론을 내린 근거로는 여러 가지 요소가 있다고 증언했다.

첫째, 크리스틴은 살해당하기 전에 구타를 당했다. 사체 부검 전문가인 로스 박사는 크리스틴이 안면과 두부를 적어도 열두 번 강타당했다는 결론을 냈다. "그 자체만으로도 분노를 보여줍니다." 내가 말했다.

둘째, 로스 박사는 범인이 피해자를 정면에서 손으로 교살했다고 말했다. 나는 이렇게 설명했다. "그러기 위해서는 개인적인 접촉이 필요합니다. 정면에서 손으로 교살하는 것은 흔히 개인적인 분노와 연관됩니다."

셋째, 로스 박사는 또한 범인이 끈을 이용해서도 목을 졸랐으며 리플렉스 센터에 있는 운동기구의 도르래 밧줄을 범행 도구로 사용했을 가능성이 있다고 말했다. 즉 크리스틴은 적어도 세 가지 방법으로 물리적인 공격을 받았다는 의미이다. 게다가 크리스틴은 손으로 목을 졸렸기 때문에 무력해졌을 것이다. 내가 보기에 끈을 사용했다는 것은 범인이 크리스틴이 죽었는지 확실히 하고 싶어 했다는 뜻이다. 이것이 분노의 증거다.

마지막으로, 범인이 크리스틴의 시체가 어떤 자세를 취하도록 했다는 점을 지적했다. 크리스틴은 벌거벗은 채 얼굴을 위로 향하고 성기 부분을 노출한 모습으로 쓰레기가 흩어져 있는 산업 지역 주차장의 쓰레기통 옆, 노출된 아스팔트 바닥에 놓여 있었다. 디스테파노는 시체를 버린 장소가 살인범의 사랑과 존중을 보여준다고 "추측"했지만 반대로 "내가 생각하기에 이것은 범인이 그녀의 존엄성을 전혀 고려하지 않았다는 증거입니다. 범인은 온갖 쓰레기 가운데 크리스틴을 두었으며…… 상스럽게 노출되어 있다고 말할 수도 있습니다. 저는 이것 역시 적의를 나타낸다고 생각합니다."

자볼라는 리플렉스 센터에서 물리적인 증거가 거의 발견되지 않은 이유에 대해 나의 의견을 물었다. 나는 살인범이 범죄를 저지를 때 자신의 감정을 확실히 제어했거나 아니면 범행 후에 평정을 되찾고 현장에 다시 돌아와 범죄 현장을 치웠을 것이라고 대답했다.

피해자의 옷을 벗긴 것도 이러한 의도와 일치한다고 덧붙였다. 나는 "피해자의 옷을 가져감으로써 경찰이 체모, 섬유, 혹은 범인에게서 떨어져 나와 피해자의 의류에 떨어졌을지도 모르는 물질을 검사할 가능성을 없었다"고 증언했다.

또는 살인범이 크리스틴의 옷을 전리품으로 가지고 싶어 했을 수도 있다. 나는 범인이 조직적으로 보이며 아마 범행이 일어난 밤에 술이나 약물을 하지 않았을 것이라고 말했다. 무척 신중했던 점으로 미루어보아 범인의 지능이 평균 이상일 것이다. 범인은 같은 종류의 범행을 저지른 경험이 있을지도 모른다. 그렇지 않다면 범죄를 저지르기 전에 많이 생각했을 것이라고 할 수 있다. 비교를 위해서 최근에 증언을 했던 로버트 르로이 앤더슨이 저지른 살인을 언급했다.

다음으로 우리는 꾸며진 증거, 즉 이 사건의 경우에는 범죄 현장을 꾸미고 증거를 없앤 행동을 살펴보았다. 범죄 현장을 조작하는 의도는 범죄가 무슨 이유로 누구에 의해 일어났는지 수사관들이 잘못 생각하게 만들려는 것이다. 마사지 가게를 샅샅이 수색했지만 살인범의 물리적 증거나 흔적은 발견되지 않았다. 지문이나 체모, 섬유도 없었다. 이것은 무척 드문 경우이며 범인이 시간을 들여 현장을 "치웠다"는 뜻이다.

나는 금고 분석을 시작했다. 옷장 선반에 붙어 있던 금고는 비전문적이고 조잡한 방법으로 떼어진 후 마사지 테이블에 놓여 있었다. 누군가가 금고 안 물건을 가져갔다는 사실은 확실하다. 금고 바닥에는 나무 선반 조각이 붙어 있었고 테이블에 놓인 금고 옆에는 드라이버 두 점과 구부러진 옷걸이가 있었다.

여기에 대해서는 두 가지 설명이 가능하다. 첫째, 밝혀지지 않은 제3자가 기회를 틈 타 살인 현장으로 들어와서 귀중품을 가져갔을 가능성이다. 그러나 자정이 넘은 시간에 문이 열린 마사지 가게에 들어온 사람이라면 자신의 흔적을 남겼을 가능성이 많기 때문에 첫 번째 설명은 별로 그럴듯하지 않다.

내 생각에 훨씬 가능성이 높은 두 번째 설명은, 강도를 하려다가 살인까지 저지르게 된 것처럼 살인범이 범죄 현장을 조작했다는 것이다. 돈과 발신 번호 표시기가 사라졌다는 점을 떠올려보자. 만약 강도가 현금과 발신 번호 표시기를 훔쳤다면, 분명 크리스틴의 금시계와 귀걸이도 가져갔을 것이다. 사무실에는 오디오도 그대로 있었다. 우연히 기회를 틈 타 도둑질을 한 사람이라면 분명히 발신 번호 표시기나 고객 전표에 신경을 쓰기보다는 오디오나 장신구를 훔쳤을 것이다. 나는 살인범이 "자신과 관련된 무언가가 있기 때문에, 즉 돈에 지문을 남겼다거나 발신 번호 표시기에 자기 전화번호를 남겼기" 때문에 현금과 발신 번호 표시기를 가져갔다는 결론을 내렸다.

내가 제출한 세 번째 보고서는 디스테파노의 성적 이상 증세에 관한 것이었다. 보고서는 사건 증거 분석, 특히 디스테파노의 방과 자동차에서 압수한 물품을 근거로 작성되었다. 그러나 결국 나는 이 방대한 보고서를 제출하지 않는 것이 좋겠다고 자볼라 검사에게 조언했다. 내 생각에는 오맬리 판사가 피고에 대한 편견을 심어줄 수 있다는 이유로 보고서를 채택하지 않을 것 같았다. 앞서 다른 두 보고서를 따로 제출했던 것과 마찬가지로, 이 부분이 채택되지 않으면 내가 한 다른 증언 모두에 나쁜 영향을 끼칠 수 있었으므로 그런 위험을 무릅쓰고 싶지 않았다.

그러나 내가 작성한 분석 보고서는 디스테파노의 이상 행동에 대한 통찰을 제공해주므로 독자들을 위해서 여기에 그 내용을 소개한다.

성적 본디지

성적 본디지는 움직임을 제한하기 위해 사람을 묶는 것과는 다르다. 성적 본디지에는 다른 사람을 묶어서 제어함에서 오는 성심리적 흥분(사디즘)과 다른 사람에 의해 묶이고 제어당함에서 오는 흥분(마조히즘)이 있다. 불필요한 결박(허벅지, 장딴지, 팔 아랫부분이나 윗부분을 묶는 것)와 대칭적인 결박, 다양한 자세의 결박(손목과 발목, 발목과 목을 묶거나 손목이나 발목을 높이 묶거나 손발을 벌리게 하는 것)은 성적 본디지의 특징이다.

디스테파노는 일기와 그 밖의 글을 통해서 자신이나 타인의 감각 박탈(두건이나 입막음)과 운동 기관 본디지(사지 묶기)라는 주제에 끊임없이 관심을 보였다. 나는 또 수색 결과 밧줄뿐 아니라 수갑과 접착테이프(사용한 것과 새 것)도 발견되었다고 보고서에 적었다. 수갑과 접착테이프는 보통 본디지를 즐기는 사람들의 소지품에서 자주 발견되는 물건이다.

1995년 1월 11일에 디스테파노는 가죽으로 된 손목 및 발목 속박 장치 만드는 법을 자세하게 적고 있다. 제목은 "만들 것: 손목/발목 수갑"이었다. 같은 날 그는 또한 "잠금장치 두건"을 만드는 법도 설명했다. 그해 크리스마스에 디스테파노는 여자친구에게 이런 편지를 썼다. "내가 네 입에 그걸 두 시간 동안 하게 해준 것은 정말 근사하다고 생각해……. 절대 너를 해치지 않고 네가 원한다면 언제든지 풀어주겠다고 약속할게……. 너를 침대에 묶고 싶어 견딜 수가 없어. 미칠 것 같아!! 네가 거절하지만 않으면 난 흥분할 거야."

마조히즘

피학적 변태성욕자는 괴롭힘을 당하거나 모욕을 당함으로써 성적으로 흥분한다. 피학적 변태성욕자는 가학적 변태성욕자와 마찬가지로 상상만 할 수도 있고 자기 자신을 대상으로 욕구를 실현할 수도 있으며 파트너를 찾을 수도 있다. 남성 피학적 변태성욕자는 페티시즘을 보이는 경우가 많고, 사디즘과 마조히즘을 모두 가진 가학피학성 변태성욕자일 수도 있다.

디스테파노의 글은 마조히즘에 대한 관심을 보여주는데, 묶이는 방법에 대한 광범위한 내용과 인터넷 뉴스 그룹 'alt.sex.bondage'에 대한 관심, 본인이 인터넷 그룹에 올린 글의 일부도 그중 일부였다. 다음은 인터넷에 올린 글의 일부다. "……적은 양의 공기만 들어가게 한다. 정신을 잃지는 않지만 묶인 채 충분히 숨을 들이마실 수 없으면 공포에 질린다."

페티시즘

디스테파노는 적어도 한 가지 물건, 즉 방독면에 성적으로 집착한 것으로 보이는데, 방독면은 페티시즘을 가진 사람들 사이에는 놀랄 만큼 흔한 집착 대상이다. 남자들은 페티시즘의 대상이 되는 물건을 잡거나 쓰다듬거나 냄새를 맡거나 보면서 자위를 하는 일이 흔하다. 'alt.sex.bondage'에 쓴 글에서 디스테파노는 이렇게 적었다. "방독면은 결박을 할 때 무력감을 높이"며 "손이 묶여 있으면 벗을 수 없다."

디스테파노의 글에 따르면 그는 두 시간 혹은 그 이상 가스 마스크를 쓰는 일이 많았으며 주로 자위를 할 때 가장 많이 썼다. 『스크랜튼 타임스 트리뷴』에서 방독면을 쓴 일본 군인들 사진을 오려내어 간직했다는 사실도 그가 방독면에 큰 관심을 가졌음을 보여준다.

위험한 자기성애

뇌로 가는 산소의 흐름을 물리적으로 줄이는(저산소증) 쾌락 질식은 위험한 자기성애의 한 형태로, 행복감을 만들어 내며 어떤 사람들에게는 성적 자극을 주기도 한다. 이들은 고문, 학대, 처형, 무력감, 위험을 무릅쓰면서 느끼는 성적 흥분과 같은 요소가 포함된 환상을 실행에 옮길 수 있다. 가장 흔한 세 가지 일탈 행동은 마조히즘, 페티시즘, 성적 본디지이다.

경찰은 크리스토퍼 디스테파노의 소지품을 수색하다가 테이프로 공기 필터를 부착한 방독면, 코와 입을 막는 고무 발포 마스크, 본디지와 질식에 관한 사진과 프린트를 넣어 "특별 물건"이라고 적어둔 봉투 등을 발견했다.

5×8 크기의 컬러 사진 한 장에는 수갑, 올가미, 가위, 집게, 도관 테이프, 금속 절단용 쇠톱, 렌치, 부엌칼, 고무줄 그리고 못 몇 가지가 찍혀 있었다. 또 어느 사진 속에는 교수형 올가미가 천장에 매달려 있고 뒷벽에는 "뛰어"라는 표지가 붙어 있었다. 세 번째 사진도 같은 장소를 찍은 것이었지만 이번에는 신원이 알려지지 않은 젊은 여성이 찍혀 있었다. 네 번째 사진에는 은색 줄로 묶이고 눈가리개를 한 작은 강아지 인형이 있었는데 아래에는 붉은 색으로 '강아지는 죽었다!'라고 적혀 있었다. 또 디스테파노가 'alt.sex.bondage' 뉴스 그룹에 보낸 메시지도 자기성애와 일치했으며, "잠금장치 두건"을 만든 것도 마찬가지였다.

성적 가학증

디스테파노가 묶기, 입 막기, 질식에 대해서 쓴 글도 그렇고 그가 수집한 사진에도 성적 가학증적인 요소가 뚜렷하게 나타났다. 전 여자친구가 나체로 본디지를 하고 있는 모습을 찍은 사진에서도 가학증의 징후가 짙게 드러난다.

그의 편지는 때로 무척 생생하고 폭력적이었다. 그는 한 여자에게 이런 편지를 썼다. "날 괴롭히는 게 딱 하나 있다면 바로 네가 길모퉁이에 서서 다리를 벌리는 거야……. 너는 창녀처럼 굴고 있어." 한 달 뒤 그는 같은 여자에게 이런 편지를 썼다. "날 믿지 않는다면 널 강간하겠어! 날 믿어? 그래도 어쨌든 널 강간할거야! 강간이라고!!"

그는 또한 앤 랜더스의 신문 칼럼에 소개된 편지도 클립해두었다. 편지는 한 여성이 두 젊은이에게 강도를 당했는데, 그동안 범인들이 그녀의 손발을 묶고 입을 막아두었다는 내용이었다.

확실히 특이한 이번 사건에서 가장 놀라운 부분은 디스테파노가 범죄 후에 보여준 다양한 행동이었다. 디스테파노는 강간 살인을 다룬 글에 깊이 빠져서 자기가 읽은 내용을 본떠서 행동을 결정한 듯하다. 다시 말해서 그는 마치 우리가 찾는 행동을 목록으로 만든 다음 하나하나 체크해가며 목록에 있는 모든 행동을 실행한 것 같았다.

내가 예비 심문 구두 증언에서 주안점을 둔 것 가운데 하나는 디스테파노의 범행 후 행동을 설명한 다음 오맬리 판사가 나름의 결론을 내리게 하는 것이었다.

나는 범죄 수사에 대한 유명한 사실, 즉 살인자는 범죄현장으로 돌아온다는 말로 증언을 시작했다. 우리는 경찰 보고서에 따라 디스테파노가 시체를 버린 장소에 다시 나타나 피해자의 정확히 시신이 발견된 장소에 가게 해달라고 요청했음을 알고 있다. 또한 디스테파노는 자백을 할 때도 그랬다고 말했다.

나는 로버트 레슬러와 앤 버지스, 존 더글러스가 살인범을 연구한 『강간 살인의 유형과 동기』라는 책을 인용해 저자들이 연구한 118건의 사건 중에서 살인자가 범행 현장으로 돌아온 경우가 32건이라고 증언했다.

이어서 범죄자가 범행 현장에 돌아오는 행동을 설명하는 여러 가지 가능성을 제시했다.

1. 살인을 저지를 당시 범인이 정신적으로 문제가 있었거나, 술에 취했거나, 약에 취해 있었기 때문에 자신이 실제로 범죄를 저질렀는지 확인하기 위해서 돌아온다. 이 경우 보통 범인은 시체를 없애지 않는다.
2. 범행 장소를 치우기 위해서, 혹시 남아 있을지 모를 물리적 흔적 증거를 없애거나, 이미 시체를 옮기지 않았다면 시체를 옮기기 위해서 돌아올 수 있다.
3. 피해자 근처에 있기 위해서, 그리고 범행을 다시 경험하기 위해 돌아올 수 있다.
4. 살인이 발각되었는지, 경찰이 개입되었는지 알고 싶은 호기심이 생겨 돌아올 수 있다.
5. 수사 진척 상황을 알아보기 위해서 돌아올 수 있다.
6. 자신이 살해한 또 다른 피해자를 처리하기 위해 돌아올 수 있다.

나는 범행 현장으로 돌아온 강간 살인범으로는 테드 번디, 아서 쇼크로스, 데이비드 섯클리프(요크셔 토막 살인자), 뉴욕에서 '샘의 아들'로 알려진 데이비드 버코위츠 등이 있다고 증언했다.

다음으로 디스테파노가 그랬듯이 살인범들은 종종 자신이 저지른 살인 사건의 경찰 수사에 끼어들려고 한다는 점을 지적했다. 나는 로버트와 앤과 존의 자료를 근거로 총 118건의 사건 중에서 24건의 경우 살인범이 의도적으로 수사 과정에 끼어들었다고 증언했다.

몇몇 살인범들은 수사에 참여함으로써 범죄로 저지르면서 느낀 흥분을 유지시킨다. 특히 나르시시스트 범죄자들이 주로 그렇다. 이들은 수사 활동 근처를 맴돌면서 짜릿함을 느낀다. 또한 자신이 저지른 범죄가 관심의 대상이 되는 것을 직접 볼 수 있다. 다른 방법으로는 구할 수 없는 정보를 모을 수도 있다. 자신이 저지른 범죄 수사에 참가한 유명한 살인자들로는 테드 번디, 애틀랜타의 아동 살인범 웨인 윌리엄스, 자신의 조부모와 어머니, 히치하이커 일곱 명을 살해한 캘리포니아의 거인 에드먼드 에밀 켐퍼 3세가 있다.

디스테파노처럼 자신이 저지른 범죄를 제3자의 입장에서 설명하는, 즉 자신의 "추측"을 제시하는 부류는 더욱 드물다. 추측을 제시하는 이유는 이런 식으로 "협조"하면서 받는 관심에 굶주려 있기 때문이다. 또 자기의 생각을 말하면서 다소 공개적으로 범죄를 다시 경험할 수도 있다. 게다가 이것은 실제로는 아무것도 자백하지 않으면서 범죄와 관련된 사실을 알려주어 수사관들을 놀리는 방법이기도 하다. 이런 점에서 제3자의 입장이 되어 자기 범죄를 설명하는 것은 일종의 과시로 볼 수 있다. 역시 나르시시즘이다.

나는 법정에서 이렇게 말했다. "이와 같은 예를 보여주는 가장 유명한 작품은 스티븐 미초드와 휴 에이네스워스가 쓴 『살아 있는 유일한 목격자』입니다. 두 사람은 번디의 사형이 집행되기 전에 그와 몇백 시간 동안 대화를 나누면서 번디가 자신, 번디의 말을 빌리자면 그의 '실체'에 대해 이야기하도록 유도했습니다."

번디 이외에도 제3자의 입장에서 자신의 범죄를 설명한 범죄자로는 플로리다의 사악한 보안관 대리 제라드 존 섀퍼, 메릴랜드 주의 소아기호증 살인범 아서 구드가 있다. 흥미롭게도 세 명 모두 스타크의 플로리다 주립 감옥에 수감되었으며, 그곳에서 서로를 만났고, 모두 그곳에서 죽었다. 번디와 구드는 전기의자에 앉아 처형되었고 섀퍼는 다른 수감자에 의해 살해당했다.

다음으로 나는 피해자의 사진을 수집하는 행동과 "전리품"을 가져가는 행동에 대해 이야기했다. 성범죄자들 사이에는 무척 흔한 행동이다. 범인이 간직하는 물건은 옷(특히 속옷)부터 보석, 운전면허증, 심지어는 신체 일부까지 무척 다양하다. 살인범에게는 피해자의 소지품이라면 무엇이든 성공적으로 완수한 범죄의 증거가 된다.

사진이나 그 밖의 다른 물건은 또한 살인범이 범죄를 다시 음미하는 데 사용되기도 한다. 피해자의 사진이 공개되면 범인은 그들이 원하는 대로 관심의 대상이 될 수 있고, 다감하고 다른 사람을 아낀다는 거짓 이미지를 강화할 수 있다.

앞 장에서 다루었던 가학적 변태성욕자 마이크 드바들레벤은 피해자를 찍은 사진을 무척 많이 간직하고 있었다. 그 밖에 사진이나 전리품을 간직한 성범죄자들로는 존 웨인 게이시, 사우스 다코타의 로버트 르로이 앤더슨, 1950년대 로스앤젤레스의 "외로운 여성 전문 살인범" 하비 글래트먼이 있다.

자신이 저지른 범죄에 대한 뉴스를 수집하여 만든 스크랩북 역시 전리품 역할을 한다. 또 언론의 관심은 주변에서 일어나는 일을 자신이 만들어 내고 있다는 성범죄자의 나르시시스트적인 믿음을 확인해주는 역할을 한다. 이것은 사람들의 관심을 남몰래 즐기는 또 다른 방법이다. 또한 뉴스 내용은 살인범이 범죄를 다시 경험하도록 도와주는 일종의 '춘화' 역할도 한다.

마지막으로 나는 디스테파노가 네그베스키 부부를 방문했듯이 흔하지는 않지만 살인자가 피해자의 가족과 연락을 취할 수도 있다는 사실을 언급했다. 피해자 가족에게 연락하는 이유는 수사에 끼어들려고 하는 동기(짜릿함을 느끼고 정보를 수집하는 것)에, 대부분의 범행 후 행동에서 드러나는, 관심을 받고 싶어 하는 심리를 합친 것이다.

아서 구드는 두 피해자의 부모에게 편지를 썼다. 마이크 드바들레벤은 잠재적인 피해자 적어도 한 명에게 전화를 해서 괴롭혔다. 오하이오의 연쇄살인범 토머스 딜런은 피해자의 어머니와 편지를 주고받았으며, 결국 계속 이어진 편지가 증거가 되어 잡혔다.

크리스토퍼 디스테파노는 자신의 재판에서 증언을 할 작정이었다고 알려졌지만 결국 증언을 하지는 않았다. 1996년 4월 자백 이후에는 자신의 행동을 더 이상 공개적으로 설명하지 않았다.

같은 구치소에 있던 사람이 디스테파노가 자신에게 범행을 자백했다며 나서기도 했다. 그러나 더욱 믿을 만한 정보원은 비아소토였다. 비아소토는 1997년 9월에 라커와나 카운티 구치소로 디스테파노를 찾아갔다. 나중에 그녀가 면회에서 나눈 대화 내용을 펜실베이니아 주 경찰 수사관들과 지방 검사 보조 유진 탤러리코에게 이야기했고, 이들이 사건 기소를 도왔다. 비아소토는 진실을 알고 싶어서 디스테파노를 찾아갔다고 말했다.

그녀는 이렇게 설명했다. "크리스토퍼와 나는 정말 좋은 친구였고 나는 그가 살인자라는 사실을 납득할 수가 없었어요. 내 마음속에서 그는 정말 관대한 사람 같았거든요……. 나는 또 그의 상태가 어떤지, 그가 미친 건 아닌지 보러 갔어요."

"그에게 크리스틴을 죽였느냐고 물어보았습니까?"

"네. 저는 그녀에게 왜 그런 짓을 했느냐고 물었어요."

"당신이 정확히 뭐라고 말했는지 기억납니까?"

"네."

"뭐라고 했습니까?"

"왜 그녀를 죽였니?"

"그가 뭐라고 대답했습니까?"

"그는 내가 그 이유를 알 거라고 말했어요. 그가 '걔가 뭘 했는지 아니?'라고 물어서 나는 '응, 매춘부였다는 이야기를 들었어'라고 대답했어요. 그러자 그는 '나는 그래야만 했어……. 걔는 좋은 여자가 아니었어'라고 말했어요."

"그의 표정은 어땠습니까?"

"싱글싱글 웃었어요. 자신이 정당하다는 듯이요. 크리스틴은 그런 짓을 했으니 죽임을 당할 만하다는 듯이요."

"그가 사건에 대한 이야기도 했습니까?"

"네."

"뭐라고 했습니까?"

"증거가 정말 약하다고 했어요. 그리고 자기가 곧 나올 거라고요……. 그 사람 특유의 행동을 보고 저는 그가 자기 성취를 자랑스러워한다는 인상을 받았어요."

"무슨 성취 말입니까?"

"크리스틴을 살해하고 증거를 파괴해서 자신이 경찰보다 한 발 앞섰다는 거요."

"특유의 행동이란 무엇입니까?"

"차갑고 계산적인 눈빛이요. 싱글거리는 얼굴이요. 그는 단 한 번도 뒤로 주춤거리지 않았어요. 내가 울음을 터뜨렸을 때도 그는 차갑고 계산적인 눈빛이었어요."

디스테파노는 2000년 2월에 재판을 받았다. 오맬리 판사는 3급살인 유죄 판결을 내리고 15년에서 40년의 주립 교도소 징역을 선고했다.

글을 마치며

이 책에 등장하는 사건은 모두 범죄라는 스펙트럼의 극단에서 가져온 것들이다. 여기에 소개된 사건들은 폭력적이고 기이하지만 불행히도 드물지는 않다. 그렇다면, 이 책에서 살펴본 독특한 범죄 행동 유형이 앞으로 더욱 흔해질 뿐 아니라 더욱 잔인하고 기이한 범죄들까지 일어날까?

짧게 대답하면, 그렇다. 오늘날 이상 범죄가 점점 더 자주, 더 사악한 방식으로 일어나고 있으며 앞으로 더욱 가속화되리라고 생각한다. 수십 년 동안 그래왔고, 앞으로도 그럴 것이다.

나는 25년 이상 이 책에서 언급한 것과 같은 성범죄자를 다뤄온 경험을 바탕으로 이처럼 비관적인 생각을 갖게 되었다. 내가 처음으로 다룬 범죄자는 "외로운 여성 전문 살인범" 하비 글래트먼이었다. 나는 헌병 훈련을 받던 중 글래트먼 사건을 알게 되었는데, 당시만 해도 글래트먼은 특이한 범죄자였다. 그의 사건에는 성적 가학증, 페티시즘, 성적 본디지,

위험한 자기성애, 전리품 가져가기, 마조히즘, 그리고 마지막으로 연쇄살인이 모두 포함되어 있었다. 사실 연쇄살인(serial murder)이라는 용어는 당시에는 아직 만들어지지도 않았다.

나는 글래트먼의 행동에 무척 당황했다. 예를 들어, 그는 피해자의 사진을 찍는 최초의 범죄자에 속했지만 그가 사진을 찍은 이유는 아무도 모르는 듯했다. 나 역시 그 이유를 생각할 수 없었고, 법 집행 관련 기록에서 그의 이상 충동이나 이상 행위에 대한 내용을 찾을 수도 없었다.

그때 이후로 나는 글래트먼에 필적하거나 그를 뛰어넘는 일탈 행동과 폭력성을 보여주는 사건을 수백 건이나 봐왔다. 10년 전보다 현재에 일탈 범죄자가 더 많은 이유는 무엇일까?

내 생각에 일탈 범죄가 증가한 주요 원인은 미국에서 한때는 무척 엄격했던 행동 규범이 점차적으로 느슨해졌기 때문이다. 나는 사회 전반에서 정상적이라고, 혹은 용인할 수 있다고 여겨지는 것이 범죄 행동에 반영된다는 사실을 경험을 통해서 배웠다. 사회 전반의 규제를 완화하면 맨 가장자리에 있는 이들은 즉시 새로운 경계를 넘어선다.

40년 전 강간 기소라고 하면 피해자가 질을 통해 강간당했다는 뜻이었다. 피해자가 범인에게 구강성교를 강제하는 경우는 거의 없었다. 그러나 오늘날 강간이라고 하면 항문성교, 구강성교, 외부 물질 삽입이 포함되는 경우가 많다. 이와 같은 행동이 영화나 대중음악에서 더 자주 다루어지고 호의적인 시선으로 비춰지며, 적어도 비난받지 않는다는 것은 중요한 실마리이다.

피어싱은 사회 규제가 완화되었다는 또 다른 예다. 오늘날 피어싱은 패션(혹은 문화)을 나타낸다. 그러나 불과 얼마 전까지만 해도 피어싱은 성적 일탈이나 피학 성향으로, 즉 변태적으로 여겨졌다. 마찬가지로 성적 흥분을 위해 다른 사람에게 물리적인 상처를 입히는 것이 한때는 범죄였다. 그러나 오늘날 변호사들은 법정에서 그러한 행동을 "거친 성관계"라고 말한다. 과거에는 성적 흥분을 위해 다른 사람을 묶는 것이 일탈행위로 여겨졌다. 그러나 오늘날 본디지는 "섹스 플레이"라고 불린다.

성행위에 이용되는 물건이나 기구는 "외부 물질"에서 "장난감"으로 승격되었다. 마찬가지로 모든 연령의 소비자들은 어떤 형태든 폭력적인 포르노그래피에 쉽게 접근할 수 있으며, 이것들은 종종 "예술"이라고 불린다.

우리 사회는 한때 얼굴을 찌푸리고 비난했던 행동에 점점 더 익숙해져 왔으며, 범죄 의도를 가진 사람들도 이 사실을 안다.

기괴하고 폭력적인 성범죄가 증가하는 두 번째 이유는 기술적 이유다. 이제 우리는 한때 상상만 할 수 있었던 행동을 생생한 소리와 색으로 접할 수 있다. 이것이 행동을 어떻게 바꾸는가? 마이크나 카메라 앞에서 "행동"하고 있다는 사실을 알면 행동은 더욱 강렬해지는 법이다. 그 점에서는 성범죄자들도 다르지 않다. 내 경험상 가장 악랄하고 난폭한 성범죄는 녹화 기기 앞에서 이루어지는 경향이 있다.

수 년 전에 수업을 하면서, "새로 나온" 마이크로카세트 테이프 레코더와 폴라로이드 카메라가 일탈 범죄자들이라는 준비된 시장을 발견할 것이며, 조만간 경찰은 범죄자의 성적 환상과 범죄에 대한 녹화된 증거를 찾기 시작할 것이라고 말했던 기억이 난다. 내 말이 옳았다. 컴퓨터, 비디오카메라, 인터넷의 도래는 이러한 경향을 더욱 부추겼을 뿐이다.

물리적 이동성 역시 일탈 범죄, 특히 연쇄강간과 연쇄살인을 증가시키고 널리 퍼뜨린 세 번째 이유다. 먼 거리를 빨리 움직일 수 있게 됨에 따라 범죄자들은 더욱 쉽게 추적을 피할 수 있게 되었다. 이웃이 아닌 낯선 사람을 마주치는 것이 익숙해짐에 따라 범죄자들은 익명성의 외투를 손쉽게 얻게 되었다.

마지막으로 오늘날에는 여성을 향한 분노가 예전보다 훨씬 많이 드러난다. 우리는 책, 영화, 텔레비전 쇼, 랩 음악에서 여성을 향한 분노를 쉽게 접할 수 있다. 나는 여성을 향한 분노가 이토록 많아진 이유를 아는 척 하지 않겠다. 어쩌면 직장을 비롯한 여러 분야에서, 아주 뒤늦었지만, 여성이 동등하게 대우받게 된 것에 대한 반발일지도 모른다. 여성을 향한 분노가 증가한 이유가 무엇이든, 우리 사회는 이러한 문제를 해결할 수 있는 법안을 통과시켜 여성이 성범죄자에 대한 형사 고발이나 민사 소송을 더 쉽게 제기할 수 있도록 할 필요성을 깨닫게 되었다. 그러한 법안이 통과되면 여성에게 새로운 힘을 주는 것에 반발하여 성폭력을 통해서만 자신의 남성성을 과시할 수 있다고 생각하는 남자들도 있을지 모르겠지만 말이다.

물론 이 밖에 다른 이유들도 무척 많을 것이다. 이유가 무엇이든 이 책에서 제시된 예들은 현재 우리가 과거 그 어느 때보다 더 정교하고 폭력적이며 일탈적인 성범죄자들에 맞서고 있음을 보여준다.

글을 마치며

INDEX

옮긴이 허진 서강대학교 영어영문학과 이화여자대학교 번역학과 대학원을 졸업하고, 전문번역가로 활동 중이다. 번역한 책으로 『소리를 잡아라』 『레니 리펜슈탈』 『세계 챔피언』 『여인과 일각수』 (공역) 등이 있다

프로파일링 기법을 확립한 전직 FBI 요원의

프로파일러 노트

초판 1쇄 발행 2007년 7월 30일
개정판 1쇄 발행 2015년 5월 7일

발행처 | 도서출판 마티
출판등록 | 2005년 4월 13일
등록번호 | 제2005-22호
발행인 | 정희경
편집장 | 박정현
편집 | 강소영, 서성진
마케팅 | 최정이

주소 | 서울시 마포구 동교로 12안길 31 2층 (121-839)
전화 | (02) 333-3110
팩스 | (02) 333-3169
이메일 | matibook@naver.com
블로그 | http://blog.naver.com/matibook
트위터 | @matibook

ISBN 979-11-86000-14-4 (03180)
값 13,000원